国学经典释读 · 李学勤 主编

译解
战国策

叶玉麟 选释

生活·讀書·新知 三联书店

Copyright © 2022 by SDX Joint Publishing Company.
All Rights Reserved.
本作品版权由生活·读书·新知三联书店所有。
未经许可,不得翻印。

图书在版编目(CIP)数据

译解战国策/叶玉麟选释.—北京:生活·读书·新知三联书店,2022.4
(国学经典释读)
ISBN 978-7-108-06755-5

Ⅰ.①译⋯ Ⅱ.①叶⋯ Ⅲ.①中国历史-战国时代-史籍②《战国策》-注释③《战国策》-译文 Ⅳ.①K231.04

中国版本图书馆 CIP 数据核字(2020)第 021255 号

责任编辑 赵 炬 刁俊娅
封面设计 米 兰
出版发行 生活·讀書·新知 三联书店
         (北京市东城区美术馆东街22号)
邮 编 100010
印 刷 常熟高专印刷有限公司
版 次 2022年4月第1版
       2022年4月第1次印刷
开 本 650毫米×900毫米 1/16 印张 35.5
字 数 325千字
定 价 86.00元

出版说明

这是一套写给普通读者的国学经典释读丛书。

"国学"之名,始自清末。当时欧美学术涌入中国,被称为"新学"或"西学",相应的,学界就将中国传统学问命名为"旧学"或"国学"。广义的"国学"包含范围广泛,从哲学、史学、宗教学到考据学、中医学、建筑学等等,本丛书之"国学经典"主要是指先秦诸子百家的著作。这些经典博大精深,是中国传统文化的精髓,是中华民族共同的血脉和灵魂,是连接炎黄子孙的血脉之桥、心灵之桥,吸引一代代中国人阅读、阐释、传承,至今熠熠生辉。

民国时期虽然新学昌盛,但对国学经典的研究和普及并未中断,甚至在20世纪30年代掀起出版国学经典的热潮,比如商务印书馆出版的"学生国学丛书"、世界书局的《四书读本》、广益书局的"白话译解经典"系列等等。

今天,出于继承和弘扬中国优秀传统文化的需要,我们精选了民国时热销的经典释读版本,并做适当的加工处理,以适应今日之读者。本丛书收录《广解论语》《广解大学·中庸》

译解战国策

《广解孟子》《译解荀子》《译解韩非子》《译解孙子兵法》《译解庄子》《译解战国策》《译解国语》《译解墨子》《译解道德经》《国学讲话》十二种。这些国学经典释读的编者兼具旧学与新学功底,语言通俗易懂,译解贴近现代。

这次重新出版,我们主要做了五项工作:

第一,为了读者阅读的方便,改竖排为横排,标点符号也随之改为现代横排的规范样式。

第二,变繁体字为简化字,在繁简转换的过程中,对有可能产生意义混淆的用字,做了合理的处理。

第三,采用今天所见较好的古籍版本对原书的选文进行了审校,订正了文句的错、讹、脱、衍。

第四,原书选篇保持不变。

第五,对原书的注释进行了修润,使注释更加准确、易懂。

我们期望,本丛书的出版能够为普通读者提供一个更亲近的读本,也希望以此为契机,对弘扬中国传统文化、普及国学知识起到积极的促进作用。

"国学经典释读"是李学勤先生生前主编的最后一套丛书,李先生在病榻上撰写了总序。2019年2月,先生遽归道山。如今,此丛书顺利出版,是对先生的缅怀。

生活·读书·新知三联书店

总　序

　　大家了解,人类的许多认知和见解,有时可以在历史发展的某些时段得到重合或认同。20世纪三四十年代悄然掀起的国学教育运动,恰恰与现今对中国传统文化的重视与重拾极为相似,其因果大体也是经历由怀疑、批判、否定,到重视、回归并再造这样的过程。

　　20世纪前半叶,可谓中西文化大碰撞、大交融的时代,最为鲜明的是西方文化对于中国传统文化的巨大冲击。清末的"中体西用",尚有"存古学堂"保存国粹,使国学还占有一席之地,而到了民国初年,特别是"壬戌学制"的颁布,主要采用当时美国一些州已经实行了十多年的"六三三制",标志着中国近代以来的学制体系建设的基本完成,以美国为代表的西方教育在中国占据了相当大的地位。此后中国现代化教育每发生一次变化,西方的教育形式与内容就会有所进入,中国传统文化的教育也就有所丧失,中国传统文化的价值体系遭受着越来越多的质疑或否定。对此,一部分具有强烈忧患意识的教育家、文化名流忧心忡忡,并由担心逐渐转向采取行动挽救国学。但是，真正产生影响并引起国人震动的却是国际联盟教育考察团的到访。1931年，当时的南京国民政府鉴于欧美的教育对中国日益增大的影响，邀请以欧洲国家为主体的教育考察团来华考察。考察团用了一年多的时间，考察了中国教育的诸多重镇及学校，提交了《中国教育之改进》的报告书。报告书指出："外国文明对于中国之现代化是必要的，但机械的模仿却是危险的。"该报告书主张中国的教育应构筑在中国固有的文化基础上，对外来文化，特别是美国文化的影响，进行了不客气地批评："现代中国最显著的特征，即为一群人所造成的某种外国文化的特殊趋势，不论此趋势来自美国、法国、德国，或其他国家。影响最大的，要推美国。中国有许多青年知识分子，只晓得模仿美国生活的外表，而不了解美国主义系产生于美国所特有的情状，与中国的迥不相同。""中国为一文化久长的国家。如一个国家而牺牲它历史上整个的文化，未有不蒙着重大的祸害。"报告书切中时弊的评估，使中国知识界与教育界在极大的震动中警醒并反思。随即具有强烈社会责任感的教育界、学术界人士，采取了行之有效的国学教育推行举措，掀起国学教育的声势和热潮，使国学教育得到落实，国学经典深入学校的课堂，进入学生使用的书本，并被整合进学生的知识结构中去。

  关于20世纪三四十年代的国学教育的热潮，有两种情况值得关注：一是诸如梁启超、章太炎、陈寅恪、黄侃、刘师培、顾颉刚、钱穆、吕思勉等大家利用新的研究方法，潜心研究，整理国故，多有建树，推出了一大批国学研究成果，使国学的归结、分类、条理化、学科化的阐述达到了空前的清晰，对当时及后世影响深远；与此同时，教育界、学术界将国学通过渗透的办法，镶嵌入中小学的课程，设立了各个学级的国语必修课和必读书，许多大家列出书单，推介国学典籍的阅读。二是当时出版界向民众普及国学典籍，主要体现在对国学的通俗释读方面，以适应书面语言不断白话的情形。

对于前者，1949年以后，特别是改革开放以来，重新出版了一些相关著作，但后者几乎被忽视或遗忘了，极少再度面世。其实后者在当时的普及和重版率相当高，影响更为深广。

生活·读书·新知三联书店这次整理出版的正是后者。这不仅是因为在那之后均没有重现，重要的是这些通俗释读的书非常适合当今书面语言彻底白话了的读者需求，特别是当读古文和诠释古文已经成为专门家的事情的今天，即便有较高学历的非专业的读者读古文也为之困惑，这类通俗释读国学典籍的书的出版就显得更为迫切。这些书的编撰者文言文功底深厚，又受到白话文运动的洗礼，对文白对应的把握清晰准确。这些书将国学典籍原文中的应该加以注释说明的元素融入白话释读之中，不再另行标注，使阅读连贯流畅，其效果与今天的白话阅读语境基本吻合，可见那时对于国学的通俗普及还是做了些实事的。

这的确是一些为我们有所忽视的好东西,以致可查到的底本十分稀缺,大多图书馆都没有藏品,坊间也难觅得。生活·读书·新知三联书店在千方百计中找到了选用的底本,使得旧时通行的用白话释读经典的读本得以再现。

值得一提的是,这是当时的出版人专门组织出版的一批面向一般民众的国学释读的读本,影响甚大,使得国学经典走入初等文化程度的群体。然而,这些产生过较大影响的读本之所以后来为人所遗忘,其原因可能是出版界推崇名家著述或看重对传统典籍的校勘和注疏。以王缁尘为例,虽然其人名不见经传,但他所编著的关于国学经典释读的一系列的图书,在当时却十分抢手,曾不断重印了十几版。这主要是当时的世界书局看中了他在清末就创办白话报的经历和对国学典籍把握的功力,使其栖身"粹芬阁",为世界书局专事著述国学通俗释读的书籍。列入本套丛书的《广解四书读本》(今将其分为《广解论语》《广解大学·中庸》《广解孟子》),曾被认为是当时国学出版的盛典,是当时通俗释读国学的代表。"国学经典释读"选择20世纪三四十年代的国学通俗的释读书籍,整理为简体横排进行出版,为当今读者学习国学经典提供了很好的阅读范本,是一件大有助益的好事。

还应该提及的是,出版此套书不仅是为方便读者理解经典,还在于让读者通过这样的阅读,了解当时人们对中华民族和中国意义的认同史。那时的国学教育和学习的热潮,几乎与抗日战争同行,而对中华民族的现代认识,正是在这期间形成的;国学的教育和普及,使国人了解并认同了中国的历史悠久和文化的博大精深,更将几千年来的人们对国家的意识,从以皇室朝廷为中心的概念中分离出来,完成了从"君国"到"国族"的转变。"中国"代表着中华民族全体,是各族人民联合御侮和实现伟大复兴的精神图腾。

李学勤

2018 年 12 月 10 日

目次

序/刘向 ·· 1
序/朱太忙 ·· 1

东周 ·· 1
  秦兴师临周而求九鼎 ······································ 3
  秦攻宜阳 ·· 6
  东周与西周战 ·· 8
  东周欲为稻 ·· 9
  昭献在阳翟 ··· 10
  秦假道于周以伐韩 ······································· 11
  楚攻雍氏 ··· 12
  周相吕仓见客于周君 ····································· 13
  温人之周 ··· 15
  赵取周之祭地 ··· 16
  杜赫欲重景翠于周 ······································· 17

三国隘秦 ················· 18
　　昌他亡西周之东周 ············ 19
　　严氏为贼 ················· 20

西周 ····················· 21
　　薛公以齐为韩魏攻楚 ··········· 23
　　秦令樗里疾以车百乘入周 ········· 25
　　雍氏之役 ················· 27
　　周君之秦 ················· 29
　　苏厉谓周君曰 ··············· 30
　　楚兵在山南 ················ 32
　　秦召周君 ················· 33
　　犀武败于伊阙 ··············· 34
　　韩魏易地 ················· 36
　　宫他请周君合赵以备秦 ·········· 37
　　三国攻秦反 ················ 38

秦 ······················ 39
　　卫鞅亡魏入秦 ··············· 41
　　苏秦始将连横 ··············· 43
　　张仪说秦王 ················ 49
　　司马错与张仪 ··············· 57

张仪之残樗里疾 ················ 60
张仪欲以汉中与楚 ················ 61
陈轸去楚之秦 ················ 62
齐助楚攻秦 ················ 65
楚绝齐 ················ 69
秦惠王死 ················ 71
医扁鹊见秦武王 ················ 72
秦武王谓甘茂 ················ 73
甘茂攻宜阳 ················ 76
宜阳未得 ················ 77
甘茂亡秦 ················ 78
甘茂相秦 ················ 80
甘茂约秦魏而攻楚 ················ 81
秦宣太后爱魏丑夫 ················ 82
薛公为魏谓魏冉 ················ 83
秦客卿造谓穰侯 ················ 84
五国罢成皋 ················ 86
范子因王稽入秦 ················ 87
范雎至 ················ 90
应侯曰 ················ 98
天下之士合从 ················ 99
应侯失韩之汝南 ················ 101

秦取楚汉中	103
三国攻秦	105
秦昭王谓左右	107
顷襄王二十年	109
谓秦王曰	116
秦王与中期争论不胜	119
濮阳人吕不韦	120
文信侯欲攻赵	124

齐 …… 127

楚威王战胜于徐州	129
靖郭君将城薛	130
成侯邹忌为齐相	131
田忌亡齐而之楚	132
邹忌修八尺有余	133
楚将伐齐	135
秦伐魏	137
苏秦为赵合从说齐宣王	140
张仪为秦连横	143
韩齐为与国	146
张仪事秦惠王	147
昭阳为楚伐魏	150

秦攻赵长平 …………………………………… 152
孟尝君将入秦 ………………………………… 154
孟尝君在薛 …………………………………… 156
孟尝君舍人 …………………………………… 158
孟尝君有舍人而弗悦 ………………………… 160
孟尝君出行国 ………………………………… 162
淳于髡一日而见七人于宣王 ………………… 165
齐欲伐魏 ……………………………………… 166
国子曰 ………………………………………… 167
齐人有冯谖者 ………………………………… 169
孟尝君为从 …………………………………… 174
孟尝君逐于齐而复反 ………………………… 176
齐宣王见颜斶 ………………………………… 178
先生王斗造门而欲见齐宣王 ………………… 183
齐王使使者问赵威后 ………………………… 186
管燕得罪齐王 ………………………………… 188
苏秦自燕之齐 ………………………………… 189
苏秦谓齐王曰 ………………………………… 190
苏秦说齐闵王 ………………………………… 192
齐负郭之民 …………………………………… 205
燕攻齐取七十余城 …………………………… 208
燕攻齐 ………………………………………… 213

貂勃常恶田单 …………………………………… 215
田单将攻狄 ……………………………………… 219

楚 ………………………………………………… 221

齐楚构难 ………………………………………… 223
荆宣王问群臣 …………………………………… 224
邯郸之难 ………………………………………… 225
江乙恶昭奚恤 …………………………………… 227
江乙欲恶昭奚恤于楚 …………………………… 228
江乙说于安陵君 ………………………………… 229
江乙为魏使于楚 ………………………………… 232
郢人有狱 ………………………………………… 233
城浑出周 ………………………………………… 234
韩公叔有齐魏 …………………………………… 236
楚王问于范环 …………………………………… 237
苏秦为赵合从说楚威王 ………………………… 239
张仪为秦破从连横说楚王 ……………………… 243
魏相翟强死 ……………………………………… 248
术视伐楚 ………………………………………… 249
四国伐楚 ………………………………………… 250
楚怀王拘张仪 …………………………………… 251
楚襄王为太子之时 ……………………………… 253

苏子谓楚王 …………………………………… 258
　　苏秦之楚 ……………………………………… 260
　　张仪之楚贫 …………………………………… 261
　　楚王令昭雎之秦重张仪 ……………………… 263
　　五国伐秦 ……………………………………… 265
　　陈轸告楚之魏 ………………………………… 267
　　魏王遗楚王美人 ……………………………… 268
　　庄辛谓楚襄王 ………………………………… 270
　　有献不死之药于荆王者 ……………………… 274
　　客说春申君 …………………………………… 275
　　天下合从 ……………………………………… 278
　　汗明见春申君 ………………………………… 280
　　楚考烈王无子 ………………………………… 282

赵 …………………………………………………… 287
　　知伯帅赵韩魏而伐范中行氏 ………………… 289
　　晋毕阳之孙 …………………………………… 296
　　魏文侯借道于赵 ……………………………… 300
　　赵王封孟尝君以武城 ………………………… 301
　　谓赵王曰 ……………………………………… 302
　　苏秦从燕之赵 ………………………………… 306
　　张仪为秦连横说赵王 ………………………… 313

  武灵王平昼闲居 …………………………… 316
  赵惠文王三十年 …………………………… 323
  秦攻赵于长平 ……………………………… 326
  秦围赵之邯郸 ……………………………… 332
  为齐献书赵王 ……………………………… 339
  虞卿请赵王 ………………………………… 341
  客见赵王 …………………………………… 343
  秦攻魏取宁邑 ……………………………… 345
  秦召春平侯 ………………………………… 348
  赵太后新用事 ……………………………… 349

魏 ……………………………………………… 353
  知伯索地于魏桓子 ………………………… 355
  乐羊为魏将 ………………………………… 357
  文侯与虞人期猎 …………………………… 358
  魏武侯与诸大夫浮于西河 ………………… 359
  苏子为赵合从说魏 ………………………… 361
  张仪为秦连横 ……………………………… 364
  苏秦拘于魏 ………………………………… 368
  张仪走之魏 ………………………………… 369
  张仪以秦相魏 ……………………………… 370
  魏王将相张仪 ……………………………… 372

公孙衍为魏将 …………………………………… 373
犀首田盼欲得齐魏之兵 ………………………… 374
史举非犀首于王 ………………………………… 376
楚王攻梁南 ……………………………………… 377
魏惠王死 ………………………………………… 378
魏惠王起境内众 ………………………………… 380
田需贵于魏王 …………………………………… 381
秦楚攻魏 ………………………………………… 384
庞葱与太子质于邯郸 …………………………… 386
梁王魏婴觞诸侯 ………………………………… 387
秦赵约而伐魏 …………………………………… 389
秦败魏于华 ……………………………………… 391
华军之战 ………………………………………… 395
齐欲伐魏 ………………………………………… 397
魏将与秦攻韩 …………………………………… 399
或献书秦王 ……………………………………… 405
八年或谓魏王 …………………………………… 407
魏王问张旄 ……………………………………… 409
秦攻韩之管 ……………………………………… 410
长平之役 ………………………………………… 412
秦魏为与国 ……………………………………… 413
信陵君杀晋鄙 …………………………………… 415

秦王使人谓安陵君 …………………………… 416

韩 ………………………………………………… 419

三晋已破知氏 ………………………………… 421
苏秦为楚合从说韩王 ………………………… 422
张仪为秦连横说韩王 ………………………… 425
秦韩战于浊泽 ………………………………… 428
韩公仲谓向寿 ………………………………… 431
楚国雍氏 ……………………………………… 434
公仲为韩魏易地 ……………………………… 436
谓公叔曰 ……………………………………… 437
韩公叔与几瑟争国 …………………………… 438
公叔将杀几瑟 ………………………………… 439
谓新城君曰 …………………………………… 440
韩傀相韩 ……………………………………… 441
或谓韩公仲曰 ………………………………… 446
谓郑王曰 ……………………………………… 448
公仲使韩珉之秦求武隧 ……………………… 453
韩相公仲珉使韩侈之秦 ……………………… 454
客卿为韩谓秦王 ……………………………… 455
或谓山阳君曰 ………………………………… 457
赵魏攻华阳 …………………………………… 458

秦招楚而伐齐 ………………………………… 459

燕 ……………………………………………… 461
　　苏秦将为从 …………………………………… 463
　　燕文公时 ……………………………………… 465
　　人有恶苏秦于燕王者 ………………………… 467
　　张仪为秦破从连横 …………………………… 471
　　燕王哙既立 …………………………………… 473
　　燕昭王收破燕后 ……………………………… 478
　　燕王谓苏代 …………………………………… 481
　　秦召燕王 ……………………………………… 482
　　苏代为燕说齐 ………………………………… 487
　　苏代自齐使人谓燕昭王 ……………………… 488
　　陈翠合齐燕 …………………………………… 491
　　昌国君乐毅 …………………………………… 493
　　赵且伐燕 ……………………………………… 499
　　燕太子丹质于秦 ……………………………… 500

宋 ……………………………………………… 513
　　齐攻宋 ………………………………………… 515
　　公输般为楚设机 ……………………………… 516
　　宋与楚为兄弟 ………………………………… 518

魏太子自将过宋外黄 …………………………… 519
宋康王之时 …………………………………… 521

卫 ……………………………………………… 523
知伯欲伐卫 …………………………………… 525
知伯欲袭卫 …………………………………… 526
卫人迎新妇 …………………………………… 527

中山 …………………………………………… 529
魏文侯欲残中山 ……………………………… 531
犀首立五王 …………………………………… 532
司马憙使赵为己求相中山 …………………… 535
司马憙三相中山 ……………………………… 536
阴姬与江姬争为后 …………………………… 537
中山君飨都士大夫 …………………………… 540
乐羊为魏将 …………………………………… 541

序

　　护左都水使者光禄大夫臣向言：所校中《战国策》书，中书余卷，错乱相糅莒。又有国别者八篇，少不足。臣向因国别者，略以时次之，分别不以序者以相补，除复重，得三十三篇。本字多误脱为半字，以"赵"为"肖"，以"齐"为"立"，如此字者多。中书本号，或曰《国策》，或曰《国事》，或曰《短长》，或曰《事语》，或曰《长书》，或曰《修书》。臣向以为，战国时，游士辅所用之国，为之策谋，宜为《战国策》。其事继春秋以后，讫楚、汉之起，二百四十五年间之事，皆定以杀青，书可缮写。

　　叙曰：周室自文、武始兴，崇道德，隆礼义，设辟雍、泮宫、庠序之教，陈礼乐弦歌，移风之化。叙人伦，正夫妇，天下莫不晓然。论孝悌之义，惇笃之行，故仁义之道满乎天下，卒致之刑错四十余年。远方慕义，莫不宾服，雅颂歌咏，以思其德。下及康、昭之后，虽有衰德，其纲纪尚明。及春秋时，已四五百载矣，然其余业遗烈，流而未灭。五伯之起，尊事周室。五伯之后，时君虽无德，人臣辅其君者，若郑之子产、晋之叔向、齐之晏婴，挟君辅政，以并立于中国，犹以义相支持，歌说以相感,聘觐以相交,期会以相一,盟誓以相救。天子之命,犹有所行,会享之国,犹有所耻。小国得有所依,百姓得有所息。故孔子曰:"能以礼让为国乎,何有?"周之流化,岂不大哉!及春秋之后,众贤辅国者既没,而礼义衰矣。孔子虽论诗书,定礼乐,王道粲然分明,以匹夫无势,化之者七十二人而已,皆天下之俊也。时君莫尚之,是以王道遂用不兴。故曰:"非威不立,非势不行。"

仲尼既没之后,田氏取齐,六卿分晋,道德大废,上下失序。至秦孝公,捐礼让而贵战争,弃仁义而用诈谲,苟以取强而已矣。夫篡盗之人,列为侯王,诈谲之国,兴立为强,是以转相放效。后生师之,遂相吞灭,并大兼小,暴师经岁,流血满野,父子不相亲,兄弟不相安,夫妇离散,莫保其命,湣然道德绝矣。晚世益甚,万乘之国七,千乘之国五,敌侔争权,尽为战国。贪饕无耻,竞进无厌,国异政教,各自制断。上无天子,下无方伯,力功争强,胜者为右,兵革不休,诈伪并起。当此之时,虽有道德,不得施设,有谋之强,负阻而恃固,连与交质,重约结誓,以守其国。故孟子、孙卿儒术之士,弃捐于世,而游说权谋之徒,见贵于俗。是以苏秦、张仪、公孙衍、陈轸、代、厉之属,生从横短长之说,左右倾侧。苏秦为从,张仪为横,横则秦帝,从则楚王,所在国重,所去国轻。然当此之时,秦国最雄,诸侯方弱,苏秦结之,时六国为一,以傧背秦。秦人恐惧,不敢窥兵于关中,天下不交兵者,二十有九年。

然秦国势便形利,权谋之士,咸先驰之。苏秦初欲横,秦弗用,故东合从。及苏秦死后,张仪连横,诸侯听之,西向事秦。是故始皇因四塞之固,据崤、函之阻,跨陇、蜀之饶,听众人之策,乘六世之烈,以蚕食六国,兼诸侯,并有天下。杖于诈谋之弊,终无信笃之诚,无道德之教、仁义之化,以缀天下之心。任刑罚以为治,信小术以为道,遂燔烧诗书,坑杀儒士,上小尧、舜,下邈三王。二世愈甚,惠不下施,情不上达,君臣相疑,骨肉相疏,化道浅薄,纲纪坏败,民不见义,而悬于不宁,抚天下十四岁,天下大溃,诈伪之弊也。其比王德,岂不远哉!孔子曰:"道之以政,齐之以刑,民免而无耻。道之以德,齐之以礼,有耻且格。"夫使天下有所耻,故化可致也。苟以诈伪偷活取容,自上为之,何以率下?秦之败也,不亦宜乎!

战国之时,君德浅薄,为之谋策者,不得不因势而为资,据时而为画。故其谋,扶急持倾,为一切之权,虽不可以临国教化,兵革救急之势也。皆高才秀士,度时君之所能行,出奇策异智,转危为安,运亡为存,亦可喜,皆可观。

　　　　　　　护左都水使者光禄大夫臣向所校战国策书录

序

《战国策》者,乃汉刘向裒合诸国之记,删并重复,排成一帙,作者非一人,又均不得其主名,盖衰世之书也。《汉书·艺文志》列与《史记》为一类,各史因之,良是。晁公武《读书志》始改入子部纵横家,殊为未允,《文献通考》遂承其误。高诱注久佚,存者十篇,其余皆宋姚宏校正续注,《宾退录》称姚令威宽补注者,误。黄尧圃影摹而刊之,世推善本,附以顾氏札记,黄序亦即顾作,《思适斋集》可考。苏秦曰:"安有说人主,不能出其金玉锦绣,以取卿相之尊者乎?"设心注意,只有金玉锦绣卿相之图,此其人即小有才能,宁复有益于天下国家哉?故曾氏曰:"苏秦、商鞅、吴起、李斯之徒,卒以亡其身而灭其国,其为世之大祸明矣,而俗犹莫之悟也!"天下之理,至易明了,治与乱,两言而决尔。刘中垒曰:"周之先,明教化,修法度,所以大治。及其后,诈谋用而仁义之路塞,所以大乱。"游谈之士,口是心违,弁髦道德,陷溺功利,诡谲相轻,朝秦暮楚,莫顾一切。如是而欲冀世之不乱,国之无战,其可得耶?夫秦虎狼之国也,诸侯莫不畏焉,独鲁连以匹夫而谋抗之,可愧列国,可谓杰士已！颜斶、王斗、豫让、赵文、赵告之徒，皆知自重，亦不失为人杰，值得后人追慕崇拜者耳！校《国策》者，以曾、姚为最善，注《国策》者，以鲍、吴为较详。先秦古书，在宋时已难疾读，何况时至今日，补注者悉皆未善。唯南汇经学大师于香草氏，撰有《战国策注》三十五卷，用力最勤，稿凡六七易，为世间《国策》注第一善本。方闻之士，类皆知而龇之，率愿为刊传者。惜好事多磨，波折横生。昔王均卿先生绍介某局代刊，委不佞任校雠之役，已植铅至十二卷。而予离该局后，事务日忙，无暇兼顾，稿主复忽欲自付剞劂，遂尔搁置至今。然亦徒托空言，艰于进行，王老又归道山，故是书出版之日，殊属渺茫。予兹为大达社作《译解战国策》序，实不能无慨于著之难以快睹也！清代诸儒，致力《国策》者，不过数家，元和顾氏，吴黄氏，高邮王氏，金山顾氏，阳湖张氏，歙程氏，类皆具《策》书之一体，发明恨其太少。若于氏之书，可谓《国策》功臣，能集大成者也，世儒比之于段氏注《说文》，钟氏注《穀梁》，吾亦云然。姚伯声以伉直忤秦桧死，可谓能不惑于流俗而笃于自信，善读《国策》矣。吾愿今之学子，读此衰世之书者，当学姚之学，志姚之志，勿效仪、秦之徒，牢存功利之见，自误以误国，为《国策》之罪人，而又姚之所笑也，不大懿乎？斯则前贤所以刊传此书之意，并获其最上慰藉。

民国二十四年七月下浣南汇朱太忙撰序

东周

秦兴师临周而求九鼎

秦兴师临周而求九鼎,周君患之,以告颜率。颜率曰:"大王勿忧,臣请东借救于齐。"颜率至齐,谓齐王曰:"夫秦之为无道也,欲兴兵临周而求九鼎。周之君臣内自尽计,与秦,不若归之大国。夫存危国,美名也,得九鼎,厚宝也。愿大王图之!"齐王大悦,发师五万人,使陈臣思将以救周,而秦兵罢。

齐将求九鼎,周君又患之。颜率曰:"大王勿忧,臣请东解之。"颜率至齐,谓齐王曰:"周赖大国之义,得君臣父子相保也,愿献九鼎,不识大国何途之从,而致之齐?"齐王曰:"寡人将寄径于梁。"颜率曰:"不可!夫梁之君臣,欲得九鼎,谋之晖台之下,少海之上,其日久矣。鼎入梁,必不出。"齐王曰:"寡人将寄径于楚。"对曰:"不可!楚之君臣,欲得九鼎,谋之于叶庭之中,其日久矣。若入楚,鼎必不出。"王曰:"寡人终何途之从,而致之齐?"颜率曰:"弊邑固窃为大王患之。夫鼎者,非效醯壶酱甀耳,可怀挟提挈以至齐者,非效鸟集乌飞,兔兴马逝、漓然止于齐者。昔周之伐殷,得九鼎,凡一鼎而九万人挽之,九九八十一万人,士卒师徒,器械被具所以备者称此。今大王纵有其人,何途之从而出?臣窃为大王私忧之!"齐王曰:"子之数来者,犹无与耳。"颜率曰:"不敢欺大国,疾定所从出,弊邑迁鼎以待命。"齐王乃止。

【译解】

　　秦国起兵向周要求九鼎,周君以为忧患,就告诉颜率。颜率说道:"大王不要忧愁,请让臣东往齐国去借救兵。"颜率到齐国对齐王说道:"秦国真没有道理啊!想起兵向周要求九鼎。周的君臣自己计划,与其送给秦,不如归给大国(指齐国)。要知保存危国,是有美名,得到九鼎,是厚重的宝贝,愿大王考虑考虑。"齐王大喜,发兵五万人,命陈臣思为将,去救周,秦才罢兵。

　　齐于是预备要求九鼎,周君又忧患起来。颜率道:"大王不要忧愁,请让臣往东去解释。"颜率到齐对齐王说道:"周依赖着大国的仗义,君臣父子方得保存,情愿献九鼎,但不知大国从哪一条路搬到齐国来?"齐王说:"寡人想由梁借路。"颜率道:"不可。梁的君臣想得九鼎,曾在晖台的下面,少海的上面,谋划得长久了。鼎要一进梁,必定不得出来。"齐王说:"寡人就向楚借路。"颜率道:"不可。楚国的君臣想得九鼎,在叶庭里面,谋划的日子很长久了。如果进了楚国,鼎必不得出来。"王说:"寡人到底由哪条路搬到齐国来呢?"颜率说:"敝邑本来私自为大王担忧,因为鼎不是像醋瓶子、酱罐子,可以随身挟着提着到齐国来的,也不是像雀鸟聚集、乌鸦飞翔,像兔子跳起,马奔跑,可以直冲到齐国来的。从前周讨伐殷,得着九鼎,每一鼎用九万人拉,九九共八十一万人,军队人夫、器械服装的数目,也与这个数目相当。现在大王就是有这些人,又从哪条路出去呢?所以臣私自为大王担忧。"齐王说:"你屡次来,仍旧如同不给啊!"颜率说:"不敢欺骗大国,只要赶快决定从哪里出来,敝邑就迁移九鼎,听候命令。"齐王方才作罢。

秦攻宜阳

秦攻宜阳,周君谓赵累曰:"子以为何如?"对曰:"宜阳必拔也。"君曰:"宜阳城方八里,材士十万,粟支数年。公仲之军二十万,景翠以楚之众,临山而救之,秦必无功。"对曰:"甘茂羁旅也,攻宜阳而有功,则周公旦也,无功,则削迹于秦。秦王不听群臣父兄之义,而攻宜阳,宜阳不拔,秦王耻之。臣故曰拔。"君曰:"子为寡人谋,且奈何?"对曰:"君谓景翠曰:'公爵为执圭,官为柱国,战而胜,则无加焉矣,不胜,则死。不如背秦,援宜阳,公进兵,秦恐公之乘其弊也,必以宝事公。公仲慕公之为己乘秦也,亦必尽其宝。'"

秦拔宜阳,景翠果进兵。秦惧,遽效煮枣,韩氏果亦效重宝。景翠得城于秦,受宝于韩,而德东周。

【译解】

秦进攻宜阳,周君对赵累说:"你以为怎么样?"赵累对道:"宜阳必定被秦拔取。"周君说:"宜阳城方八里,材勇的士卒十万,米粮可以支持数年。公仲的军队二十万,景翠带领着楚国的人众,背靠着山,前来相救,秦军必定劳而无功。"赵累对道:"甘茂在秦是客卿,攻打宜阳要有功,就成周公旦了;倘若无功,在秦国朝籍中就要被削去名字。秦王又不听群臣父兄的建议,进攻宜阳,宜阳如果不拔取,秦王以为可耻,所以臣说,宜阳必定被秦拔取。"周君说道:"你替寡人打算过怎么做了吗?"赵累对道:"君对景翠说:'公的爵位已是执圭,官职已是柱国(楚国勋官最尊的名称),如果这一战打胜,官爵没有再增加的了,不胜就是死。不如背了秦,去援救宜阳。公要进兵,秦恐怕公是趁他的疲弊,必定以宝物送公,公仲又因敬慕公为他乘秦的弊,也必定愿尽献他的宝物。'"

秦取了宜阳,景翠果然进兵,秦于是恐慌起来,赶紧把煮枣(地名)献给景翠,韩国果然也向景翠献出贵重的宝物。景翠得了秦的城,受了韩的宝,又令东周感激他的恩德。

东周与西周战

东周与西周战,韩救西周。为东周谓韩王曰:"西周者,故天子之国也,多名器重宝。案兵而勿出,可以德东周,西周之宝可尽矣。"东周与西周争,西周欲和于楚、韩。齐明谓东周君曰:"臣恐西周之与楚、韩宝,令之为己求地于东周也,不如谓楚、韩曰:'西周之欲入宝,持二端。今东周之兵不急西周,西周之宝不入楚、韩。楚、韩欲得宝,即且趣我攻西周。西周宝出,是我为楚、韩取宝以德之也,西周弱矣。'"

【译解】

东周同西周开战,韩国救西周。有为东周的去对韩王说道:"西周是旧日天子的国都,名器(国家的爵位同服制等,所以分别尊卑)和贵重的宝物很多。韩如果按兵不出,可以使东周感德,而西周的宝也可以尽有。"东周同西周战争,西周想同楚、韩两国媾和。齐明对东周君说道:"臣恐怕西周给楚、韩宝物,是想让楚、韩为自己求地于东周啊!不如对楚、韩说,西周之要进宝,尚左右不定。现今东周的兵若不急迫攻打西周,西周的宝就不会入楚、韩。楚、韩想得宝,就要催促我攻打西周。西周宝出来了,是我为楚、韩取得的宝,施的德惠,而西周因此就弱了。"

东周欲为稻

东周欲为稻,西周不下水,东周患之。苏子谓东周君曰:"臣请使西周下水,可乎?"乃往见西周之君曰:"君之谋过矣。今不下水,所以富东周也。今其民皆种麦,无他种矣。君若欲害之,不若一为下水,以病其所种。下水,东周必复种稻,种稻而复夺之。若是,则东周之民,可令一仰西周,而受命于君矣。"西周君曰:"善。"遂下水。苏子亦得两国之金也。

【译解】

东周想种稻,西周不放水,东周颇忧患。苏子对东周君说道:"请让臣去叫西周放水,可以吗?"乃去见西周的君说道:"君的计划错了,现在不放水,正是富足东周。如今他的人民都种麦子,没有种别的。君若是想害他,不如放一下水,害他所种的东西。放水后,东周必重复种稻,种了稻再去抢他的。这样一来,东周的人民便会完全仰仗西周,而听从君的命令了。"西周君说:"好。"于是就放水。苏子也得了两国的金钱。

昭献在阳翟

昭献在阳翟,周君将令相国往,相国将不欲。苏厉为之谓周君曰:"楚王与魏王遇也,主君令陈封之楚,令向公之魏。楚、韩之遇也,主君令许公之楚,令向公之韩。今昭献非人主也,而主君令相国往,若其王在阳翟,主君将令谁往?"周君曰:"善。"乃止其行。

【译解】

楚相国昭献到了阳翟,周君预备派相国前往,相国不愿去。苏厉就替相国对周君说道:"从前楚王同魏王会面,主君派陈封往楚,派向公往魏。楚国与韩国相会,主君派许公往楚,派向公往韩。如今昭献并不是人主,而主君竟派相国前往,倘若楚王来到阳翟,主君又预备派谁去呢?"周君说:"好。"这才取消了对相国的派遣。

秦假道于周以伐韩

秦假道于周以伐韩,周恐假之而恶于韩,不假而恶于秦。史黶谓周君曰:"君何不令人谓韩公叔曰:'秦敢绝塞而伐韩者,信东周也。公何不与周地,发重使使之楚。秦必疑,不信周,是韩不伐也。'又谓秦王曰:'韩强与周地,将以疑周于秦,寡人不敢弗受。'秦必无辞而令周弗受,是得地于韩,而听于秦也。"

【译解】

秦国向周借路去伐韩,周恐怕借了路要得罪韩,不借又要得罪秦。史黶就对周君说:"君何不派人去对韩公叔说:'秦敢渡过国中险隘的地方来伐韩,是信任东周,公何不把地送给周,并且打发重要人员,出使到楚国去。秦必定要怀疑,不信任周,韩就不会被伐了。'再一方面对秦王说:'韩国强行把地送与周,想叫秦对周怀疑,寡人不敢不受。'秦必无话可说,而让周接受。这样一来,周既得了韩国的地,又听了秦的命令。"

楚攻雍氏

楚攻雍氏,周粻秦、韩,楚王怒周,周之君患之。为周谓楚王曰:"以王之强而怒周,周恐,必以国合于所与粟之国,则是劲王之敌也。故王不以速解周恐,彼前得罪而后得解,必厚事王矣。"

【译解】

楚国攻击雍氏,周把米粮供给秦、韩两国,楚王对周就怒了,周君颇以为忧患。一个帮周君说话的人就去对楚王说道:"以王的霸强对周发怒,周感到恐慌,必定同他为之供给米粮的国联合起来,那正是使王的敌人强盛了。所以王不如赶快解除周的恐慌,他在前得罪,后得解脱,必定加意伺候大王了。"

周相吕仓见客于周君

周相吕仓见客于周君,前相工师藉恐客之伤己也,因令人谓周君曰:"客者,辩士也,然而所以不可者,好毁人。周文君免士工师藉,相吕仓,国人不说也。"君有闵闵之心。谓周文君曰:"国必有诽誉,忠臣令诽在己,誉在上。宋君夺民时以为台,而民非之,无忠臣以掩盖之也。子罕释相为司空,民非子罕,而善其君。齐桓公宫中七市,女闾七百,国人非之,管仲故为三归之家,以掩桓公,非自伤于民也。《春秋》记臣弑君者以百数,皆大臣见誉者也。故大臣得誉,非国家之美也。故众庶成强,增积成山。"周君遂不免。

【译解】

周的宰相吕仓引一个客去见周君,前相工师藉恐怕客说自己的坏话,因此叫人去对周君说道:"客是个辩士,然而所以不可用,因为好诋毁人。君想要免工师藉的职,以吕仓为相,国人都不高兴。"周君心中颇忧惧。工师藉的客因对周文君说道:"凡是国家,必定有诋毁同赞美,忠臣便把诋毁归在自身,美名归在主上。宋国的君在人民农忙的时候建乐高台,人民攻击他,说他不对,这就是没有忠臣替他掩盖。子罕舍了相位去做司空的官,人民抨击子罕而赞他的国君。齐桓公宫中开设七个市场,七百个妓院,国里人民攻击他,管仲就故意在家里筑台,名字叫'三归',这不是他自己招怨于人民,而是要借此以掩饰桓公的过错。在《春秋》上记载臣子杀国君的数目上百,都是有美名誉的大臣。所以大臣得美名,不是国家的好处,所以说:'众多成强,堆积成山'。"周君才不罢免工师藉。

温人之周

温人之周,周不纳,问曰:"客耶?"对曰:"主人也。"问其巷,而不知也。吏因囚之。君使人问之曰:"子非周人,而自谓非客,何也?"对曰:"臣少而诵《诗》,《诗》曰:'普天之下,莫非王土,率土之滨,莫非王臣。'今周君天下,则我天子之臣,而又为客哉?故曰主人。"君乃使吏出之。

【译解】

温人往周,周拒绝他入境,问:"是客吗?"答道:"是主人。"问他住的巷名,并不知道。官吏就把他拘押起来。周君派人去问他道:"你不是周人,何以说自己不是客呢?"答道:"臣年轻的时候读过《诗经》,《诗经》上曾说:'遍天底下,没有不是王的土地,顺着土地的水边,没有不是王的臣子。'现在周为天下的君,我就是天子的臣,怎么又是客呢?所以说是主人。"周君才叫官吏释放他出来。

赵取周之祭地

赵取周之祭地,周君患之,告于郑朝。郑朝曰:"君勿患也。臣请以三十金复取之!"周君予之。郑朝献之赵太卜,因告以祭地事。及王病,使卜之。太卜谴之曰:"周之祭地为祟!"赵乃还之。

【译解】

赵国占取周的祭田,周君很忧患,告诉郑朝。郑朝说道:"君不要忧患,请让臣用三十金去重取回来。"周君就给了他三十金。郑朝将三十金献与赵国掌太卜的官,并告诉他周欲要回祭地的事情。等到赵王有病,命卜卦,太卜装模作样地责备道:"是周的祭田作怪!"赵才把祭田退还给周。

杜赫欲重景翠于周

杜赫欲重景翠于周,谓周君曰:"君之国小,尽君子重宝珠玉以事诸侯,不可不察也。譬之如张罗者,张于无鸟之所,则终日无所得矣。张于多鸟处,则又骇鸟矣。必张于有鸟无鸟之际,然后能多得鸟矣。今君将施于大人,大人轻君,施于小人,小人无可以求,又费财焉。君必施于今之穷士不必且为大人者,故能得欲矣。"

【译解】

杜赫想推重景翠于周,对周君说道:"君的国很小,用君贵重的宝贝珠玉尽力地去伺候诸侯,也不可不考量一下值不值得。譬如张一个网,如果张在没有雀鸟的地方,就一天到晚得不着什么。张在雀鸟多的地方,又把鸟吓着了。必定要张在有鸟无鸟之间,然后才能得着多数的雀鸟。现在君想给大人送礼,大人看不上君的这点礼,施惠给小人,小人求之无益,而且又耗费钱财。所以君可以周济现今的穷士,不一定能够成为大人的这种人,就有援手了。"

三国隘秦

三国隘秦,周令其相之秦,以秦之轻也,留其行。有人谓相国曰:"秦之轻重,未可知也。秦欲知三国之情,公不如遂见秦王曰:'请谓王听东方之处。'秦必重公。是公重周,重周以取秦也。齐重故有周,而已取齐,是周常不失重国之交也。"

【译解】

燕、齐、楚三国不通秦①,周派他的相国往秦去,相国恐怕秦轻视他,就没有动身。有人对相国说道:"秦对相国是轻视还是尊重,尚未可知。但秦是想知道东方三国的情形,公不如去见秦王说:'请让我为你听察东方三国的举动。'秦必定要尊重公。这一来是公使得周为秦所尊重,尊重周就是收取秦。周本来已经得到了齐的尊重,现在又得到了秦的尊重,如此一来,周就会长久拥有大国的邦交了。"

---

① 编者按:此时秦国尚未吞并巴蜀,故与楚国并无接壤。

昌他亡西周之东周

昌他亡西周之东周,尽输西周之情于东周。东周大喜,西周大怒。冯旦曰:"臣能杀之。"君予金三十斤。冯旦使人操金与书,间遗昌他。书曰:"告昌他:事可成,勉成之,不可成,亟亡来亡来!事久且泄,自令身死。"因使人告东周之候曰:"今夕有奸人当入者矣。"候得而献东周,东周立杀昌他。

【译解】

昌他从西周逃亡到东周,把西周的实情全部泄露给东周,东周大喜,西周大怒。冯旦说道:"臣能够杀他。"西周君就给他黄金三十斤。冯旦便叫人带着金子同信,去离间昌他与东周的关系。信上写道:"告诉昌他,事可以成,就努力做成,不可成,赶快逃回来。事情久了要泄露,自送性命。"一面又叫人去告诉东周管道路迎送宾客的官吏道:"今天晚上有奸细要进来。"官吏果然抓到昌他,献与东周,东周立刻杀了昌他。

严氏为贼

严氏为贼,而阳竖与焉。道周,周君留之十四日,载以乘车驷马而遣之。韩使人让周,周君患之。客谓周君曰:"正语之曰:'寡人知严氏之为贼,而阳竖与之,故留之十四日,以待命也。小国不足,亦以容贼。君之使又不至,是以遣之也。'"

【译解】

严仲子派聂政杀害韩相侠累,阳竖也曾参加。二人出逃,从周经过,周君留了他们十四天,然后用四匹马驾的大车子把他们送走。韩国派使臣来责备周,周君颇以为忧。有一个客对周君说道:"去堂堂正正地对使者说:'寡人知道严氏为贼,阳竖在内,所以扣留他们十四天,等待韩的命令。小国不足容留贼人,韩的使臣又不来,这才遣送他们走了。'"

西周

薛公以齐为韩魏攻楚

薛公以齐为韩、魏攻楚,又与韩、魏攻秦,而借兵乞食于西周。韩庆为西周谓薛公曰:"君以齐为韩、魏攻楚,九年而取宛、叶以北,以强韩、魏,今又攻秦以益之。韩、魏南无楚忧,西无秦患,则地广而益重,齐必轻矣。夫本末更盛,虚实有时,窃为君危之。君不如令弊邑阴合于秦,而君无攻,又无借兵乞食,君临函谷而无攻,令弊邑以君之情,谓秦王曰:'薛公必破秦,以张韩、魏,所以进兵者,欲王令楚割东国以与齐也。'秦王出楚王以为和,君令弊邑以此忠秦。秦得无破,而以楚之东国自免也,必欲之。楚王出,必德齐,齐得东国而益强,而薛世世无患。秦不大弱,而处之三晋之西,三晋必重齐。"薛公曰:"善。"因令韩庆入秦,而使三国无攻秦,而使不借兵乞食于西周。

【译解】

薛公率领各国的军队为韩、魏去攻打楚国,又同韩、魏去攻打秦国,向西周借兵借粮。韩庆代表西周去对薛公说道:"君率领各军为韩、魏去攻楚,九年工夫取得宛、叶以北的地方,强了韩、魏。如今又攻秦,增加它的富强,韩、魏南面没有楚国的忧虑,西面无了秦的祸患,地方愈扩大而愈尊重,齐必定要轻了。要知道本末是轮流兴旺的,盈虚消长是有轮转的,所以我私自为君觉得不安。君不如令敝邑暗地里与秦讲和,君不进攻,又不须表示要借兵借粮的弱点。君驻军于函谷关下,而不进攻,叫敝邑把君的情况去对秦王说:'薛公必定不攻破秦国去强韩、魏的,所以进兵的缘故,是想王令楚国割让东国与齐啊!'秦王放出楚王来媾和(楚怀王是时被拘在秦),君再以敝邑为媒介对秦开诚布公,秦以楚的东国来自免被薛攻破,必定情愿。楚王得放出来,也必定感戴齐的恩德,把东国让与齐,齐得着东国,格外富强,薛也就世世代代没有祸患了。秦并没有变弱,在三晋的西边,三晋必然尊重齐。"薛公说:"对的。"因此命韩庆往秦,一面令齐、韩、魏三国不要进攻秦,并且不要向西周借兵借粮。

秦令樗里疾以车百乘入周

秦令樗里疾以车百乘入周,周君迎之以卒,甚敬。楚王怒,让周,以其重秦客。游腾谓楚王曰:"昔智伯欲伐厹由,遗之大钟,载以广车,因随入以兵,厹由卒亡,无备故也。桓公伐蔡也,号言伐楚,其实袭蔡。今秦者,虎狼之国也,兼有吞周之意,使樗里疾以车百乘入周,周君惧焉,以蔡、厹由戒之。故使长兵在前,强弩在后,名曰卫疾,而实囚之也。周君岂能无爱国哉?恐一日之亡国,而忧大王。"楚王乃悦。

【译解】

秦国派樗里疾(秦公子的名字)带领着一百辆四匹马的兵车到周来,周君派军队去欢迎,很恭敬。楚王大怒,责备周不应该敬重秦客。游腾对楚王说道:"从前智伯想伐厹由,送他一个大钟,用大车装着,把兵跟在后面,结果厹由亡了,就是没有防备的缘故。齐桓公伐蔡的时候,宣言伐楚,其实是暗地里去偷袭蔡。如今秦是像虎狼一样的国,有吞灭周的意思,派樗里疾带着一百辆兵车到周来。周君害怕,深以蔡同厹由的事为警戒,所以派长兵在前面,强弩在后面,名义上保卫疾，其实是囚住他。周君难道不爱自己的国家吗？恐怕不恭敬秦客，一天之中亡了国，要大王劳神啊！"楚王方才高兴。

雍氏之役

雍氏之役,韩征甲与粟于周,周君患之,告苏代。苏代曰:"何患焉!代能为君令韩不征甲与粟于周,又能为君得高都。"周君大悦曰:"子苟能,寡人请以国听。"苏代遂往见韩相国公中曰:"公不闻楚计乎?昭应谓楚王曰:'韩氏罢于兵,仓廪空,无以守城。吾收之以饥,不过一月,必拔之。'今围雍氏,五月不能拔,是楚病也,楚王始不信昭应之计矣。今公乃征甲及粟于周,此告楚病也。昭应闻此,必劝楚王益兵守雍氏,雍氏必拔。"公中曰:"善。然吾使者已行矣。"代曰:"公何不以高都与周?"公中怒曰:"吾无征甲与粟于周,亦已多矣,何为与高都?"代曰:"与之高都,则周必折,而入于韩。秦闻之,必大怒,而焚周之节,不通其使。是公以弊高都得完周也,何不与也?"公中曰:"善。"不征甲与粟于周,而与高都,楚卒不拔雍氏而去。

【译解】

楚国围韩国的雍氏,韩向周征兵和粮食,周君颇忧患,告诉苏代。苏代说:"这何必忧患呢?代能够为君使得韩不向周征兵和借粮,又能够为君得到韩的高都。"周君大喜道:"你要是能如此，寡人的国事都听从于你。"苏代就往见韩相国公中说道："公没有听见楚国的计策吗？楚将昭应对楚王说：'韩国疲于兵祸，仓库空虚，无力守城，我趁他的饥荒收取雍氏，不过一个月，必定拔取。'如今他围雍氏五个月尚不能拔取，是楚已经疲困了，楚王开始不相信昭应的计策了。现在，公却要向周征兵和借粮，这明明是告诉楚、韩饥疲了。昭应听见这种情形，必定劝楚王增兵守雍氏，雍氏一定要被拔取。"公中说："对的。但是我派的人员已经起程了。"苏代说："公何不把高都送给周呢？"公中生气道："我不向周征兵和借粮，也已经足够了，为什么还要给他高都呢？"苏代说："给了高都，周必定就屈服于韩，秦听见了必要大怒，烧掉周的符信，不通周使臣的往来。这样一来，是公以破弊的高都，换得一个完整的周，为什么不给呢？"公中道："好。"就不向周征兵和借粮，并且把高都送给周，楚到底没有拔取雍氏而去。

周君之秦

周君之秦。谓周最曰:"不如誉秦王之孝也,因以应为太后养地。秦王、太后必喜,是公有秦也。交善,周君必以为公功。交恶,劝周君入秦者,必有罪矣。"

【译解】

周君往秦国去,有人对周最说道:"不如夸赞秦王的孝顺,顺便把周的应邑献给秦太后做养地(犹同食邑)。秦王同太后必定欢喜,这是公有了秦。两国的邦交好,周君必以为是公的功劳。邦交恶,那劝周君入秦的人就必定有罪了。"

苏厉谓周君曰

苏厉谓周君曰:"败韩、魏,杀犀武,攻赵,取蔺、离石、祁者,皆白起。是攻用兵,又有天命也。今攻梁,梁必破,破则周危,君不若止之。"谓白起曰:"楚有养由基者,善射,去柳叶者百步而射之,百发百中,左右皆曰'善'。有一人过曰:'善射,可教射也矣。'养由基曰:'人皆曰善,子乃曰可教射,子何不代我射之也?'客曰:'我不能教子支左屈右。夫射柳叶者,百发百中,而不以善息,少焉气力倦,弓拨矢钩,一发不中,前功尽矣。'今公破韩、魏,杀犀武,而北攻赵,取蔺、离石、祁者,公也,公之功甚多。今公又以秦兵出塞,过两周,践韩,而以攻梁,一攻而不得,前功尽灭。公不若称病不出也。"

【译解】

苏厉对周君说:"打败韩、魏,杀了魏将犀武,攻击赵国,夺取了蔺、离石、祁三座城邑的,都是白起,他实在是巧于用兵,又合天意。现在他进攻梁,梁必定被攻破,破后周就危险,君不如去阻止他。"于是苏厉来到白起跟前,对白起说:"楚国有个养由基,最会射箭,离开柳叶一百步射起来,百发百中。左右的人都说:'好!'有一人从旁走过,说道:'会射,可以教你射箭了。'养由基说:'人人都说好,你却说可以教我,你何不代替我射呢?'客人说:'我不能够教你左手支出去,右手屈进来,那种射的法子。但是射柳叶的,百发百中,而不好好休息,少停一刻,气力一倦,弓拨反了,箭缘屈了,一箭发出不中,前功尽弃。'如今公击破韩、魏,杀了犀武,北攻赵国,取了蔺、离石、祁,这都是公一个人做的事啊,公的战功太高了!现在公又领秦兵出塞,经过两周,踏进韩去攻梁,要是一攻攻不下,前功就全没了。所以公不如告病不出,不去攻梁的好。"

楚兵在山南

楚兵在山南，吾得将为楚王属怒于周。或谓周君曰："不如令太子将军正，迎吾得于境，而君自郊迎，令天下皆知君之重吾得也。'因泄之楚曰：'周君所以事吾得者，器必名曰某。'楚王必求之，而吾得无效也，王必罪之。"

【译解】

楚国的兵在山南，楚将吾得预备为楚王结怒于周。有人就对周君说："不如派太子同军正到边境去迎接吾得，君自己再到郊外去欢迎，使天下都知道君尊重吾得。同时泄露此消息，使楚国听见说：'周君所以事吾得的东西，名字叫什么什么。'楚王必定向他要。吾得实际上拿不出来，楚王必要归罪于他。"

秦召周君

秦召周君,周君难往。或为周君谓魏王曰:"秦召周君,将以使攻魏之南阳。王何不出于河南?周君闻之,将以为辞于秦而不往。周君不入秦,秦必不敢越河而攻南阳。"

【译解】

秦国来召周君,周君不敢前往。有人就为周君去对魏王说:"秦召周君,是预备使他攻魏的南阳。王何不出兵于河南?周君听见,就要借此为辞,不往秦国去。周君不往秦,秦必不敢渡过黄河,来攻打南阳了。"

犀武败于伊阙

犀武败于伊阙,周君之魏求救,魏王以上党之急辞之。周君反,见梁囿而乐之也。綦母恢谓周君曰:"温囿不下此,而又近。臣能为君取之。"反见魏王。王曰:"周君怨寡人乎?"对曰:"不怨且谁怨乎?臣为王有患也。周君谋主也,而设以国为王捍秦,而王无之捍也。臣见其必以国事秦也。秦悉塞外之兵,与周之众,以攻南阳,而两上党绝矣。"魏王曰:"然则奈何?"綦母恢曰:"周君形不小利事秦,而好小利。今王许戍三万人,与温囿,周君得以为辞于父兄百姓,而私温囿以为乐,必不合于秦。臣尝闻温囿之利,岁八十金,周君得温囿,其以事王者,岁百二十金。是上党每患而赢四十金。"魏王因使孟卯致温囿于周君,而许之戍也。

【译解】

秦把魏将犀武在伊阙打败,就进攻周。周君往魏国去求救兵,魏王以上党情形紧急相辞。周君返国的途中,看见魏国的梁囿,十分喜爱。綦母恢对周君说道:"温邑的花园,不在梁囿之下,而且又近,臣能够为君取得来。"于是就回转去见魏王。魏王说:"周君怨寡人吗?"綦母恢对道:"不怨君怨谁?

臣因此颇为王担忧。周君是天子,是诸侯的首领。周可以做王的屏障,防御秦的进攻,而王却不能及周防御秦。臣眼见周必定要以国侍奉秦去了。秦尽其所有塞外的兵,同周的人众,来攻魏的南阳,这样,韩、魏的两个上党,就隔断了。"魏王说:"那么怎么办?"綦母恢说:"周君看样子不以为事秦对自己有好处,只是好食小利。现在王答应派遣三万人去驻守在周的边境,并送周君温邑的花园,这样,周君既能对宗室与百官有一个交待,又爱温邑的花园以为游览,必定不会与秦联合。臣听说温邑花园的利益,每年是八十金。周君得到温邑的花园,每年贡献给王一百二十金,这样,上党没有祸患,而王又多得到了四十金。"魏王因此派孟卯送温邑的花园与周,并且答应派兵去周守边。

韩魏易地

韩、魏易地,西周弗利。樊余谓楚王曰:"周必亡矣!韩、魏之易地,韩得二县,魏亡二县。所以为之者,尽包二周,多于二县,九鼎存焉。且魏有南阳、郑地、三川,而包二周,则楚方城之外危。韩兼两上党以临赵,即赵羊肠以上危。故易成之日,楚、赵皆轻。"楚王恐,因赵以止易也。

【译解】

韩、魏两国预备交换土地,此事对西周不利。樊余对楚王说道:"周必定要亡了!韩、魏交换土地的结果,韩多出两县,魏少了两县。魏之所以愿意得不偿失,是因为魏得到的土地包括了东西两周,比两县的土地多,九鼎又存在那里。如果魏有了南阳、郑地、三川,包括了两周,楚国方城之外就危险了。韩兼并了两上党直对着赵,赵的羊肠险要以上一带的地方都危险了。所以一旦土地交换成功,楚、赵都无足轻重了。"楚王恐慌起来,拜托赵国去阻止韩、魏两国交换土地。

宫他请周君合赵以备秦

宫他谓周君曰:"宛恃秦而轻晋,秦饥而宛亡。郑恃魏而轻韩,魏攻蔡而郑亡。邾、莒亡于齐,陈、蔡亡于楚。此皆恃援国而轻近敌也。今君恃韩、魏而轻秦,国恐伤矣。君不如使周最阴合于赵以备秦,则不毁。"

【译解】

宫他对周君说道:"从前宛倚恃着秦而轻视晋国,等到秦闹饥荒,宛就亡了。郑倚恃着魏而轻视韩国,后来魏去攻周,郑就被韩灭了。邾同莒灭亡于齐,陈同蔡灭亡于楚。这些都是倚恃着有援国,而轻忽近身的敌人所致。现在君倚恃着韩、魏,而轻忽秦,国家恐怕要受伤。君不如派周最暗地里与赵联合,一起防备秦国,就不会有什么伤害了。"

三国攻秦反

三国攻秦反,西周恐魏之借道也,为西周谓魏王曰:"楚、宋不利秦之德三国也,彼且攻王之聚,以利秦。"魏王惧,令军拔舍速东。

【译解】

韩、魏、齐三国攻打秦国取胜,准备返国。西周恐怕魏从周借路。有人为西周去对魏王说:"楚、宋两国感到秦国割地与三国讲和对自己不利,楚、宋将袭击魏的粮仓辎重,来增强秦国的力量。"魏王大恐,便命令军队马上开拔,赶快向东回国。

卫鞅亡魏入秦

卫鞅亡魏入秦，孝公以为相，封之于商，号曰"商君"。商君治秦，法令至行，公平无私，罚不讳强大，赏不私亲近，法及太子，黥劓其傅。期年之后，道不拾遗，民不妄取，兵革大强，诸侯畏惧。然刻深寡恩，特以强服之耳。

孝公行之十八年，疾且不起，欲传商君，辞不受。孝公已死，惠王代后，莅政有顷，商君告归。人说惠王曰："大臣太重者，国危；左右太亲者，身危。今秦妇人婴儿皆言商君之法，莫言大王之法。是商君反为主，大王更为臣也。且夫商君固大王仇雠也，愿大王图之。"

商君惧诛，欲之魏。秦人禁之曰："商君之法急。"不得出，穷而还。惠王车裂之，而秦人不怜。

【译解】

卫鞅从魏国逃亡到秦，秦孝公用卫鞅为相国，封他于商邑，号称"商君"。商君治秦，法令大行，公平无私，刑罚不避强大，赏赐不阿私亲近，太子犯法，也不赦免，在太子师傅的脸上刻字，割掉他的鼻子。一年之后，路上遗失的东西，没有人敢拾；不是自己的东西，人不敢妄取；军队武器大强，诸侯都害怕。但是苛刻少恩,不过一味用强大压服人而已。

孝公行了十八年,染病将不起,想让位与商君,商君辞让不受。孝公死后,惠王接位,临政没有多久,商君告老,回到商邑。有人对惠王说:"大臣权力太重,会危及国家,左右太亲密了,会危及自身。如今秦国的妇女小孩子都只说商君的法律,没人说大王的法律,是商君反为人主,大王变为臣子了。况且商君本来是大王的仇敌,希望大王能将他除去。"

商君听说后,害怕被诛杀,就想回魏国去。在秦、魏的边境被秦人拦住,说:"商君的法律可严厉呢!"商君走投无路,又回到了秦国。惠王把他五马分尸,秦国的人并不怜惜。

苏秦始将连横

苏秦始将连横说秦惠王曰:"大王之国,西有巴蜀、汉中之利,北有胡貉、代马之用,南有巫山、黔中之限,东有肴、函之固。田肥美,民殷富,战车万乘,奋击百万,沃野千里,蓄积饶多,地势形便。此所谓天府,天下之雄国也。以大王之贤,士民之众,车骑之用,兵法之教,可以并诸侯,吞天下,称帝而治。愿大王少留意,臣请奏其效。"

秦王曰:"寡人闻之,毛羽不丰满者,不可以高飞;文章不成者,不可以诛罚;道德不厚者,不可以使民;政教不顺者,不可以烦大臣。今先生俨然不远千里而庭教之,愿以异日。"

苏秦曰:"臣固疑大王之不能用也。昔者神农伐补遂,黄帝伐涿鹿而禽蚩尤,尧伐驩兜,舜伐三苗,禹伐共工,汤伐有夏,文王伐崇,武王伐纣,齐桓任战而伯天下,由此观之,恶有不战者乎?古者使车毂击驰,言语相结,天下为一,约从连横,兵革不藏。文士并饬,诸侯乱惑,万端俱起,不可胜理。科条既备,民多伪态。书策稠浊,百姓不足。上下相愁,民无所聊。明言章理,兵甲愈起。辩言伟服,战攻不息。繁称文辞,天下不治。舌弊耳聋,不见成功。行义约信,天下不亲。于是乃废文任武,厚养死士,缀甲厉兵,效胜于战场。夫徒处而致利,安坐而广地,虽古五帝、三王、五伯、明主贤君,常欲坐而致之,其势不能,故以战续之。宽则两军相攻,迫则杖戟相撞,然后可建大功。是故兵胜于外,义强于内,威立于上,民服于下。今欲并天下,凌万乘,诎敌国,制海内,子元元,臣诸侯,非兵不可。今之嗣主,忽于至道,皆惛于教,乱于治,迷于言,惑于语,沈于辩,溺于辞。以此论之,王固不能行也。"

说秦王书十上,而说不行,黑貂之裘弊,黄金百斤尽,资用乏绝,去秦而归。嬴縢履屩,负书担橐,形容枯槁,面目犁黑,状有归色。归至家,妻不下纴,嫂不为炊,父母不与言。苏秦喟然叹曰:"妻不以我为夫,嫂不以我为叔,父母不以我为子,是皆秦之罪也!"乃夜发书,陈箧数十,得太公《阴符》之谋,伏而诵之,简练以为揣摩。读书欲睡,引锥自刺其股,血流至足,曰:"安有说人主不能出其金玉锦绣,取卿相之尊者乎?"期年,揣摩成,曰:"此真可以说当世之君矣!"

于是乃摩燕乌集阙,见说赵王于华屋之下,抵掌而谈。赵王大悦,封为武安君,受相印。革车百乘,锦绣千纯,白璧百双,黄金万镒,以随其后。约从散横,以抑强秦。故苏秦相于赵而关不通。当此之时,天下之大,万民之众,王侯之威,谋臣之权,皆欲决苏秦之策。不费斗粮,未烦一兵,未战一士,未绝一弦,未折一矢,诸侯相亲,贤于兄弟。夫贤人在而天下服,一人用而天下从,故曰:"式于政,不式于勇,式于廊庙之内,不式于四境之外。"当秦之隆,黄金万镒为用,转毂连骑,炫熿于道。

山东之国,从风而服,使赵大重。且夫苏秦,特穷巷掘门、桑户棬枢之士耳。伏轼撙衔,横历天下,廷说诸侯之王,杜左右之口,天下莫之能伉。

将说楚王,路过洛阳。父母闻之,清宫除道,张乐设饮,郊迎三十里。妻侧目而视,倾耳而听。嫂蛇行匍伏,四拜自跪而谢。苏秦曰:"嫂何前倨而后卑也?"嫂曰:"以季子之位尊而多金。"苏秦曰:"嗟乎!贫穷则父母不子,富贵则亲戚畏惧。人生世上,势位富贵,盖可忽乎哉!"

【译解】

苏秦刚预备连横(东西为横,合关东六国与秦相通叫作连横)的时候,去对秦惠王说:"大王的国,西面有巴、蜀、汉中的农业之利,北面有胡貉、代马,可作战备之用,南面有巫山、黔中这些险要重地,东面有肴山、函谷关这样坚固的要塞。田地肥美,百姓富庶,四匹马的兵车有一万辆,敢于冲锋陷阵的士卒上百万人,肥沃的田野上千里,积蓄众多,地势险要,易守难攻,这是天然的府库,是天下的强国。以大王的贤明,人口的众多,兵车战马的训练,兵法的精熟,可以兼并诸侯,吞灭天下而称帝,希望大王稍微留意,让臣为您描述秦国的将来。"

秦王说:"寡人听说,毛羽没有长丰满,不可以高飞;法令制度不完备,不能够征伐;施恩尚浅,不能发动人民去作战;政治教化不顺的,不可以战事烦劳大臣。如今先生郑重其事,不远千里来登庭指教,寡人希望以后再聆听您的教导吧。"

苏秦说:"臣本来就怀疑大王不能用的。从前神农讨伐补遂国,黄帝讨伐涿鹿,擒住了蚩尤,尧讨伐驩兜,舜讨伐三苗,禹讨伐共工,汤讨伐夏,文王讨伐崇,武王讨伐纣,齐桓公用兵打仗,终于称霸天下,这样看起来,哪有不打仗的呢?古时候兵车奔驰,口头言语结约,使天下为一,讲约纵(南北为纵,合关东六国抵抗秦国叫作合纵,又叫约纵)的,讲连横的,兵事不息,辩士巧妙饰诈,诸侯乱疑惑,各样事件都发生出来,不可以尽形处理。等到章程条款订齐备了,百姓又多作虚伪,公版文书繁乱,百姓贫穷不足,君臣上下愁烦,民不聊生。教令条理越明显,兵事发生得越多,穿着儒者的奇装异服,到处辩论,战争攻打的事就更无休息,舍去根本,专讲求文辞末节,天下更不治。舌头说焦了,耳朵吵聋了,也没有看见成功,做事讲义气,守信约,也不能够使天下亲善。于是乎几废文用武,厚养勇猛敢死之士,缝织起盔甲,磨砺兵器,在战场上收得胜的功效。倘若是安坐着无所事事,想利国,扩充土地,虽然是古时候的五帝、三王、五霸,这样贤明的君主,如果想坐着等待成功,但他的势力也实有不可能。所以用战事为后盾,地方距离远的,就双方军队互相攻打,迫近的就用木棍子同兵器刺击,然后可以立大功。军队得胜于外面,仁义强于国内,威权立于上,人民服从于下。如今想并吞天下,侵犯天子,屈服敌国,统治海内,爱养百姓,臣服诸侯,那就非兵不可!现在继嗣的君主,忽略大道,都不明白教化,乱于治理,迷惑于无聊的言语,沉溺于巧辩的文辞,照这种情形而论,王必定不能够行强霸的事。"游说秦王的书上了十次,但他的学说仍旧没有被采用,黑貂皮袍子也破了,一百斤黄金也完了,旅费用尽,只好离开秦国,回转洛阳。缠起绑腿,挑着书同行李,相貌瘦得又干又枯,脸上黑黑,颇有惭愧的颜色。回到家中,妻子看见他也不睬,仍旧坐在机上织机,嫂子也不给他煮饭,父母不同他说话,苏秦长叹道:"妻子不把我当丈夫,嫂子不把我当小叔子,父母不把我当儿子,这都是秦的罪过啊!"就连夜打开书箱几十口,得着姜太公著的兵法《阴符》中的奇谋,伏着攻读,选择着练习,用心研究揣摩。读渴睡了,就拿把锥子自己在腿上一戳,血直流到脚上,说道:"哪有人去游说人主,不能够弄出他的金玉锦缎,并且取到公卿宰相的尊贵的呢?"一年工夫,模仿成功,说道:"这真可以去游说当世的君主了!"

于是靠近燕乌集关,过去游说赵王,在高大壮丽的房屋之下见着赵王,鼓着掌大谈之下,赵王高兴极了,封苏秦为武安君,授予他相印,带着兵车一百辆,锦缎一千捆,玉璧一百对,黄金二十万两,跟随着后面,去同各国订约合同,解散连横,压制强秦。所以苏秦在赵国为相,去往函谷关的道路就不通了。那时以天下之广大、万民之众多、王侯的威严、谋臣的权术,都要在苏秦的计策中决定。不耗费一斗米粮,没有烦劳一个兵,没有一个人打仗,没有绷断一根弓弦,没有折断一根箭,诸侯便亲善得比弟兄还厚些。总之贤人在位,天下便信服,一个人得用,天下便听从,所以说:"用在政治手腕上,不用在勇猛上;用在天子宫殿之内,不用在四面境界之外。"在苏秦盛的时候,黄金二十万两任他用,车马连串地奔驰,沿途炫耀。山东之国,顺着风一齐服从,使得赵国地位格外尊重。其实苏秦不过是在死胡同里打个窟窿当门,用弯曲的桑木当门转子一类的人罢了!但是坐在车内,伏在扶手板上,勒住马,横行天下,在朝廷里游说君王,压迫住左右的人开口,天下却没有能对抗他的。

苏秦预备去游说楚王,路过洛阳。他的父母听见了,便打扫房屋,清洁街道,安设乐器,预备酒席,跑出城外,三十里去欢迎;他的妻子不敢对着他正看,歪着耳朵听;嫂子吓得像蛇一样在地上爬,拜了四拜,自己跪着承认从前的过错。苏秦说道:"嫂嫂,怎么从前架子大,现在又这么谦恭呢?"嫂子道:"因为阿叔的地位尊贵,钱又多!"苏秦叹道:"唉!贫穷了,父母就不当作是自己的儿子;富贵了,亲戚就这样害怕。人生在世界上,势利地位同富贵,怎么可以忽略呢!"

张仪说秦王

张仪说秦王曰："臣闻之：弗知而言，为不智；知而不言，为不忠。为人臣不忠，当死；言不审，亦当死。虽然，臣愿悉言所闻，大王裁其罪！

"臣闻天下阴燕阳魏，连荆固齐，收余韩成从，将西南以与秦为难，臣窃笑之。世有三亡，而天下得之，其此之谓乎！臣闻之曰：'以乱攻治者亡，以邪攻正者亡，以逆攻顺者亡。'今天下之府库不盈，囷仓空虚，悉其士民，张军数千百万。白刃在前，斧质在后，而皆去走，不能死。罪其百姓不能死也，其上不能杀也。言赏则不与，言罚则不行，赏罚不行，故民不死也。今秦出号令而行赏罚，不攻无攻相事也。出其父母怀衽之中，生未尝见寇也，闻战，顿足徒裼，犯白刃，蹈煨炭，断死于前者，比是也。夫断死与断生也不同，而民为之者，是贵奋也。一可以胜十，十可以胜百，百可以胜千，千可以胜万，万可以胜天下矣。今秦地形，断长续短，方数千里，名师数百万。秦之号令赏罚，地形利害，天下莫如也，以此与天下，天下不足兼而有也。是知秦战未尝不胜，攻未尝不取，所当未尝不破也，开地数千里，此甚大功也。然而甲兵顿，士民病，蓄积索，田畴荒，囷仓虚，四邻诸侯不服，伯王之名不成，此无异故，谋臣皆不尽其忠也。

"臣敢言往昔：昔者齐南破荆，中破宋，西服秦，北破燕，中使韩、魏之君。地广而兵强，战胜攻取，诏令天下，济清河浊，足以为限，长城、钜坊，足以为塞。齐五战之国也，一战不胜，而无齐，故由此观之，夫战者，万乘之存亡也。且臣闻之曰：'削株掘根，无与祸邻，祸乃不存。'秦与荆人战，大破荆，袭郢，取洞庭、五都、江南，荆王亡奔走，东伏于陈。当是之时，随荆以兵，则荆可举，举荆则其民足贪也，地足利也，东以强齐、燕，中陵三晋，然则是一举而伯王之名可成也，四邻诸侯可朝也。而谋臣不为，引军而退，与荆人和，令荆人收亡国，聚散民，立社主，置宗庙，令帅天下，西面以与秦为难，此固已无伯王之道一矣。天下有比志，而军华下，大王以诈破之，兵至梁郭。围梁数旬，则梁可拔，拔梁则魏可举，举魏则荆、赵之志绝，荆、赵之志绝则赵危，赵危而荆孤，东以强齐、燕，中陵三晋，然则是一举而伯王之名可成也，四邻诸侯可朝也。而谋臣不为，引军而退，与魏氏和，令魏氏收亡国，聚散民，立社主，置宗庙，此固已无伯王之道二矣。前者穰侯之治秦也，用一国之兵，而欲以成两国之功，是故兵终身暴灵于外，士民潞病于内，伯王之名不成，此固已无伯王之道三矣。

"赵氏，中央之国也，杂民之所居也，其民轻而难用，号令不治，赏罚不信，地形不便，上非能尽其民力，彼固亡国之形也，而不忧民氓，悉其士民，军于长平之下，以争韩之上党，大王以诈破之,拔武安。当是时,赵氏上下不相亲也,贵贱不相信,然则是邯郸不守,拔邯郸,完河间,引军而去。西攻修武,逾羊肠,降代、上党,代三十六县,上党十七县,不用一领甲,不苦一民,皆秦之有也,代、上党不战而已为秦矣,东阳河外,不战而已反为齐矣,中呼池以北,不战而已为燕矣。然则是举赵则韩必亡,韩亡则荆、魏不能独立,荆、魏不能独立,则是一举而坏韩,蠹魏,挟荆,以东弱齐、燕,决白马之口以流魏氏,一举而三晋亡,从者败,大王拱手以须天下,遍随而伏,伯王之名可成也。而谋臣不为,引军而退,与赵氏为和,以大王之明,秦兵之强,伯王之业,地尊不可得,乃取欺于亡国,是谋臣之拙也。且夫赵当亡不亡,秦当伯不伯,天下固量秦之谋臣一矣。乃复悉卒,乃攻邯郸,不能拔也,弃甲兵怒,战栗而却,天下固量秦力二矣。军乃引退,并于李下,大王又并军而致与战,非能厚胜之也,又交罢却,天下固量秦力三矣。内者量吾谋臣,外者极吾兵力,由是观之,臣以天下之从,岂其难矣!内者吾甲兵顿,士民病,蓄积索,田畴荒,囷仓虚,外者天下比志甚固,愿大王有以虑之也!

"且臣闻之,战战栗栗,日慎一日,苟慎其道,天下可有也。何以知其然也?昔者纣为天子,帅天下将甲百万,左饮于淇谷,右饮于洹水,淇水竭而洹水不流,以与周武为难,武王将素甲三千,领战一日,破纣之国,禽其身,据其地而有其民,天下莫不伤。智伯帅三国之众,以攻赵襄主于晋阳,决水灌之,三年城且拔矣。襄主错龟数,策占兆,以视利害,何国可降?而使张孟谈于是潜行而出,反智伯之约,得两国之众,以攻智伯之国,禽其身,以成襄子之功。今秦地断长续短,方数千里,名师数百万,秦国号令赏罚,地形利害,天下莫如也,以此与天下,天下可兼而有也。

"臣昧死望见大王,言所以举破天下之从,举赵,亡韩,臣荆、魏,亲齐、燕,以成伯王之名,朝四邻诸侯之道。大王试听其说,一举而天下之从不破,赵不举,韩不亡,荆、魏不臣,齐、燕不亲,伯王之名不成,四邻诸侯不朝,大王斩臣,以徇于国,以主为谋不忠者。"

【译解】

张仪对秦惠王说道:"臣听见说:不知道就开口,是不聪明;知道可以为国家谋福利而不开口,是不忠实。做臣子的不忠实应当死,说话不审慎也应当死。虽然如此,但臣情愿把所听见的,尽量地贡献出来,让大王定罪。

"臣听见天下从北方的燕,到南方的魏,联合荆、楚,安定齐国,收罗剩余的韩,成了合纵,预备向西南来与秦为难,臣私自好笑。世界上有三种败亡,而天下全得着去了,不就是这种情形吗?臣听见说:'以乱去攻伐治是败亡,以邪去攻正是败亡,以叛去攻顺是败亡。'如今天下储财货的库都不充实,屯米粮的仓都空虚,尽其所有的人民,扩张军队几千百万,但虽然是白刃在前面,斧头在后面,仍旧都退却走掉,不能够拼死;并不是他的百姓不能够拼死尽节,实在是他上面不行的缘故,说到赏又不行,赏罚不明,所以人民尽不为之死节。现在秦出号令,行赏罚,有功无功,按照事实情形而行,这些百姓自从出了他父母怀抱以来,生平未曾见过敌人,听见说打仗,就停住脚步,脱掉衣服,空手冒犯刀剑,踏烧红了的炭,在眼前去决死的,全是如此。要知道决定去死与决定去生是不同的,但百姓情愿去做,是为尊贵奋勇,一个可以胜十个,十个可以胜一百,一百可以胜一千,一千可以胜一万,一万便可以胜天下了。如今秦国的地形,截长补短,有几千里见方,军队号称几百万,秦国的号令赏罚同地形的利害,天下都不如,以这种情形与天下争,天下是不够秦兼并的。于是秦国打仗未尝不胜,进攻未尝不取,所遇之敌未尝不破,开扩地方几千里,这是很大的功劳;然而军队疲顿,百姓穷困,积蓄乏绝,田亩荒废,仓库空虚,四邻诸侯不服,霸王之名不成,这没有稀奇的缘故,实在是谋臣不能尽忠罢了。

"臣斗胆说说往年的事吧:齐国南面破了楚,中间破了宋,西面服了秦,北面破了燕,中间指挥韩、魏的国君,地方宽大,军队强盛,战事胜利,攻夺占取,命令天下。清的济水、浊的黄河,都作为他的国界,长城坚固的防守,都作他的关塞;齐是五次战胜之国,只一次战不胜,齐的威势就不存在了。从这样看起来,战事关系万乘国家的存亡啊!而且臣听说:'砍树要挖根,不与祸接邻,祸患不会存!'从前秦同楚人开战,攻破了楚国,袭取了楚国的都城郢,占领了洞庭湖、五渚、江南等地,楚王逃走,东去藏在陈国。在那个时候,只要再接再厉,楚国便可以攻取下来。攻下了楚国,他的百姓是足够使役的,地方也足够富的;东面可以对齐、燕两国称强,中间可以欺凌三晋;这一举霸王之名可以成功,四邻的诸侯可以来朝。但谋臣不这么打算,反而退兵同楚人讲和,使楚人收复亡了的国,聚集逃散的百姓,立起社稷之主,设立宗庙,使他带领着天下,向西面来与秦为难,这已经是失了一次霸王之道了。天下有联合的意志,把军队调在华山之下,大王用诈计破了他们,进兵至大梁城外,只要围几十天,大梁就可以占领;占领了大梁,魏就可以攻下;攻下了魏,楚、赵联合的志愿就断绝了;楚、赵的志愿断绝,赵便危险;赵危险,楚便孤单;东面可以对齐、燕称强,中间欺凌三晋,这一举霸王之名可以成功,四邻的诸侯可以来朝。但是谋臣不这么打算,反而退兵同魏国讲和,使魏收复亡了的国,聚集逃散的百姓,立起社稷之主,设立宗庙,这已经是第二次失了霸王之道了。从前穰侯为秦相,想用一国的兵,成就两国的功,所以军队长年累月在外日晒雨淋,百姓在内疲病不堪,霸王之名不能成,这已经是第三次失了霸王之道了。

"赵国居燕、齐、韩、魏的中央,五方杂处,百姓轻浮,难以用命,号令没有条理,赏罚没有信用,地形不便于防守,统治者不能合理使用百姓的力量,这已经是亡国的形势了。而尚且不忧恤民事,尽其所有的百姓,驻扎在长平之下,去争韩的上党。大王用诈计破了他,杀了武安君赵括。那时候赵国君臣都彼此不相亲,卿士都彼此不相信。要是赵的都城邯郸不守,占了邯郸,管住河间,带领军队往西去攻修武,经过羊肠险塞,降服了代同上党,代有三十六县,上党有十七县,不用一件盔铠,不劳苦一个百姓,就都为秦所有,代同上党没有战争,已属于秦了。东阳间河外没有战事,已都还给齐了。中呼池以北,没有战事,已属于燕了。然而要是攻下了赵,韩就必定亡;韩亡了,楚、魏便不能独立;楚、魏不能独立,是一举破了韩,害了魏,挟持了楚;往东使齐、燕两国危弱,决开白马津之口,冲灌魏国,这一举动,三晋便亡国,六国合纵便失败,大王只须拱手候着,天下都随着降服,霸王之名可以成功。但是谋臣不这么打算,反而退兵同赵讲和,以大王的贤明,秦兵的强盛,霸王的基业,久久不可得,乃被将要亡的赵国欺骗住了,这是谋臣的笨拙。而且赵应该亡的不亡,秦应当霸的不霸,天下已经对秦谋臣的智慧心里有数了,这是第一桩。又尽其所有的兵去攻邯郸,不能够攻下来,就丢掉军械,又气又怕地退却,天下已经对秦国的军事实力心里有数了,这是第二桩。军队退下来聚在李下,大王又合并起军队来极力作战,并非能大胜,又再一次罢兵退却,天下对秦的全部力量心里有数了,这是第三桩。内里看透了我们的谋臣,外面耗尽了我们的兵力,照这样看起来,天下的合纵,哪里难呢?内里是我们的军队疲惫,百姓困顿，积蓄乏绝，田亩荒凉，仓库空虚，外面是天下都意志很坚固，希望大王考虑考虑！

"并且臣听见说：'小心谨戒，一天谨慎一天。'要是谨慎得法，天下都可为所有。何以知道呢？从前纣做天子，带领着天下百万军队，左边在淇谷喝水，右边在洹水喝水，淇水喝干了，洹水喝得不流，同周武王为难；武王领着三千个穿素盔铠的，战了一天，便破了纣的国，捉住他本身，占据他的土地，有了他的百姓，天下没有悲悯他的。智伯带领着三国的民众，往晋阳去攻赵襄子，掘开河堤用水淹他，三年工夫，城快要攻下了；赵襄子用乌龟卜课的法子占卦，看看吉凶利害，哪一国可以降服，用反间计，就派张孟谈偷着出城，破坏韩、魏与智伯的盟约，得了两国的人众，反攻智伯的军队，擒住智伯本身，成就赵襄子的功勋。如今秦的国土，截长补短，有几千方里，军队号称有几百万之众；秦国的号令赏罚，同地形的利害，天下没有比得上的，这种样子同天下争，天下可以为秦所有。

"所以臣冒昧不顾死活，希望与大王谈一谈如何才可以破坏天下的纵约，攻下赵，灭亡韩，楚、魏称臣，齐、燕亲善，成霸王之名，叫四邻诸侯到秦国来朝拜。大王姑且试听臣所说的话，若是实行这些话，天下的纵约不能破坏，赵不能攻下，韩不能灭亡，楚、魏不称臣，齐、燕不亲善，霸王之名不能成，四邻的诸侯不来朝，就请大王斩臣的头，传徇全国，以为为王谋划而不忠心的警戒！"

司马错与张仪

司马错与张仪争论于秦惠王前,司马错欲伐蜀。张仪曰:"不如伐韩。"王曰:"请闻其说!"对曰:"亲魏善楚,下兵三川,塞轩辕缑氏之口,当屯留之道。魏绝南阳,楚临南郑,秦攻新城宜阳,以临二周之郊,诛周主之罪,侵楚、魏之地。周自知不救,九鼎宝器必出。据九鼎,按图籍,挟天子以令天下,天下莫敢不听,此王业也。今夫蜀,西辟之国,而戎狄之长也,弊兵劳众,不足以成名,得其地,不足以为利。臣闻:'争名者于朝,争利者于市。'今三川周室,天下之市朝也,而王不争焉,顾争于戎狄,去王业远矣。"

司马错曰:"不然!臣闻之:'欲富国者,务广其地;欲强兵者,务富其民;欲王者,务博其德。三资者备,而王随之矣。'今王之地小民贫,故臣愿从事于易。夫蜀,西辟之国,而戎狄之长也,而有桀、纣之乱,以秦攻之,譬如使豺狼逐群羊也。取其地,足以广国也,得其财,足以富民,缮兵不伤众,而彼已服矣。故拔一国,而天下不以为暴,利尽西海,诸侯不以为贪,是我一举而名实两附,而又有禁暴正乱之名。今攻韩劫天子,劫天子,恶名也,而未必利也,又有不义之名,而攻天下之所不欲,危!臣请谒其故:周,天下之宗室也,齐,韩之与国也,周自知失九鼎,韩自知亡三川,则必将二国并力合谋,以因于齐、赵,而求解乎楚、魏,以鼎与楚,以地与魏,王不能禁。此臣所谓危,不如伐蜀之完也。"惠王曰:"善!寡人听子。"卒起兵伐蜀,十月取之。遂定蜀,蜀主更号为侯,而使陈庄相蜀。蜀既属,秦益强富厚,轻诸侯。

【译解】

　　司马错同张仪在秦惠王面前争论,司马错要讨伐蜀国,张仪说:"不如讨伐韩国。"王说:"请问怎么讲?"张仪对道:"同魏、楚两国亲善,从三川出兵,塞断轩辕山同缑氏山的口子,挡住屯留的阪道。魏与南阳隔绝了,楚兵临南郑,秦攻打新城、宜阳,便兵临东西两周的郊外,申讨周君的罪恶,侵占楚、魏的土地。周自知不可救了,必定献出九鼎宝器来。占据了九鼎,把持着天下地图和百姓户口钱谷的册子,借辅弼周室为名,挟持着天子,命令天下,天下没有敢不听的,这是霸王的基业。如今蜀是西方偏僻的国,戎狄的酋长,疲惫军队,劳苦民众去讨伐他,不足成霸王之名,得到他的土地,也不足以为富利。臣听见说:'争名的都在朝廷里,争利的都在街市上。'现在三川同周室,就是天下的街市同朝廷啊!大王不去竞争,反在戎狄的地方争,这是离开霸王的基业越远了。"

　　司马错说:"不对!臣听见说:'想富国的,一定要扩张土地;想强兵的,一定要富足百姓;想为王的,一定要宽大他的德泽。这三样资格齐备了,王业就跟着来了。'如今大王的土地小,百姓穷,所以臣希望从容易的方面办。要知蜀是西方偏僻的国,戎狄的酋长,又有桀纣之君的昏乱;秦国去攻伐他,就像豺狼去追赶一群羊一样。占取了他的土地,足够扩充国土;得到他的货财,足够富强百姓;用兵不损伤民众,他已经臣服了。所以攻下一国,天下也不以为暴虐;得尽了西海(指蜀川而言)的利益,诸侯也不以为贪婪;是我这一举,名利双收,又有禁止暴虐和勘定乱事的声名。现在去攻伐韩,威胁天子,威胁天子乃是一种恶名,未必有利,又有不义的声名,而且是攻伐天下的大忌,实在危险啊!再请让臣讲明白这个缘故:周是天下的宗室,齐与韩的国交最好,周自己知道九鼎保不住,韩自己知道三川要亡,必定就要两国并力合作,因齐、赵两国去求楚、魏来解围,把九鼎送给楚,把地送给魏,大王也不能禁止他们啊!臣所以说是危险,不如讨伐蜀,是计出万全。"惠王说:"好!寡人听你的话。"结果出兵伐蜀,十月攻下来,就灭了蜀,蜀主改名号为"侯",秦派陈庄去做蜀的相国。蜀既属于秦,秦越发强盛富足、轻视诸侯了。

张仪之残樗里疾

张仪之残樗里疾也,重而使之楚,因令楚王为之请相于秦。张子谓秦王曰:"重樗里疾而使之者,将以为国交也,今身在楚,楚王因为请相于秦。臣闻其言曰:'王欲穷仪于秦乎?臣请助王。'楚王以为然,故为请相也。今王诚听之,彼必以国事楚王。"秦王大怒,樗里疾出走。

【译解】

张仪预备害樗里疾,便尊重他,派他往楚国去,一面叫楚王替他向秦王请求为相。张仪对秦王说道:"尊重樗里疾,派他去,是为国交的关系,如今他本身在楚,楚王请代他请求为相。臣听见他对楚王说:'王要张仪在秦困厄吗?臣可以效力帮助王。'楚王颇以为然,所以为他请求为相。现在大王如果听从,他必定拿秦国去侍奉楚王了。"秦王听了大怒,樗里疾只得逃走。

张仪欲以汉中与楚

张仪欲以汉中与楚,请秦王曰:"有汉中,蠹。种树不处者,人必害之。家有不宜之财,则伤本。汉中南边为楚,利,此国累也。"甘茂谓王曰:"地大者,固多忧乎?天下有变,王割汉中,以为和楚,楚必畔天下而与王。王今以汉中与楚,即天下有变,王何以市楚也?"

【译解】

张仪想把汉中送给楚国,对秦王说道:"有汉中,就像有蠹虫的害处,譬如把树种在不适当的地方,人必会去伤害它。家里若有不相宜的钱财,也要受害。汉中在南边属于楚国,国家有利,汉中是国家的忧累。"甘茂对王说道:"这是嫌国家的土地太多了吗?天下如果有变化,王割让汉中与楚讲和,楚必定背叛了天下与王亲善。王如今便把汉中送给楚,等到天下有变动,王怎么和楚交易呢?"

陈轸去楚之秦

陈轸去楚之秦,张仪谓秦王曰:"陈轸为王臣,常以国情输楚。仪不能与从事,愿王逐之!即复之楚,愿王杀之!"王曰:"轸安敢之楚也?"

王召陈轸,告之曰:"吾能听子言,子欲何之?请为子车约!"对曰:"臣愿之楚。"王曰:"仪以子为之楚,吾又自知子之楚。子非楚,且安之也?"轸曰:"臣出,必故之楚,以顺王与仪之策,而明臣之楚与不也。楚人有两妻者,人誂其长者,詈之,誂其少者,少者许之。居无几何,有两妻者死,客谓誂者曰:'汝取长者乎?少者乎?''取长者。'客曰:'长者詈汝,少者和汝,汝何为取长者?'曰:'居彼人之所,则欲其许我也,今为我妻,则欲其为我詈人也。'今楚王,明主也,而昭阳,贤相也。轸为人臣,而常以国输楚王,王必不留臣,昭阳将不与臣从事矣。以此明臣之楚与不。"

轸出,张仪入,问王曰:"陈轸果安之?"王曰:"夫轸,天下之辩士也,熟视寡人曰:'轸必之楚。'寡人遂无奈何也!寡人因问曰:'子必之楚也,则仪之言果信矣。'轸曰:'非独仪之言也,行道之人皆知之。昔者子胥忠其君,天下皆欲以为臣,孝己爱其亲,天下皆欲以为子。故卖仆妾,不出里巷而取者,良仆妾也,出妇嫁于乡里者,善妇也。臣不忠于王,楚何以轸为忠?忠一尚见弃,轸不之楚,而何之乎?'"王以为然,遂善待之。

【译解】

陈轸离去楚国往秦,张仪对秦惠王说道:"陈轸做王的臣子,常常把国里的事情传递给楚,仪不能够同他共事,希望王驱逐他!如果重回楚国,就希望王杀掉他。"王说道:"轸怎么敢往楚呢?"

王召陈轸来,告诉他道:"我能够听你的话,你要往何处去,就替你预备车子。"陈轸对道:"臣愿意往楚国去。"王说道:"张仪以为你将往楚去,我自己也知道你将往楚去。而且,你若不往楚,又将往何处去呢?"陈轸道:"臣出去,必定故意往楚,好顺从王和张仪的策略,而且可以表明出臣往楚是否帮助楚。楚国有一人娶有两个老婆,有人去挑逗那个年纪大的,年纪大的就骂;挑逗那个年纪小的,年纪小的就应允了。没有多久,有两个老婆的那人死了,有个客人便问挑逗的人道:'你是娶年纪大的?还是娶年纪小的呢?'这人答道:'娶年纪大的。'客人道:'年纪大的骂过你,年纪小的和你很好,为什么娶年纪大的呢?'这人说道:'住在别人那里,就愿她应允我,如今做了我的老婆,就愿她替我骂人啦!'现在楚王是贤明的君主,昭阳也是贤相,轸做人的臣子,如果常将国里的事情传递给楚王,楚王必定不收留臣,昭阳也要不同臣共事了。这样一来,可以表明出臣往楚不是帮助楚。"

陈轸出去后,张仪进来问道:"陈轸到底往何处去?"王说道:"陈轸是天下的辩士,细细地看着寡人说道:'轸必定往楚去。'寡人把他无奈何,寡人就问道:'你必定往楚去,张仪的话那就果然可信。'陈轸说道:'非但张仪知道,连走路的人都知道。从前伍子胥对他的君忠心,天下都想他做臣子,孝己爱他的双亲,天下都想他做儿子。所以卖仆妾,不曾出巷子就被人买去的,便是好仆妾;被休了的妇人,嫁在本乡中的,便是好妇人。臣若不忠心于大王,楚要用轸干什么?忠心尚且不要用,不往楚往哪里去呢?'"惠王颇以为然,便对他很优待。

齐助楚攻秦

齐助楚攻秦,取曲沃。其后秦欲伐齐,齐、楚之交善,惠王患之,谓张仪曰:"吾欲伐齐,齐、楚方惧,子为寡人虑之,奈何?"张仪曰:"王其为臣约车并币,臣请试之!"

张仪南见楚王曰:"弊邑之王所说甚者,无大大王,唯仪之所甚愿为臣者,亦无大大王;弊邑之王甚所憎者,亦无先齐王,唯仪之甚憎者,亦无大齐王。今齐王之罪,其于弊邑之王甚厚,弊邑欲伐之,而大国与之欢,是以弊邑之王不得事令,而仪不得为臣也。大王苟能闭关绝齐,臣请使秦王献商於之地方六百里。若此,齐必弱,齐弱则必为王役矣;则是北弱齐,西德于秦,而私商於之地以为利也,则此一计而三利俱至。"

楚王大说,宣言之于朝廷,曰:"不穀得商於之田,方六百里。"群臣闻见者毕贺。陈轸后见,独不贺。楚王曰:"不穀不烦一兵,不伤一人,而得商於之地六百里,寡人自以为智矣。诸士大夫皆贺,子独不贺,何也?"陈轸对曰:"臣见商於之地不可得,而患必至也,故不敢妄贺。"王曰:"何也?"对曰:"夫秦所以重王者,以王有齐也。今地未可得而齐先绝,是楚孤也,秦又何重孤国?且先出地绝齐,秦计必弗为也,先绝齐后责地,且必受欺于张仪,受欺于张仪,王必惋之。是西生秦患,北绝齐交,则两国兵必至矣。"楚王不听,曰:"吾事善矣,子其弭口无言,以待吾事!"楚王使人绝齐,使者未来,又重绝之。

张仪反秦,使人使齐,齐、秦之交阴合。楚因使一将军受地于秦。张仪至,称病不朝。楚王曰:"张子以寡人不绝齐乎?"乃使勇士往詈齐王。张仪知楚绝齐也,乃出见使者曰:"从某至某,广从六里。"使者曰:"臣闻六百里,不闻六里。"仪曰:"仪固以小人,安得六百里?"使者反报楚王,楚王大怒,欲兴师伐秦。陈轸曰:"臣可以言乎?"王曰:"可矣。"轸曰:"伐秦非计也,王不如因而赂之一名都,与之伐齐,是我亡于秦,而取偿于齐也。楚国不尚全事?王今已绝齐,而责欺于秦,是吾合齐,秦之交也,固必大伤。"楚王不听,遂举兵伐秦。秦与齐合,韩氏从之,楚兵大败于杜陵。故楚之土壤士民非削弱,仅以救亡者,计失于陈轸,过听于张仪。

【译解】

齐国帮助楚国攻秦,占取了曲沃。后来秦想伐齐报仇,但是齐、楚两国很亲善,秦惠王觉得讨厌,便对张仪说道:"我想伐齐,偏偏齐、楚正要好,你替寡人计划计划,怎么办呢?"张仪道:"大王替臣预备车辆同钱财,让臣去试试看。"

张仪便南去见楚怀王说道:"敝国的王最敬重的,没有比得过大王的了;仪最情愿去做臣子的,也没有比得过大王的了;敝国的王最恨的,没有比得过齐王的;仪最恨的,也没有比得过齐王的。现在齐王的罪恶,对于敝国的王最重,敝国想去讨伐他,而贵国偏同他要好,所以敝国的王,不能够好好地侍奉大王,仪也不能够做大王的臣子。大王如果能闭起关来与齐绝交,让臣叫秦王贡献商於的地方六百里与大王,这一来齐没有后援,必定变弱,齐变弱就必定为王所用了。北面弱了齐,西面对秦施了恩惠,而私自又得着商於的地方,为自己的利益,这一计就三桩利益都来了。"

楚王喜欢极了,就在朝廷里宣言说:"寡人得到商於的土地六百里。"群臣听见了的,都一齐贺喜,陈轸末后进见,独不道贺。楚王说道:"寡人没有烦劳一个兵,没有损伤一个人,就得到商於的地六百里;寡人自以为很聪明,百官都道贺,你单单不贺,为什么呢?"陈轸对道:"臣看商於的地得不着,反必定有祸患,所以臣不敢妄自空贺。"王说道:"为什么呢?"陈轸对道:"秦所以尊重王的缘故,是因为王有齐国。如今地还没有得着,齐先绝了交,是楚已经孤立了,秦又何必尊重孤立的国呢?并且先送出地来再同齐绝交,秦必定不肯做的,要是先同齐绝了交,然后再要地,必定要受张仪的欺骗,受了张仪的欺骗,王必要悔恨。这一来是西面发生出秦的祸患,北面断了齐的国交,秦、齐两国的兵必定就降临了!"楚王不听,道:"我的事筹划好了,你闭住嘴不要讲话,等候我成功!"楚王便派人去同齐绝交,派去的人还没有回来,又再派人去绝交。

张仪回到秦国后,派人出使往齐国,齐、秦的国交便私自联合了。楚国派一个将军往秦国去接受土地,张仪到了秦后,装病不上朝。楚王说道:"张仪以为寡人不同齐绝交吗?"便派一个勇士去骂齐王。张仪知道楚已经断绝了齐,就出来见楚国派来的人,说道:"从哪里到哪里,横直共六里。"楚国的人员道:"臣听见说是六百里,没有听见说六里。"张仪道:"仪本来是穷人,哪里来的六百里?"楚国的人员回去报告楚王,楚王大怒,想发兵去伐秦。陈轸说道:"臣可以讲话了吗?"楚王道:"可以!"陈轸道:"去伐秦,不是个计策。大王不如因此送秦一个大都邑,同他去伐齐,还可以把我在秦所失的,从齐国补偿回来,楚国不还是没有损失吗?大王如今已绝了齐,又去责备秦的欺骗,是我们去联合齐、秦的国交了,国必定大受伤。"楚王不听,便发兵去伐秦。秦同齐联合起来,韩也随着,楚国军队在杜陵大败。所以楚国的土地百姓,并不很弱,然而弄得仅仅是不灭亡,是由于没有听陈轸的计划,而却听信了张仪的言语。

楚绝齐

楚绝齐,齐举兵伐楚。陈轸谓楚王曰:"王不如以地东解于齐,西讲于秦。"

楚王使陈轸之秦,秦王谓轸曰:"子秦人也,寡人与子故也;寡人不佞,不能亲国事也,故子弃寡人事楚王。今齐、楚相伐,或谓救之便,或谓救之不便。子独不可以忠为子主计,以其余为寡人乎?"陈轸曰:"王独不闻吴人之游楚者乎?楚王甚爱之,病,故使人问之曰:'诚病乎?意亦思乎?'左右曰:'臣不知其思与不思,诚思则将吴吟。'今轸将为王吴吟。王不闻夫管与之说乎?有两虎诤人而斗者,管庄子将刺之。管与止之曰:'虎者戾虫,人者甘饵也。今两虎诤人而斗,小者必死,大者必伤。子待伤虎而刺之,则是一举而兼两虎也,无刺一虎之劳,而有刺两虎之名。'齐、楚今战,战必败;败,王起兵救之,有救齐之利,而无伐楚之害。计听知复逆者,唯王可也。计者事之本也,听者存亡之机。计失而听过,能有国者,寡也。故曰:计有一二者,难悖也,听无失本末者难惑。"

【译解】

楚国同齐绝了交,齐便发兵去讨伐楚。陈轸对楚王说道:

"大王不如把地东面送与齐,解释前嫌,西面与秦讲和。"

楚王就派陈轸往秦国去。秦王对陈轸说道:"你本来是秦国的人啊,寡人同你本有旧交。寡人不才,不能够知道国家大事,所以你离了寡人,去侍奉楚王。如今齐、楚两国互相攻伐,有的人说去救的利,有的人说去救不利。你就不可以为你的君主忠心计划之外,把其余的计划为寡人策划策划吗?"陈轸说道:"大王没有听见过吴国的人到楚国去做官的吗?楚王很喜欢他,病了,就叫人去问道:'是真病吗?还是思念吴国呢?'左右的人说道:'臣不知道他思念不思念,要是真思念,就要作吴国的歌了。'现在轸预备为大王作吴国的歌!大王没有听见过管与的话吗?有两个老虎因为争夺人闹起来了,管庄子预备去刺虎,管与忙止住道:'老虎是贪狠的大虫,人又是香甜引诱的食物。现在两个老虎争夺人打架,小的必定死,大的必定伤。你等候着,去刺那个受了伤的老虎,这一举就得着两个老虎了,并且没有刺杀一个老虎的烦劳,倒有刺杀两个老虎的名声。'齐、楚两国如今在交战,交战必定有一国要败,败了,王再发兵去救,有救齐的利益,而没有伐楚的危险。能够言听计从,预先知道战事成败的,只有大王你可以做到。计划是成事的根本,听从是存亡的转机。计划差了,听从错了,还能够保存国家的,少得很。所以说:计划是一次两次正反两面都考虑过的,难得有错误;倾听能分别主次先后的,难得被惑乱。"

秦惠王死

秦惠王死,公孙衍欲穷张仪。李雠谓公孙衍曰:"不如召甘茂于魏,召公孙显于韩,起樗里子于国。三人者,皆张仪之仇也,公用之,则诸侯必见张仪之无秦矣。"

【译解】

秦惠王死后,公孙衍想困顿张仪。李雠便对公孙衍说道:"不如把甘茂从魏国召回来,把公孙显从韩国召回来,在国内把樗里子举出来。三个人都是张仪的仇人,你用了,诸侯必定就知道张仪在秦国没有权势了。"

医扁鹊见秦武王

医扁鹊见秦武王,武王示之病,扁鹊请除。左右曰:"君之病,在耳之前,目之下,除之未必已也,将使耳不聪,目不明。"君以告扁鹊。扁鹊怒而投其石:"君与知之者谋之,而与不知者败之。使此知秦国之政也,则君一举而亡国矣。"

【译解】

医生扁鹊见秦武王,武王就告诉他的病症,扁鹊请替他医治。左右的人说道:"君王的病在耳朵的前面,眼睛的下边,医治未必能好,反要弄得耳朵听不清,眼睛看不明。"武王便告诉扁鹊,扁鹊气极了,把治病的砭石一丢,说道:"君既同有智慧的人商量,又同不智慧的人破坏。倘让这种人执掌秦国的政事,仅这一举动就要亡国了!"

秦武王谓甘茂

秦武王谓甘茂曰:"寡人欲车通三川,以窥周室,而寡人死不朽乎?"甘茂对曰:"请之魏,约伐韩。"王令向寿辅行。

甘茂至魏,谓向寿:"子归,告王曰:'魏听臣矣,然愿王勿攻也。'事成,尽以为子功。"向寿归,以告王,王迎甘茂于息壤。甘茂至,王问其故,对曰:"宜阳,大县也,上党、南阳,积之久矣,名为县,其实郡也。今王倍数险,行千里而攻之,难矣。臣闻张仪西并巴蜀之地,北取西河之外,南取上庸,天下不以为多张仪而贤先王。魏文侯令乐羊将攻中山,三年而拔之,乐羊反而语功,文侯示之谤书一箧,乐羊再拜稽首曰:'此非臣之功,主君之力也。'今臣羁旅之臣也,樗里疾、公孙衍二人者,挟韩而议,王必听之,是王欺魏,而臣受公仲侈之怨也。昔者曾子处费,费人有与曾子同名族者而杀人,人告曾子母曰:'曾参杀人!'曾子之母曰:'吾子不杀人。'织自若。有顷焉,人又曰:'曾参杀人!'其母尚织自若也。顷之,一人又告之曰:'曾参杀人!'其母惧,投杼逾墙而走。夫以曾参之贤,与母之信也,而三人疑之,则慈母不能信也。今臣之贤不及曾子,而王之信臣,又未若曾子之母也,疑臣者不适三人,臣恐王为臣之投杼也。"王曰:"寡人不听也,请与子盟!"于是与之盟于息壤。

　　果攻宜阳，五月而不能拔也。樗里疾、公孙衍二人在，争之王，王将听之，召甘茂而告之。甘茂对曰："息壤在彼。"王曰："有之。"因悉起兵，复使甘茂攻之。遂拔宜阳。

【译解】

　　秦武王对甘茂说道："寡人想车子通过三川，去窥探周室，寡人就死都不亏了。"甘茂对道："请让臣去约魏国伐韩。"武王便叫向寿陪着他去。

　　甘茂到了魏国，对向寿道："你回去告诉王说：'魏听从臣了，但是希望王不要加以攻伐。'事成了，全算你的功劳。"向寿回来就告诉武王，王到息壤迎接甘茂。甘茂到了，王便问他什么缘故，甘茂对道："宜阳是个大县，上党、南阳的财赋聚积在那里很久了，名义上虽是县，其实简直是个大郡。现在大王经过多少险隘，走几千里去攻打，难啊！臣听见张仪西面并吞了巴蜀的土地，北面占取了西河的外边，南面占取了上庸，天下并不称美张仪，却称诵先王。魏文侯派乐羊将兵去攻中山，三年工夫，攻下来，乐羊回来夸他的功劳，文侯把别人说他坏话的信，有一箱子，拿给他看。乐羊趴在地下磕头，说道：'这并非臣的功劳，实在是主上的力量。'如今臣是旅客一样的臣子，樗里子、公孙衍两个人挟持着韩来谈论，大王必定听信，那王就是欺骗了魏国，臣要受公仲侈的怨恨了。从前曾子住在费的时候,费有一个与曾子同名同姓的人杀了人,有人告诉曾子的母亲道:'曾参杀了人了!'曾子的母亲说道:'我的儿子不会杀人的。'一面照旧地织布。停了一刻,又有一人来说:'曾参杀了人!'他的母亲还是照旧织布。不一刻,一个人又来报告道:'曾参杀了人了!'他的母亲也骇着了,丢去梭,翻墙逃走。以曾参的贤明,同他的母亲的信任他,到了有三个人疑惑他,连慈母也都不能相信他了。现在臣的贤能不及曾子,大王信任臣,又不如曾子的母亲信任曾子,疑心臣的人而且不止三个,臣恐怕王要为臣丢掉梭啊!"王说道:"寡人不听他们的话好了,让我同你盟誓。"于是就在息壤为盟。

果然,宜阳攻打了五个月还不能够攻下。樗里疾、公孙衍二人便在秦王面前说坏话,王几乎相信他们,召甘茂来告诉他。甘茂对道:"息壤在那里呢!"王说:"不错,有的。"乃令军队悉数开拔,仍旧命甘茂去攻打宜阳,便将宜阳占领。

甘茂攻宜阳

甘茂攻宜阳，三鼓之而卒不上。秦之右将有尉对曰："公不论兵，必大困。"甘茂曰："我羁旅而得相秦者，我以宜阳饵王。今攻宜阳而不拔，公孙衍、樗里疾挫我于内，而公中以韩穷我于外，是无伐之日已。请明日鼓之，而不可下，因以宜阳之郭为墓。"于是出私金，以益公赏。明日鼓之，宜阳拔。

【译解】

甘茂攻打宜阳，击三次鼓，军队都不上前。秦国的右将中有一个尉官道："公不论兵力的厚薄强弱，必定要受大困的！"甘茂说道："我一个像旅客样的人，能够做秦的国相，就是因为以宜阳引诱了王。如今宜阳攻不下来，公孙衍、樗里疾在内里毁谤我，公中用韩在外面困我，这样一来是没得攻了啊！让我明天再击鼓，要是不能攻下来，就把宜阳的城郭当作我的坟墓！"于是拿出自己私人的金银来，添作公家的奖赏。第二天一击鼓，宜阳便攻下了。

宜阳未得

宜阳未得，秦死伤者众，甘茂欲息兵。左成谓甘茂曰："公内攻于樗里疾、公孙衍，而外与韩侈为怨。今公用兵无功，公必穷矣！公不如进兵攻宜阳，宜阳拔，则公之功多矣，是樗里疾、公孙衍无事也。秦众尽怨之深矣。"

【译解】

宜阳未曾占领的时候，秦国军队死伤很多，甘茂想息兵。左成对甘茂说道："公内里受樗里疾、公孙衍的攻击，外面又与韩侈结怨。如今用兵要无功，公必定要受困阨了！公不如进兵攻宜阳，宜阳得着，公的功劳很大，樗里疾、公孙衍就没有事可以生了。而秦国的民众对于樗里疾、公孙衍，怨恨就更深了。"

甘茂亡秦

甘茂亡秦，且之齐，出关遇苏子，曰："君闻夫江上之处女乎？"苏子曰："不闻。"曰："夫江上之处女，有家贫而无烛者，处女相与语，欲去之。家贫无烛者将去矣，谓处女曰：'妾以无烛，故常先至。扫室布席，何爱余明之照四壁者，幸以赐妾，何妨于处女？妾自以有益于处女，何为去我？'处女相语，以为然，而留之。今臣不肖，弃逐于秦，而出关，愿为足下扫室布席，幸无我逐也！"苏子曰："善！请重公于齐。"乃西说秦王曰："甘茂贤人，非恒士也。其居秦累世，重矣！自殽塞谿谷，地形险易，尽知之，彼若以齐约韩、魏，反以谋秦，是非秦之利也。"秦王曰："然则奈何？"苏代曰："不如重其贽，厚其禄，以迎之。彼来，则置之槐谷，终身勿出，天下何从图秦？"秦王曰："善！"与之上卿，以相迎之齐，甘茂辞不往。苏秦伪谓王曰："甘茂，贤人也，今秦与之上卿，以相迎之。茂德王之赐，故不往，愿为王臣。今王何以礼之？王若不留，必不德王。彼以甘茂之贤，得擅用强秦之众，则难图也。"齐王曰："善！"赐之上卿，命而处之。

【译解】

甘茂从秦逃亡出来，将要往齐国去，出了函谷关，遇见苏代,便说道:"先生听见江上处女的事吗?"苏代道:"没有听见过。"甘茂道:"江上的处女,有一个家里穷得没有蜡烛的,众处女互相商量,想驱逐她。这个家里穷得没有蜡烛的,将要走了,对处女说道:'我因为没有蜡烛的缘故,所以常来打扫房间,铺席子,你们又何必爱惜这照在四壁上的一点余光,赐给我,这与处女们又有何妨? 我自以为还有益于处女,为什么反要驱逐我呢?'众处女大家一商量,也颇以为然,就把她留下来了。如今臣不贤,为秦所弃出了关,情愿替阁下打扫房间,铺席子,希望你不要赶我走。"苏代说:"好! 请让我叫齐尊重你。"于是就西面去对秦王说道:"甘茂是个贤人,不是普通的人啊! 他在秦为历朝所尊重,从殽关谿谷起,地形的险要全知道。他如果叫齐去结约韩、魏,反过来谋秦国,那就不是秦的利益啦!"秦王道:"那怎么办呢?"苏代道:"不如用贵重的见面礼,同优厚的俸禄去迎他。他来了,便把他安置在槐谷,终身不叫他出来,天下又从哪里谋秦呢?"秦王道:"好!"赐甘茂上卿的官职,用相印往齐去迎他,甘茂辞谢不去。苏代对齐闵王道:"甘茂是个贤人,现在秦国给他上卿的官职,用相印来迎接他,甘茂感激王的赏赐,所以不去,情愿做王的臣子。现在王预备怎么样待他呢? 王如果不留住他,他必定不感激王。秦国以甘茂的贤才,擅用强秦的民众,那就难以图谋他们了啊!"齐王道:"对的!"便赐甘茂上卿的官,从优款待他。

甘茂相秦

甘茂相秦,秦王爱公孙衍。与之间,有所立,因自谓之曰:"寡人且相子。"甘茂之吏道而闻之,以告甘茂。甘茂因入见王曰:"王得贤相,敢再拜贺!"王曰:"寡人托国于子,焉更得贤相?"对曰:"王且相犀首。"王曰:"子焉闻之?"对曰:"犀首告臣。"王怒于犀首之泄也,乃逐之。

【译解】

甘茂做秦相,秦王却喜欢公孙衍。有一天得空,两人立在一处,秦王对公孙衍说道:"寡人将要立你为相啊!"甘茂的官吏在路上听见此话,就去告诉甘茂。甘茂便去见王,说道:"王得贤相,给王贺喜。"王道:"寡人把国托付与你,哪里又得着贤相呢?"甘茂对道:"王都预备立犀首为相了。"王道:"你从哪里听来的?"甘茂对道:"犀首告诉臣的。"王气极了犀首的泄露消息,就把他撵走了。

甘茂约秦魏而攻楚

甘茂约秦、魏而攻楚,楚之相秦者屈盖为楚和于秦,秦启关而听楚使。甘茂谓秦王曰:"怵于楚,而不使魏制和,楚必曰'秦鬻魏'。不悦而合于楚,楚、魏为一,国恐伤矣!王不如使魏制和。魏制和,必悦。王不恶于魏,则寄地必多矣。"

【译解】

甘茂约秦、魏两国去攻楚,楚国的屈盖在秦为相,就替楚与秦讲和,秦便开关,接受楚国的专使。甘茂对秦王说道:"怕楚国不叫魏主和,楚必定要说:'秦卖掉魏了。'魏不高兴,同楚一联合,楚、魏两国一致,秦国恐怕要受害啦!王不如叫魏去主和。魏主和,必定高兴。王不为魏所恶嫌,那魏国献的地,(如同秦国寄在魏国的地一样)必定很多的。"

秦宣太后爱魏丑夫

秦宣太后爱魏丑夫。太后病将死,出令曰:"为我葬,必以魏子为殉。"魏子患之。庸芮为魏子说太后曰:"以死者为有知乎?"太后曰:"无知也。"曰:"若太后之神灵,明知死者之无知矣,何为空以生所爱,葬于无知之死人哉?若死者有知,先王积怒之日久矣,太后救过不赡,何暇乃私魏丑夫乎?"太后曰:"善!"乃止。

【译解】

秦宣太后恋爱魏丑夫,太后病重将死的时候,便下令道:"替我办丧事,必须用魏丑夫殉葬。"魏丑夫很忧愁。庸芮乃替魏丑夫去向太后说道:"太后以为死人有知觉吗?"太后道:"没有知觉啊!"庸芮道:"像太后这般神灵,明晓得死人是没有知觉的,为什么又要把生前喜欢的人,白白地葬在没有知觉的死人身边呢?如果死人有知觉,先王郁积的怒已经很久了,太后补救过失还来不及,哪里还有工夫去私魏丑夫呢?"太后道:"嗯!"才把这件事搁下了。

薛公为魏谓魏冉

薛公为魏谓魏冉曰:"文闻秦王欲以吕礼收齐,以济天下,君必轻矣。齐、秦相聚,以临三晋,礼必并相之,是君收齐以重吕礼也。齐免于天下之兵,其仇君必深。君不如劝秦王令弊邑卒攻齐之事。齐破,文请以所得封君。齐破晋强,秦王畏晋之强也,必重君以取晋。齐予晋弊邑,而不能支秦,晋必重君以事秦。是君破齐以为功,操晋以为重也。破齐定封,而秦、晋皆重君;若齐不破,吕礼复用,子必大穷矣。"

【译解】

薛公田文替魏去对魏冉说道:"文听见秦王要利用吕礼去收服齐国,来救济天下,那一来,君必定见轻了。齐、秦彼此聚起来对三晋,吕礼必定兼两国的相,这简直是君收服了齐国来尊重吕礼了。齐免了天下的兵祸之后,必定仇恨君很深。君不如劝秦王叫弊邑完成了攻齐的事。齐被攻破后,文请把所得的封赠给君。齐破了,晋再一强,秦王恐怕晋增强,必须要尊重君以收取晋。晋国为齐所困弊,不能够抵抗秦,必反须要尊重君以侍奉秦。是君破了齐来为功勋,又挟持着晋来自重。所以破了齐,定了封,秦、晋两国都要尊重君;如果不能破齐,吕礼再被用,那你必定要大受困了!"

秦客卿造谓穰侯

秦客卿造谓穰侯曰:"秦封君以陶,借君天下数年矣。攻齐之事成,陶为万乘,长小国率以朝天子,天下必听,五伯之事也。攻齐不成,陶为邻恤,而莫之据也。故攻齐之于陶也,存亡之机也。君欲成之,何不使人谓燕相国曰:'圣人不能为时,时至而弗失。舜虽贤,不遇尧也,不得为天子;汤、武虽贤,不当桀、纣不王。故以舜、汤、武之贤,不遭时,不得帝王。今攻齐,此君之大时也已!因天下之力,伐仇国之齐,报惠王之耻,成昭王之功,除万世之害,此燕之长利,而君之名大也。《书》云:树德莫如滋,除害莫如尽。吴不亡越,越故亡吴;齐不亡燕,燕故亡齐。齐亡于燕,吴亡于越,此除疾不尽也。以非此时也成君之功,除君之害,秦卒有他事而从齐,齐、赵合,其仇君必深矣!挟君之仇,以诛于燕,后虽悔之,不可得也已!君悉燕兵而疾僭之,天下之从君也,若报父子之仇。诚能亡齐,封君于河南,为万乘达途于中国,南与陶为邻,世世无患。愿君之专志于攻齐,而无他虑也!'"

【译解】

秦国的客卿造对穰侯说道:"秦把陶封给君,借此制天下,也好几年了。攻齐的事若成功,陶便成万乘之国,为各小国之长,带领着去朝天子,天下必定都听从,这是五霸的事啊!攻齐如果不成,陶便要受邻国的祸患,占据不住了。所以攻齐的事对于陶,是关系存亡之机。君要想做成,何不叫人去对燕相国说:'圣人不能够造时机,时机到了,就不要失掉。舜虽然贤,不遇见尧,不得做天子;汤、武虽然贤,不逢到桀、纣,不能够为王。所以舜同汤、武的贤,要是不碰到时机,也不得做帝王。如今攻齐,这是君的大时机啊!因着天下的力量,去讨伐仇敌的齐国,报复惠王的国耻,成就昭王的功勋,除掉万世的患害,这是燕国永久的利益,关系君的大名声。《书经》上说的:栽培德,莫如栽得多;除患害,莫如除得尽。从前,吴不灭掉越,越所以就亡了吴;齐不灭掉燕,燕所以就亡了齐。齐亡在燕手里,吴亡在越手里,这都是去病不曾去干净啊!不趁这个时机,成就君的功勋,除掉君的患害,秦如忽然间有别的事发生,听从了齐,齐、赵一联合,那他仇恨君必很深,挟持着君的仇敌,来讨伐燕,后来虽然懊悔,也来不及了!君悉起燕国的兵,赶快去攻打他,天下听从君的,就如同报复父子的仇一样。如果能够灭了齐,封君在河南,为万乘之国,道路与中国接通,南边与陶做邻国,世世代代都没有祸患。所以希望君专心攻打齐国,不要挂虑其他一切。'"

五国罢成皋

五国罢成皋,秦王欲为成阳君求相韩、魏,韩、魏弗听。秦太后为魏冉谓秦王曰:"成阳君以王之故,穷而居于齐。今王见其达而收之,亦能翕其心乎?"王曰:"未也。"太后曰:"穷而不收,达而报之,恐不为王用。且收成阳君,失韩、魏之道也。"

【译解】

楚、赵、韩、魏、燕五国攻秦,在成皋休兵,秦王想为成阳君对韩、魏求相,韩、魏不听。秦太后便为魏冉对秦王说道:"成阳君因为王的缘故,穷困了,住在齐国。现在王看见他贵了,便收容他,能合他的心吗?"王说道:"不能够。"太后道:"穷困的时候不收容他,贵了再酬报,恐怕不见得为王所用吧!而且收容成阳君,是失韩、魏之道呢!"

范子因王稽入秦

范子因王稽入秦,献书昭王曰:"臣闻明主莅正,有功者不得不赏,有能者不得不官。劳大者,其禄厚;功多者,其爵尊;能治众者,其官大。故不能者,不敢当其职焉,能者亦不得蔽隐。使以臣之言为可,则行而益利其道;若将弗行,则久留臣,无为也。语曰:'庸主赏所爱,而罚所恶。'明主则不然,赏必加于有功,刑必断于有罪。今臣之胸不足以当椹质,要不足以待斧钺,岂敢以疑事尝试于王乎?虽以臣为贱,而轻辱臣,独不重任臣者,后无反复于王前耶?臣闻周有砥厄,宋有结绿,梁有悬黎,楚有和璞,此四宝者,工之所失也,而为天下名器。然则圣王之所弃者,独不足以厚国家乎?臣闻善厚家者,取之于国,善厚国者,取之于诸侯,天下有明主,则诸侯不得擅厚矣,是何故也?为其凋荣也。良医知病人之死生,圣主明于成败之事。利则行之,害则舍之,疑则少尝之;虽尧、舜、禹、汤复生,弗能改已。语之至者,臣不敢载之于书,其浅者,又不足听也。意者臣愚,而不阖于王心耶?抑其言臣者将贱,而不足听耶?非若是也,则臣之志,愿少赐游观之间,望见足下而入之!"书上,秦王说之,因谢王稽,说使人持车召之。

【译解】

　　范雎随着王稽到了秦,便上书与秦昭王道:"臣听说:'明主临政,有功劳的不会不赏,有才能的不会不给他官职。劳力大的,薪俸便厚;功绩多的,爵位便尊;能够管理民众的,官职便大。所以无能力的,不敢当他的职务;有能力的,又不会隐藏起来。倘使以臣的话为对,就照着行,让我的学说愈发有实用价值;如果不想照着行,那久留着臣也无聊。常言说的:'庸愚的君主,赏他所喜欢的,罚他所嫌恶的。'贤明的君主就不如此,赏赐必赏给有功的,刑罚必断给有罪的。现在臣的胸脯当不起钻子锉刀,臣的腰当不起斧头,哪里又敢将不确实的见解来试探大王呢?大王虽以臣为卑贱,便轻慢臣,但是保荐臣的人,自然保证过臣的将来,他绝没有以后在王前再反对臣的道理,王难道不可以尊重吗?臣听见说:周有美玉名'砥厄',宋有美玉名'结缘',梁有美玉名'悬黎',楚有美玉名'和璞'。这四种宝贝,起初工人都不能辨别,后来几成了天下的名器。然则圣王所弃下的,独不足以富厚国家吗?臣听说:善于富厚家的,剥削国;善于富厚国的,剥削诸侯。天下若有明主,诸侯就不能专享富厚了,这是何缘故呢?就和花草互有枯荣一样。良医预知病人的生死,圣主明了事体的成败。有利益就实行,有害处就舍去,有疑惑处就少加尝试。虽尧、舜、禹、汤复生,都不能改变。有至理的话,臣不敢记载在书上,粗浅的话,又不足听。或者是因为臣愚陋,不曾放在王的心上吗?是因为推举臣的人卑贱,他们的话不足听吗?若不是因为这些,臣愿王少赐游览空余的时间,得望见陛下!"书奏上,秦王很喜欢,乃向王稽谢罪,令人以车子去召范雎。

范雎至

范雎至，秦王庭迎，谓范雎曰："寡人宜以身受令久矣，今者义渠之事急，寡人日自请太后。今义渠之事已，寡人乃得以身受命。躬窃闵然不敏，敬执宾主之礼。"范雎辞让。是日见范雎，见者无不变色易容者。

秦王屏左右，宫中虚无人，秦王跪而请曰："先生何以幸教寡人？"范雎曰："唯唯。"有间，秦王复请，范雎曰："唯唯。"若是者三。秦王跽曰："先生不幸教寡人乎？"范雎谢曰："非敢然也。臣闻始时吕尚之遇文王也，身为渔父而钓于渭阳之滨耳，若是者交疏也。已一说而立为太师，载与俱归者，其言深也。故文王果收功于吕尚，卒擅天下，而身立为帝王。即使文王疏吕望而弗与深言，是周无天子之德，而文武无与成其王也。今臣羁旅之臣也，交疏于王，而所愿陈者，皆匡君之事。处人骨肉之间，愿以陈臣之陋忠，而未知王心也。所以王三问而不对者，是也。臣非有所畏而不敢言也，知今日言之于前，而明日伏诛于后，然臣弗敢畏也，大王信行臣之言，死不足以为臣患，亡不足以为臣忧，漆身而为厉，被发而为狂，不足以为臣耻。五帝之圣而死，三王之仁而死，五伯之贤而死，乌获之力而死，奔育之勇焉而死。死者，人之所必不免也。处必然之势,可以少有补于秦,此臣之所大愿也!臣何患乎!伍子胥橐载而出昭关,夜行而昼伏,至于菱水,无以饵其口,坐行蒲服,乞食于吴市,卒兴吴国,阖庐为霸。使臣得进谋如伍子胥,加之以幽囚,终身不复见,是臣说之行也,臣何忧乎?箕子、接舆,漆身而为厉,被发而为狂,无益于殷、楚。使臣得同行于箕子、接舆,漆身可以补所贤之主,是臣之大荣也,臣又何耻乎?臣之所恐者,独恐臣死之后,天下见臣尽忠而身蹶也,是以杜口裹足,莫肯即秦耳。足下上畏太后之严,下惑奸臣之态,居深宫之中,不离保傅之手,终身暗惑,无与照奸,大者宗庙灭覆,小者身以孤危,此臣之所恐耳!若夫穷辱之事,死亡之患,臣弗敢畏也。臣死而秦治,贤于生也。"秦王跽曰:"先生是何言也!夫秦国僻远,寡人愚不肖,先生乃幸至此,此天以寡人恩先生,而存先王之庙也。寡人得受命于先生,此天所以幸先王,而不弃其孤也。先生奈何而言若此!事无大小,上及太后,下至大臣,愿先生悉以教寡人,无疑寡人也!"

范雎再拜,秦王亦再拜。范雎曰:"大王之国,北有甘泉、谷口,南带泾、渭,右陇、蜀,左关、阪,战车千乘,奋击百万。以秦卒之勇,车骑之多,以当诸侯,譬若驰韩卢而逐蹇兔也,霸王之业可致。今反闭而不敢窥兵于山东者,是穰侯为国谋不忠,而大王之计有所失也!"王曰:"愿闻所失计!"雎曰:"大王越韩、魏而攻强齐,非计也,少出师则不足以伤齐,多之则害于秦。臣意王之计,欲少出师,而悉韩、魏之兵,则不义矣。今见与国之不可亲,越人之国而攻,可乎?疏于计矣!昔者齐人伐楚,战胜破军杀将,再辟千里,肤寸之地无得者,岂齐不欲地哉?形弗能有也。诸侯见齐之罢露,君臣之不亲,举兵而伐之,主辱军破,为天下笑。所以然者,以其伐楚而肥韩、魏也。此所谓借贼兵而赍盗食者也。王不如远交而近攻,得寸则王之寸,得尺亦王之尺也。今舍此而远攻,不亦缪乎?且昔者中山之地方五百里,赵独擅之,功成,名立,利附,则天下莫能害。今韩、魏,中国之处而天下之枢也。王若欲霸,必亲中国,而以为天下枢,以威楚、赵。赵强则楚附,楚强则赵附。楚、赵附则齐必惧,惧必卑辞重币以事秦。齐附而韩、魏可虚也。"

王曰:"寡人欲亲魏,魏多变之国也,寡人不能亲,请问亲魏奈何?"范雎曰:"卑辞重弊以事之,不可;削地而赂之,不可。举兵而伐之。"于是举兵而攻邢丘,邢丘拔而魏请附。曰:"秦、韩之地形,相错如绣。秦之有韩,若木之有蠹,人之病心腹。天下有变,为秦害者,莫大于韩,王不如收韩。"王曰:"寡人欲收韩,不听,为之奈何?"范雎曰:"举兵而攻荥阳,则成皋之路不通;北斩太行之道,则上党之兵不下。一举而攻荥阳,则其国断而为三。魏、韩见必亡,焉得不听,韩听而霸事可成也。"王曰:"善!"

范雎曰:"臣居山东,闻齐之内有田单,不闻其王;闻秦之有太后、穰侯、泾阳、华阳,不闻其有王。夫擅国之谓王,能专利害之谓王,制杀生之威之谓王。今太后擅行不顾,穰侯出使不报,泾阳、华阳击断无讳。四贵备而国不危者,未之有也。为此四者下,乃所谓无王已。然则权焉得不倾,而令焉得从王出乎?臣闻善为国者,内固其威,而外重其权。穰侯使者操王之重,决裂诸侯,剖符于天下,征敌伐国,莫敢不听。战胜攻取,则利归于陶,国弊,御于诸侯;战败,则怨结于百姓,而祸归社稷。《诗》曰:'木实繁者披其枝,披其枝者伤其心,大其都者危其国,尊其臣者卑其主。'淖齿管齐之权,缩闵王之筋,县之庙梁,宿昔而死。李兑用赵,减食主父,百日而饿死。今秦太后穰侯用事,高陵、泾阳佐之,卒无秦王,此亦淖齿、李兑之类已。臣今见王独立于庙朝矣,且臣将恐后世之有秦国者,非王之子孙也!"秦王惧,于是乃废太后,逐穰侯,出高陵,走泾阳于关外。昭王谓范雎曰:"昔者齐公得管仲时,以为仲父,今吾得子,亦以为父!"

【译解】

范雎到了,秦王迎接于庭,对范雎道:"寡人久已应当以身受命,因为义渠的事情紧急,寡人每日请见太后。现在义渠的事情已告结束,寡人几得以身受命。自知昏愚不聪敏,敬以宾主之礼相见。"范雎辞让。那天,秦王会见范雎,秦国大臣们看见范雎,都变色起敬。

秦王屏去左右的人,宫中空虚无人,秦王下跪,请问范雎道:"先生何以指导寡人?"范雎道:"是,是。"稍停,秦王又请问,范雎应道:"是,是。"这样连问了三次,秦王直挺挺地跪着道:"先生就不教导寡人了吗?"范雎拜谢道:"并不敢如此。臣听说:从前,吕尚遇见文王时,身为渔夫,在渭水的北岸钓鱼,二人的交情是这般的生疏。文王听他一席话后,就立他为太师,载他一齐回去,因为吕尚的话深被文王相信。所以文王果然用吕尚立功,后来统一天下,身立为帝王。假使文王疏远吕尚,不和他仔细讨论,周将没有天子的盛德,而文王和武王不能成就他们的王业了。现在臣是旅居秦国之臣,和大王交情生疏,而所愿陈说的,皆是匡正人君的事,处于别人骨肉之间,愿陈说臣的愚忠,而不知大王的心究竟如何,所以王三次询问,臣皆不对答,就是因为此。臣并不是因为有所畏惧,不敢言讲,因为知道今天在王面前言讲,明天就要受诛戮。然臣并不敢怕死,大王果然用臣的话,死亡都不足为臣的忧患,漆身生癞,被发佯狂,都不足以为臣的耻辱。五帝圣明也死,三王仁爱也死,五伯贤能也死,乌获有气力也死,奔育勇敢也死。死是人所不能免的。处于必然之势,若能少有补益秦国,乃是臣所极端愿意的,臣有何忧虑呢?伍子胥载在布袋里逃出昭关,夜晚行路,白天隐藏,行到菱水,没有食物充饥,爬行着,在吴国的市间讨饭,后来兴起吴国,使阖闾成就霸业。假使臣能像伍子胥一般进献计谋后,再加受囚禁,终身不得和王相见,然而臣的计划已被用,臣尚有何忧虑?箕子和接舆漆身生癞,被发装疯,对于殷、楚无益。臣若能和箕子、接舆一样,对于主上可以有所补益,乃是臣的大荣耀,臣又有何耻辱?

臣所恐惧的,独恐臣死之后,天下见臣尽忠身死,因此塞住嘴,裹着脚,不肯就近秦国。足下上面怕太后的威严,下面惑于奸臣的媚态,住在深宫里面,不离保傅的手,终身昏愚迷惑,不明奸恶的所在,大则宗庙倾覆灭亡,小则自身孤立危险,这乃是臣所恐惧的!至于穷困耻辱的事,死亡的忧患,臣并不敢怕。臣若死而秦国治理,死亡贤于生存了!"秦王直挺挺地跪着说道:"先生何必这样说!秦国偏僻遥远,寡人愚陋无能,先生幸而到此地来,这乃是天以寡人托给先生,以保存先王的庙。寡人得以受先生的教训,这乃是天保佑先王,不捐弃他的后人。先生何必这样说呢?事无大小,上从太后起,下到大臣,皆愿先生教寡人,不要疑惑寡人!"

范雎听了,向秦王再拜,秦王也再拜。范雎道:"大王的国,北面有甘泉和谷口,南面横有泾水和渭水,右面是陇蜀,左面是关阪,兵车千辆,精兵百万,以秦国兵士之勇,车马之多,去和诸侯对敌,如同驱使韩卢(战国时韩国名犬,色黑,故名卢)去追逐跛脚的兔一般,霸王的事业可以成功。现在反闭关自守,不敢出兵去打山东诸侯,这是因为穰侯不替国家忠心谋划,而大王的计划有所失常了!"秦王道:"愿闻何计失当。"范雎道:"大王越过韩、魏去攻打强大的齐国,这个计划不对,少出兵不能够损伤齐国,多出兵又反害秦国。臣以为王的计划,是想少出兵,而悉起韩、魏的兵,但是这又不义气了。今见同盟国不可相亲,遂越过韩、魏,攻打齐国,这可以吗?计划疏忽了!从前齐攻打楚,战胜,破军杀将,推广千里的地,然而结果不曾得有尺寸之地,岂是齐国不要土地?形势上不能得有啊!诸侯看见齐国疲敝在外,君臣不相亲,乃起兵讨伐。齐国的君主受辱,军队被破,为天下耻笑。所以如此者,是因为齐国攻打楚国,以增强韩、魏,这是所谓借刀给贼,赠盗粮食。王不如交结远方,攻打邻国,得着一寸地,这一寸地就是王的,得着一尺地,这一尺地就是王的。现在舍去邻近的地,攻打远方,不是错了吗?并且,从前中山的地方有五百里,赵独专有,功名成立,利泽附有,天下都不能加害。今韩、魏是中国的所在,天下的枢纽,王若要成就霸业,必须亲近中国,而以天下为枢纽,以威胁楚、赵。赵若强,就兼并楚;楚若强,就兼并赵。楚、赵既附属于秦,齐国必定恐惧,必定以卑辞厚币去服事秦国。齐国若附于秦,而韩、魏也可破灭了。"

秦王道:"寡人想亲近魏,因为魏是反复无常的国。但是寡人不能够和魏亲结,请问怎样方可以和魏国亲近呢?"范雎道:"用卑辞厚币去侍奉,是不可以的;割地去贿赂,也不可以。起兵去攻打!"于是起兵攻打邢丘,邢丘被占领,魏国请求附属于秦。范雎又对秦王说道:"秦、韩二国的地形,像锦绣交错。秦国有韩国,好似木头有蠹虫,人心腹有病,天下若有事变发生,害秦国的莫甚于韩国。王不如收服韩国。"秦王道:"寡人想收服韩国,韩国不听从,为之奈何?"范雎道:"起兵攻打荥阳,成皋的路就不能通行;北面断绝太行山的路,上党的兵就不能发下。一起兵攻打荥阳,韩国就被分为三部,韩国见必被灭亡,焉得不听从?韩国若服从秦国,霸业就可以成功了。"秦王道:"好!"

范雎道:"臣住在山东时,只听见齐国有田单,不曾听过齐王;只听见秦国有太后、穰侯、泾阳君和华阳君,不曾听见秦国有王。统有国家,就称作王;能掌制利害的转变,就称作王;掌有生杀的威权的,就称作王。现在太后横行无忌,穰侯出使不告王,泾阳君和华阳君处罚别人,全无顾忌。四贵俱备,而国不危亡的,是从来未有的事。居于此四人之下,所以说'没有王'了。然则威权焉得不倾覆,命令焉得出自王哩!臣听说善于治国的,内里增固他的威力,外面加重他的权势。穰侯的使者操持王的势力,以分裂诸侯的地,封赐给人,征伐敌国,莫敢不服从。战胜取地,利益归于陶,秦国就困敝,被诸侯所制;战事失败,百姓就怨恨,祸患归于社稷。《诗》上说:'树木果实繁盛的,侵害枝叶,枝叶被剥削,树心就受伤了。扩大都城的,危及国家,尊崇臣子的,卑抑人主。'淖齿专齐国的威权,抽齐闵王的筋,悬在庙梁上面,一夜而死。李兑见用于赵,灭赵主父的饮食,百日而饿死。现在秦国的太后和穰侯专权,高陵君和泾阳君辅佐他们,以致外人不知有秦王,这也是淖齿和李兑一类的人。臣现在见王独立于朝廷内,臣恐怕后世主有秦国的,将不是王的子孙了!"秦王听了害怕,于是乃废去太后,驱逐穰侯、高陵君和泾阳君于关外。秦王对范雎道:"从前齐桓公得着管仲时,称他为'仲父';现在我得着你,也称你为'父'。"

应侯曰

应侯曰:"郑人谓玉未理者璞,周人谓鼠未腊者朴。周人怀朴,过郑贾曰:'欲买朴乎?'郑贾曰:'欲之。'出其朴,视之,乃鼠也。因谢不取。今平原君自以贤,显名于天下,然降其主父沙丘而臣之,天下之王,尚犹尊之。是天下之王,不如郑贾之智也,眩于名,不知其实也。"

【译解】

应侯说:"郑国人称未曾雕琢的玉为'璞',周人称未曾晒干的鼠为'朴'。周人带着朴,遇着郑国的商人,问道:'要买朴吗?'郑国的商人道:'要的。'拿出朴来一看,乃是一只老鼠。郑国的商人乃谢绝不要。现在平原君自以贤能显闻于天下,然而使赵主父贬损于沙丘,天下的诸侯尚尊重他。天下的诸侯,反不如郑国商人聪明,被虚名所眩惑,而不知道事的实际。"

天下之士合从

天下之士，合从相聚于赵，而欲攻秦。秦相应侯曰："王勿忧也！请令废之！秦于天下之士非有怨也。相聚而攻秦者，以己欲富贵耳。王见大王之狗，卧者卧，起者起，行者行，止者止，毋相与斗者。投之一骨，轻起相牙者，何则？有争意也。"于是唐雎载音乐，予之五千金，居武安，高会相与饮，谓邯郸人谁来取者？于是其谋者固未可得予也，其可得与者，与之昆弟矣。"公与秦计功者，不问金之所之，金尽者功多矣。今令人复载五千金随公。"唐雎行，行至武安，散不能三千金，天下之士，大相与斗矣。

【译解】

天下的士人谋合从，都聚集在赵国，想攻打秦国。秦相国应侯对秦王道："王不必忧愁，请将合从的一班人解散！秦对于天下的士人，并无仇怨。他们相聚谋攻打秦国，因为自己想富贵。王看王的狗，睡的睡，起的起，行走的行走，止住的止住，没有争斗的。投一块骨头给它们，立刻起来，露出牙齿争咬，这是为何呢？因为起了争夺的意念。"于是令唐雎载着音乐，给他五千金，在武安大排筵会，相与饮酒，问邯郸的人谁要来取金钱？于是谋合从的虽未全得着金子，但是得着金子的都亲近秦国，像自己的兄弟一样。范雎又告诉唐雎道："公替秦国计算立功，不要问金子散给何人，金子用完，你的功劳就多了。现在令人更载五千金给公。"唐雎乃出发，行抵武安，分散不到三千金，天下谋合从的士人已自相争斗了。

应侯失韩之汝南

应侯失韩之汝南,秦昭王谓应侯曰:"君亡国,其忧乎?"应侯曰:"臣不忧。"王曰:"何也?"曰:"梁人有东门吴者,其子死而不忧。其相室曰:'公之爱子也,天下无有。今子死不忧,何也?'东门吴曰:'吾尝无子,无子之时不忧;今子死,乃即与无子时同也,臣奚忧焉?'臣亦尝为子,为子时不忧;今亡汝南,乃与梁余子同也,臣何为忧?"秦王以为不然,以告蒙傲曰:"今也寡人一城围,食不甘味,卧不便席。今应侯亡地而言不忧,此其情也?"蒙傲曰:"臣请得其情。"蒙傲乃往见应侯曰:"傲欲死。"应侯曰:"何谓也?"曰:"秦王师君,天下莫不闻,而况于秦国乎?今傲势得秦王将将兵,臣以韩之细也,显逆诛,夺君地,傲尚奚生?不若死。"应侯拜蒙傲曰:"愿委之卿。"蒙傲以报于昭王。自是之后,应侯每言韩事者,秦王弗听也,以其为汝南也。

【译解】

应侯失去韩国的汝南地,秦昭王问应侯道:"君失去汝南后,忧愁吗?"应侯道:"臣不忧愁。"秦昭王道:"为何呢?"应侯道:"梁人有名东门吴的,他的儿子死了,他不忧愁。他主持家务的人问道：'公的爱子，是天下仅有的。现在他死了，公不忧愁，是何缘故呢？'东门吴道：'我当初没有儿子，没有儿子的时候，并不忧愁；现在儿子死了，和未生儿子的时候一样，我何用忧愁哩。'臣当初也是平民，做平民的时候并不忧愁；现在失去汝南，又和梁的平民一样，臣何用忧愁呢？"秦王不以这话为然，告诉蒙傲道："现在寡人若有一城被困，寡人食时不辨美味，睡时不能安贴。应侯失去土地，反说不忧愁，这不近情呀！"蒙傲道："臣请探得他的情由。"蒙傲乃去见应侯道："傲想死。"应侯道："这是怎讲呢？"蒙傲道："秦王尊你为师，是天下所闻知的，何况秦国哩？现在我得为秦国的将帅，将领秦兵，看着弱小的韩国违逆秦国，攻夺君的土地，我尚何必生存？不如死却了好！"应侯朝蒙傲下拜道："愿委托你。"蒙傲将这些话回复秦昭王。从此以后，应侯每次谈到关于韩国的事，秦昭王都不听，当他是为汝南的事说项。

秦取楚汉中

秦取楚汉中，再战于蓝田，大败楚军。韩、魏闻楚之困，乃南袭至邓，楚王引归。后三国谋攻楚，恐秦之救也，或说薛公："可发使告楚曰：'今三国之兵且去楚，楚能应而共攻秦，虽蓝田岂难得哉？况于楚之故地？'楚疑于秦之未必救己也，而今三国之辞去，则楚之应之也必劝，是楚与三国谋出秦兵矣。秦为知之，必不救也。三国疾攻楚，楚必走秦以急，秦愈不敢出，则是我离秦而攻楚也，兵必有功。"薛公曰："善！"遂发重使之楚，楚之应之果劝。于是三国并力攻楚，楚果告急于秦，秦遂不敢出兵，大胜有功。

【译解】

秦国占领楚国汉中的地方，在蓝田和楚国两次开战，大败楚国的军队。韩和魏闻听楚国受困，乃往南袭击楚国，直抵邓地，楚王引兵回去。后来，齐、魏、韩三国谋攻打楚国，又恐怕秦国救楚，有人向薛公田文说道："可差使者往告楚国道：'现在，齐、魏、韩三国的兵将舍去楚国，楚国若响应三国，共同攻打秦国，虽秦国的蓝田岂难得到，何况楚国的旧地？'楚国疑惑秦国未必去救，现在见三国辞去，楚国必极力地响应。使秦出兵乃是楚国和三国的计谋，秦若知道后，必不肯救楚国。三国急攻楚国，楚国必定往秦告急，秦国怀疑，更不敢出兵。这乃是断绝秦国的救兵以攻打楚国，出兵必能建功。"薛公道："好的！"乃遣专差往楚国，楚国果然极力地答应。于是三国合力攻打楚国，楚国果然往秦求救，秦国不敢出兵，三国大胜有功。

三国攻秦

三国攻秦,入函谷。秦王谓楼缓曰:"三国之兵深矣,寡人欲割河东而讲。"对曰:"割河东,大费也;免于国患,大利也。此父兄之任也,王何不召公子池而问焉?"王召公子池而问焉,对曰:"讲亦悔,不讲亦悔。"王曰:"何也?"对曰:"王割河东而讲,三国虽去,王必曰:'惜矣!三国且去,吾特以三城从之。'此讲之悔也。王不讲,三国入函谷,咸阳必危,王又曰:'惜矣!吾爱三城而不讲。'此又不讲之悔也。"王曰:"钧吾悔也,宁亡三城而悔,无危咸阳而悔也。寡人决讲矣!"卒使公子池以三城讲,于三国之兵乃退。

【译解】

齐、韩、魏三国攻打秦国,侵入函谷关。秦王向楼缓道:"三国的兵势盛了!寡人想分河东的地给他们,和他们讲和。"楼缓对道:"分去河东的地是大损失,但是免去国家的患难又是大利益。解决这事,乃是长者的责任,王何不召公子池,询问他呢?"王乃召公子池来,询问这事。公子池对道:"讲和后也要悔恨,不讲和随后也要悔恨。"王道:"为何呢?"对道:"王分河东的地方讲和,三国虽退去,王必定要说:'可惜!三国本将退去,我独以河东的三个城送给他们。'这是讲和的悔恨。王若不讲和,三国的兵进了函谷关,咸阳必定危险。王又要说:'可惜!我爱河东的三个城,不曾讲和。'这又是不讲和的悔恨。"王道:"都是悔恨,宁可失去河东的三个城而悔恨,不要令咸阳危险而悔恨。寡人决定讲和了!"结果令公子池以河东的三个城向三国讲和,三国的兵才退去。

秦昭王谓左右

秦昭王谓左右曰:"今日韩、魏,孰与始强?"对曰:"弗如也。"王曰:"今之如耳、魏齐,孰与孟尝、芒卯之贤?"对曰:"弗如也。"王曰:"以孟尝、芒卯之贤,帅强韩、魏之兵以伐秦,犹无奈寡人何也。今以无能之如耳、魏齐,帅弱韩、魏以攻秦,其无奈寡人何,亦明矣!"左右皆曰:"甚然。"

中期推琴,对曰:"王之料天下过矣!昔者六晋之时,智氏最强,灭破范、中行,帅韩、魏以围赵襄子于晋阳,决晋水以灌晋阳,城不沉者三板耳。智伯出行水,韩康子御,魏桓子骖乘,智伯曰:'始吾不知水之可亡人之国也,乃今知之!'汾水利以灌安邑,绛水利以灌平阳。魏桓子肘韩康子,康子履魏桓子,蹑其踵,肘足接于车上,而智氏分矣,身死国亡,为天下笑。今秦之强,不能过智伯,韩、魏虽弱,尚贤在晋阳之下也。此乃方其用肘足时也,愿王之勿易也。"

【译解】

秦昭王对左右的臣子道:"现今的韩和魏的强盛,较当初怎样?"君臣对道:"不如当初强盛。"昭王道:"现在的如耳(韩国的臣)和魏齐(魏国的臣),较当初的孟尝(孟尝君)和芒卯

（魏国的大将），孰为贤能？"君臣对道："如耳、魏齐不如孟尝和芒卯。"昭王道："以孟尝君和芒卯的贤能，率领强盛的韩、魏的兵，攻打秦国，尚无奈我何。现在以无能的如耳和魏齐，率领弱小的韩、魏的兵，攻打秦国，他们无奈我何，是很明显的事了。"左右的臣子都道："很对！"

中期推开琴，对道："王错料天下了！从前，当晋国的六卿（韩氏、赵氏、魏氏、范氏、智氏和中行氏为晋国的六卿）强盛的时候，智氏最强，灭破范、中行氏，率领韩和魏，将赵襄子围困在晋阳，决开晋水，淹晋阳城，城头离水面只有三板（一板等于二尺）。智伯巡视水势，韩康子拉着马缰，魏桓子同坐一车。智伯道：'我当初不知道水可以灭亡人的国，现在方才知道。'汾水淹安邑（魏桓子邑）极便当，决绛水去淹平阳（韩康子邑）也极便当。魏桓子用胳膊去碰韩康子，韩康子践魏桓子的脚，胳膊和脚在车上接触，而智氏就被分灭了，身死国亡，被天下所笑。现在，秦国并不较智伯强盛，韩、魏虽弱，尚较赵襄子被围在晋阳时为优胜。这正是他们用胳膊和脚的时候，愿王不要轻视了他们！"

顷襄王二十年

顷襄王二十年，秦白起拔楚西陵，或拔鄢郢、夷陵，烧先王之墓。王徙东北，保于陈城，楚遂削弱，为秦所轻。于是白起又将兵来伐。楚人有黄歇者，游学博闻，襄王以为辩，故使于秦。说昭王曰："天下莫强于秦、楚，今闻大王欲伐楚，此犹两虎相斗，而驽犬受其弊。不如善楚，臣请言其说！臣闻之：'物至而反，冬夏是也。致至而危，累棋是也。'今大国之地半天下，有二垂，此从生民以来，万乘之地，未尝有也。先帝文王、庄王、王之身，三世而不接地于齐，以绝从亲之要。今王三使盛桥，守事于韩，盛桥以北入燕，是王不用甲，不伸威，而出百里之地，王可谓能矣。王又举甲兵而攻魏，杜大梁之门，举河内，拔燕酸枣，虚桃人，楚、燕之兵，云翔不敢校，王之功亦多矣。王申息众二年，然后复之，又取蒲衍、首垣，以临仁、平丘，小黄、济阳婴城，而魏氏服矣。王又割濮磨之北属之燕，断齐、秦之要，绝楚、魏之脊。天下五合六聚，而不敢救也，王之威亦惮矣。王若能持功守威，省攻伐之心，而肥仁义之诫，使无复后患，三王不足四，五伯不足六也。

"王若负人徒之众，材兵甲之强，壹毁魏氏之威，而欲以力臣天下之主，臣恐有后患。《诗》云：'靡不有初，鲜克有终。'

《易》曰:'狐濡其尾。'此言始之易,终之难也。何以知其然也?智氏见伐赵之利,而不知榆次之祸也。吴见伐齐之便,而不知干隧之败也。此二国者,非无大功也,设利于前,而易患于后也。吴之信越也,从而伐齐,既胜齐人于艾陵,还为越王禽于三江之浦;智氏信韩、魏,从而伐赵,攻晋阳之城,胜有日矣;韩、魏反之,杀智伯瑶于凿台之上。今王妒楚之不毁也,而忘毁楚之强魏也,臣为大王虑而不取。《诗》云:'大武远宅不涉。'从此观之,楚国,援也,邻国,敌也。《诗》云:'他人有心,予忖度之;跃跃毚兔,遇犬获之。'今王中道而信韩、魏之善王也,此正吴信越也。臣闻敌不可易,时不可失,臣恐韩、魏之卑辞虑患而实欺大国也,此何也?王既无重世之德于韩、魏,而有累世之怨矣。韩、魏父子兄弟接踵而死于秦者百世矣,本国残,社稷坏,宗庙隳。刳腹折颐,首身分离,暴骨草泽,头颅僵仆,相望于境,父子老弱,系虏相随于路。鬼神狐祥无所食,百姓不聊生;族类离散,流亡为臣妾,满海内矣。韩、魏之不亡,秦社稷之忧也。今王之攻楚,不亦失乎!是王攻楚之日,则恶出兵?王将借路于仇雠之韩、魏乎?兵出之日,而王忧其不反也,是王以兵资于仇雠之韩、魏。王若不借路于仇雠之韩、魏,必攻阳右壤,随阳右壤,此皆广川大水、山林溪谷不食之地,王虽有之,不为得地。是王有毁楚之名,无得地之实也。

"且王攻楚之日,四国必应悉起应王。秦、楚之构而不离,魏氏将出兵而攻留、方与、铚、胡陵、砀、萧、相,故宋必尽。齐人南面,泗北必举,此皆平原四达膏腴之地也,而王使之独攻,王破楚于以肥韩、魏,于中国而劲齐,韩、魏之强,足以校于秦矣。齐南以泗为境,东负海,北倚河,而无后患。天下之国,莫强于齐。齐、魏得地葆利,而详事下吏,一年之后,为帝若未能,于以禁王之为帝有余。夫以王壤土之博,人徒之众,兵革之强,一举众而注地于楚,诎令韩、魏归帝,重于齐,是王失计也。

"臣为王虑,莫若善楚,秦、楚合而为一,临以韩,韩必授首。王襟以山东之险,带以河曲之利,韩必为关中之候。若是王以十成郑,梁氏寒心,许鄢陵、婴城,上蔡、召陵不往来也,如此而魏亦关内侯矣。王一善楚,而关内二万乘之主,注地于齐,齐之右壤,可拱手而取也。是王之地一经两海、要绝天下也,是燕、赵无齐,楚无燕、赵也。然后危动燕、赵,持齐、楚,此四国者,不待痛而服矣。"

【译解】

楚顷襄王二十年,秦国的白起攻破楚国的西陵,次年,又攻破鄢郢、夷陵,烧楚王祖先的坟墓,楚王迁移到楚国的东北,保守陈城。楚国从此弱小,被秦国所轻视。于是白起又领兵来打楚国。楚国人名黄歇的,游学在外,见闻广博,楚王以为他是善辩之士,所以差他出使于秦。黄歇乃向秦昭王说道:"天下诸国,秦、楚最强,现在闻听大王要攻打楚国,这好似两虎相斗，令劣马和狗乘隙得利。不如和楚国修好，臣请加以申说！臣听说：'物极而反，譬如冬夏循环；累极必危，譬如堆积棋子。'现在大国的土地占天下之半，有西北二边陲，自有生民以来，连天子的土地都未尝有如此之大。然而自先帝文王、庄王至大王三代，不能推广土地，令疆界和齐国接近，以绝诸侯合从之约。大王乃令盛桥侍事于韩，盛桥使韩入朝于秦，秦不用甲兵，不施威力，而令韩国割让百里的地方，王可谓贤能了。王又发兵攻打魏国，塞大梁的门，据河内的地，取燕国的酸枣，破灭桃人；楚、燕的兵像烟云消散，不敢和秦兵交战，王的功绩也多了。王休甲息兵，二年后，复行用兵，又取蒲衍和首垣，兵进至仁和平丘，小黄和济阳环兵拒守，魏国降服，王又分汊（水名）和磨（地名，近濮）给燕国，断绝'齐、秦的腰'和'楚、魏的脊梁'。天下诸侯五次联合六国，终不敢互相救援，大王的威势也可畏了。大王若能保持功绩和威势，灭省攻伐的心，厚宣仁义的道理，使没有后患，那么，三王没愁不有第四个，五霸不愁没有第六个了。

"但是，王若倚恃着百姓众多，兵甲强盛，还有毁灭魏国的威势，而想以武力降服天下的诸侯，臣恐怕王将有后患哩！《诗》说：'无物不有个初始，少能有美满的结局。'《易经》上说：'狐狸过河，沾湿尾巴。'这是说：开始容易，结束困难。何以知道是如此呢？例如：智氏只见攻打赵国的利益，不知道榆次的祸患；吴国只见攻打齐国的便利，不知道干隧的失败。这两国并不是不曾建立大功,因为只愿目前的利益,所以忽略后来的祸患。吴相信越,舍去了齐,往伐齐国,既在艾陵战胜齐人,回去时被越王杀死在三江的水滨。智氏相信韩、魏,联合攻打晋阳城,指日可胜了,韩、魏背叛,在凿台上面杀死智伯瑶。现在大王嫉妒楚国不曾灭亡,而忘却毁灭楚国足以增强魏国,臣替大王忧虑,以为这计划是错误了。《诗经》上说:'威武大的,远方都安定,不劳远涉其地。'这样看来,楚国乃是秦国的援助,其余的邻国乃是秦国的仇敌。《诗经》上说:'他人有毁害的心,我加以推测;狡猾的兔子跳跃着,有时被狗捕获。'现在大王半道上相信韩、魏和大王友善,这正同吴国相信越国一般。臣听说:'敌人不可轻视,时机不可失去。'臣恐怕韩、魏是忧虑祸患,所以辞说卑躬,而实在乃是欺骗秦国。何以见得如此呢?王对于韩、魏,没有累世的恩德,却有累世的仇怨。韩、魏的父子兄弟接连被秦国害死的已历十世,国家残损,社稷毁坏,宗庙破灭;百姓肚腹破裂,面颊折断,身首分离,尸骨暴露在水草间,头颅僵倒在地下,在国境内可以不断地看见;父子老弱被系缚住,在道路上相随,鬼神孤伤无食,民不聊生,家族分散流亡,替别人做奴妾的,遍于天下。韩、魏不灭亡,乃是秦国社稷的忧患。现在大王攻打楚国,不是错误了吗?并且,王攻打楚国的时候,将由那条路进兵呢?王将向仇敌的韩借路吗?在发兵的一日,王已将忧虑军队不复回转了,王这乃是将兵赠给韩、魏。王若不向仇敌的韩、魏借路,必定攻打随水右面的地。随水右面的地，都是广阔的水面，山林和深谷，荒芜的土地；王虽得有，实在和不曾得着地没有分别。王这乃是有'毁灭楚国'的虚名，没有得着土地的实际。

"并且，王攻打楚国的时候，韩、赵、齐、魏四国必定都起兵，乘隙袭击秦国。秦、楚二国，兵祸连结不解，魏国将出兵攻打留、方与、铚、胡陵、砀、萧和相，宋国并给楚国的县就尽丧失了；齐人转兵南向，泗水以北必被占取。这都是平原之地，四通八达，土地肥沃，而王让齐、魏独自攻伐，得战胜之利。破灭楚国以增厚韩、魏于中国，加强齐国的势力，使韩、魏的强足够和秦国对敌。齐国南面以泗水为境界，东面背着海，北面靠着黄河，没有后患，天下的国，没有比齐国更强的。齐和魏得着土地，保有利益，再详细治事，以下于吏，一年之后，虽未能为帝，若禁止大王称帝，力量则有余。以大王的土地之广大，百姓之众多，兵甲之强盛，一起兵，遂和楚国结怨，下令而韩、魏不听，反被他们所屈服，将帝位送给齐国，王的计划是错了！

"臣替大王考虑，不如和楚国友善。秦、楚联合为一，以进逼韩国，韩国必定降服，王据有山东的险要，保有河曲的利益，韩必定做秦国关中的候吏，侦察诸侯的动静。王再将十万兵屯在郑地，魏国必定害怕，许和鄢陵环兵自守，上蔡和召陵都不往来于魏，这样，魏国也是秦国的候吏了。王一和楚国修好，而关内两个拥有万辆兵车的大国都降服，秦国的境界直和齐国相接，齐国右面的土地可以拱着手取得了。大王的土地，横面从西海直抵东海,中分天下。燕、赵没有齐国的联络,楚国没有燕、赵的接应,然后以危亡去威胁燕、赵,胁迫齐、楚,这四个国不等待秦国急切的攻打,自然降伏了。"

谓秦王曰

谓秦王曰:"臣窃惑王之轻齐、易楚,而卑畜韩也。臣闻王兵胜而不骄,伯主约而不忿,胜而不骄,故能服世,约而不忿,故能从邻。今王广德魏、赵,而轻失齐,骄也;战胜宜阳,不恤楚交,忿也。骄忿,非伯主之业也,臣窃为大主虑之而不取也。

"《诗》云:'靡不有初,鲜克有终。'故先王之所重者,唯始与终。何以知其然?昔智伯瑶残范、中行,围逼晋阳,卒为三家笑。吴王夫差栖越于会稽,胜齐于艾陵,为黄池之遇,无礼于宋,遂与勾践禽,死于干隧。梁君伐楚,胜齐,制赵、韩之兵,驱十二诸侯,以朝天子于孟津,后子死。身布冠,而拘于秦。三者非无功也,能始而不能终也。

"今王破宜阳,残三川,而使天下之士不敢言,雍天下之国,徙西周之疆,而世主不敢交阳侯之塞,取黄棘,而韩、楚之兵不敢进。王若能为此尾,则三王不足四,五伯不足六;王若不能为此尾,而有后患,则臣恐诸侯之君、河济之士,以王为吴、智之事也。

"《诗》云:'行百里者半于九十。'此言末路之难。今大王皆有骄色,以臣之心观之,天下之事,依世主之心,非楚受兵,必秦也。何以知其然也?秦人援魏以拒楚,楚人援韩以拒秦,四国之兵敌,而未能复战也。齐、宋在绳墨之外以为权,故曰,先得齐、宋者,伐秦,秦先得齐、宋,则韩氏铄,韩氏铄,则楚孤而受兵也。楚先得齐,则魏氏铄,魏氏铄,则秦孤而受兵矣。若随此计而行之,则两国者,必为天下笑矣。"

【译解】

有人对秦始皇说道:"臣窃自疑惑大王,为什么轻视齐、楚,不礼韩国。臣听说:'圣王的兵战胜,而不骄傲;霸主主张俭约,而不忿怨。'战胜而不骄傲,所以能征服世界;俭约而不忿怨,所以能亲睦邻国。现在大王重视得有魏、赵,而轻视失去齐国,这是骄傲;宜阳的战事胜后,遂不认真对待秦、楚的邦交,这是忿怨。骄傲和忿怨,不能成霸王的事业,臣窃自替大王忧虑,而不加赞同。

《诗经》上说:'无物没有个始初,但是少能有圆满的结果。'所以圣王唯重视开始和结局。何以知道如此呢?从前,智伯瑶灭去范、中行氏,进兵围打晋阳,结果失败,被赵、韩、魏三家所笑;吴王夫差将越王勾践拘禁在会稽山,在艾陵战胜齐国,在黄池会合诸侯,得罪宋国,结果被越王勾践擒获,杀死在干隧。梁惠王攻打楚国,战胜齐国,控制赵、韩的兵,驱使十二诸侯往朝周天子于孟津。后来,太子被杀死,梁惠王戴着布帽,拘禁于秦。智伯瑶、吴王夫差和梁惠王三人,起初并不是不曾立功,就是因为能够慎始,而不能够慎终!

"现在大王攻破宜阳,侵略三川,使天下的士人不敢言论;拥有天下的诸国,变移东周和西周的疆界,而诸侯都不敢交会于边疆险隘的地方;占领黄棘,而韩、楚的兵不敢前进。王若再能维持到底,那么,三王不愁不满第四个,五霸不愁不满第六个了。王若不能够谨慎这个局面,怕有后患哩!臣恐怕列国的君主和黄河、济河一带的士人,将以为王又在追随吴王和智伯灭亡的事哩!

"《诗经》上说:'行百里路的,走了九十里,只能算走了一半的路程。'这是说:末了的路难走完。现在大王有骄傲之色,以臣之心推测,天下的事,若依诸侯骄傲和俭约的心看来,不是楚国遭兵祸,必是秦国遭兵祸。何以见得呢?秦国援助魏国,抵拒楚国,楚国援助韩国,抵抗秦国;四国的兵力相等,都不能战胜过对方。齐、宋在战线以外,以为援助之势,所以说:先得着齐、宋援助的攻打秦国。秦国若先得着齐、宋的援助,韩国必定削弱;韩国削弱,楚国就孤立无援,易遭兵祸。楚国若先得着齐国的援助,魏国就削弱;魏国削弱,秦国就孤立无援,受诸侯的攻伐。若随着这个计划行去,秦、楚二国必要被天下所嘲笑了。"

秦王与中期争论不胜

秦王与中期争论,不胜,秦王大怒,中期徐行而去。或为中期说秦王曰:"悍人也,中期适遇明君,故也。向者遇桀、纣,必杀之矣。"秦王因不罪。

【译解】

秦王和中期争论,不能胜过中期,秦王大怒,中期徐缓地行去。有人替中期对秦王说道:"中期真是性急的人,幸亏遇着圣明的君主啊!假使遇着桀、纣,必定被杀了。"秦王乃不谴责中期。

濮阳人吕不韦

濮阳人吕不韦贾于邯郸,见秦质子异人,归而谓父曰:"耕田之利几倍?"曰:"十倍。""珠玉之赢几倍?"曰:"百倍。""立国家之主赢几倍?"曰:"无数。"曰:"今力田疾作,不得暖衣余食;今建国立君,泽可以遗世,愿往事之。"

秦之异人质于赵,处于聊城,故往说之曰:"子傒有承国之业,又有母在中。今子无母于中,外托于不可知之国,一日倍约,自为粪土。今子听吾计事,求归,可以有秦国,吾为子使秦,必来请子!"

乃说秦王后弟阳泉君曰:"君之罪至死,君知之乎?君之门下无不居高尊位,太子门下无贵者;君之府藏珍珠宝玉,君之骏马盈外厩,美女充后庭。王之春秋高,一日山陵崩,太子用事,君危于累卵,而不寿于朝生。说有可以一切而使君富贵千万岁,其宁于太山四维,必无危亡之患矣。"阳泉君避席,请闻其说。不韦曰:"王年高矣,王后无子,子傒有承国之业,士仓又辅之。王一日山陵崩,子傒立,士仓用事,王后之门,必生蓬蒿。子异人,贤材也。弃在于赵,无母于内,引领西望,而愿一得归,王后诚请而立之。是子异人无国而有国,王后无子而有子也。"阳泉君曰:"然!"入说王后,王后乃请赵而归之。

赵未之遣，不韦说赵曰："子异人，秦之宠子也，无母于中，王后欲取而子之。使秦而欲屠赵，不顾一子而留计，是抱空质也。若使子异人归而得立，赵厚送遣之，是不敢倍德畔施，是自为德讲。秦王老矣，一日晏驾，虽有子异人，不足以结秦。"赵乃遣之。

异人至，不韦使楚服而见。王后悦其状，高其知，曰："吾楚人也。"而自子之，乃变其名曰楚。王使子诵，子曰："少弃捐在外，尝无师傅所教学，不习于诵。"王罢之。乃留止，间曰："陛下尝轫车于赵矣，赵之豪桀得知名者不少。今大王反国，皆西面而望，大王无一介之使以存之，臣恐其皆有怨心，使边境早闭晚开。"王以为然，奇其计。王后劝立之，王乃召相，令之曰："寡人子莫若楚，立以为太子！"

子楚立，以不韦为相，号曰文信侯，食蓝田十二县。王后为华阳太后。诸侯皆致秦邑。

【译解】

濮阳人名吕不韦的，在邯郸（赵国的都城）经营商业，看见秦国的王子异人，那时抵押在赵国。吕不韦回去向父亲道："耕田的利息有几倍？"父亲回道："十倍。"吕不韦道："贩卖珠玉的利息有几倍？"道："百倍。"吕不韦又问道："立国家的君主，所获的利息有几倍？"道："多至不可计数。"吕不韦道："现在疾力耕田劳作，尚不能使衣服暖和，食物盈余；建国家，立君主,利泽可以传给后世,愿去做这事。"

秦国的王子异人抵押在赵国,那时住在聎城,吕不韦乃特地去见异人说道:"子傒应当秉承秦国,内里又有母亲的势力。现在你内里没有母亲的援助,外面寄托在不测的敌国,有一天秦、赵背约,你身将化为粪土了!现在你若听我的计策,求归本国,可以掌有秦国,我替你往秦国运动,秦国必差人来请你回去。"

乃去对秦王后的弟弟阳泉君说道:"君犯了死罪,君知道吗?君手下的人都占有重要的位置,太子手下的人反没有显贵的。君的府库收藏珍珠宝玉,君的马房充满了好马,后宫住满了美女,秦王的年纪已老,若有一天,高山崩坏(比喻秦王死去),太子即位,治理国事,君比堆积着的蛋还危险,比朝生(一种朝生暮谢的植物)的寿命还短促!现在有一席话,可以相机行去,而令君富贵,寿至千万岁,像泰山与维系天幕的四根绳子一般安宁,必定没有危亡的忧患了。"阳泉君避开座席,请吕不韦解说。吕不韦道:"秦王的年纪老了,王后又没有儿子,子傒应秉承君位,又有士仓辅佐。王一天去世后,子傒立为秦王,士仓治理国事,王后的门前必定要冷落得生蓬蒿野草了。王子异人是贤能的人才,捐弃在赵国,国内又没有亲生的母亲,伸着头项朝西望,愿能回国一次。王后果然请王立他为太子,那么,王子异人没有国的也有了国,王后没有子息的也有了子息。"阳泉君道:"对的!"进去对王后说,王后乃请求赵国将异人送回国。

赵国尚未曾送异人回国,吕不韦乃去对赵王讲:"王子异人乃是秦王宠爱的儿子,内里没有母亲,王后想认他为子。假使秦国要屠灭赵国,不会顾及一个王子在赵国,以延迟屠赵的计划,赵国所持的乃是一个空抵押品。如果异人回国,得立为秦王,赵国厚币遣发他,必不敢忘却赵国所施的恩惠,必以恩德和赵国结好。秦王老了,一日死去,到那时赵国虽有王子异人,终不能够和秦国结交了!"赵国乃送异人回去。

异人既到秦国,吕不韦令他穿着楚人的衣服去见王后,王后看见这种状貌,很喜欢,夸他聪明,道:"我是楚国人。"乃认异人为子,替他改名为楚。秦王令异人读经书,异人对道:"小时捐弃在外国,没有师傅教授学问,不习于诵经。"秦王才作罢。异人乃留下,停了一会,对秦王道:"陛下当初曾在赵国居住,赵国的豪杰得知陛下的名的不少,现在大王回国,他们都朝西面望大王。大王不差一个使者去劳问他们,臣恐怕他们都有怨恨的心哩!不如让秦、赵边境早闭晚开。"秦王以为这话对,并且惊奇他的计谋。王后劝王立异人为太子,王乃召相国,下命令道:"寡人的儿子都不如楚,将他立为太子。"

王子楚既立为王,以吕不韦为相国,号称文信侯,以蓝田十二县的收入为俸禄。王后为华阳太后。诸侯都进献邑地给秦国。

文信侯欲攻赵

文信侯欲攻赵,以广河间,使刚成君蔡泽事燕,三年,而燕太子质于秦。文信侯因请张唐相燕,欲与燕共伐赵,以广河间之地。张唐辞曰:"燕者必径于赵,赵人得唐者,受百里之地。"文信侯去而不快。少庶子甘罗曰:"君侯何不快甚也?"文信侯曰:"吾令刚成君蔡泽事燕,三年,而燕太子已入质矣。今吾自请张卿相燕,而不肯行。"甘罗曰:"臣行之。"文信君叱去曰:"我自行之而不肯,汝安能行之也!"甘罗曰:"夫项橐生七岁而为孔子师,今臣生十二岁于兹矣。君其试臣,奚以遽言叱也?"

甘罗见张唐曰:"卿之功孰与武安君?"唐曰:"武安君战胜攻取,不知其数,攻城堕邑,不知其数。臣之功不如武安君也。"甘罗曰:"卿明知功之不如武安君欤?"曰:"知之。""应侯之用秦也,孰与文信侯专?"曰:"应侯不如文信侯专。"曰:"卿明知为不如文信侯专欤?"曰:"知之。"甘罗曰:"应侯欲伐赵,武安君难之,去咸阳七里,绞而杀之。今文信侯自请卿相燕,而卿不肯行,臣不知卿所死之处矣!"唐曰:"请因孺子而行。"令库具车,厩具马,府具币,行有日矣。

甘罗谓文信侯曰:"借臣车五乘,请为张唐先报赵。"见赵王,赵王郊迎。谓赵王曰:"闻燕太子丹之入秦与?"曰:"闻之。""闻张唐之相燕与?"曰:"闻之。""燕太子入秦者,燕不欺秦也;张唐相燕者,秦不欺燕也。秦、燕不相欺,则伐赵危矣!燕秦所以不相欺者,无异故,欲攻赵,而广河间也。今王赍臣五城,以广河间,请归燕太子,与强赵攻弱燕。"赵王立割五城以广河间,归燕太子。赵攻燕,得上谷三十六县,与秦什一。

【译解】

　　文信侯想攻打赵国,以增广河间的地方,令刚成君蔡泽入事燕国。过了三年,燕国的太子果然被送进秦国作抵押品。文信侯乃更请张唐做燕国的相国,想和燕国共攻打赵国,以增广河间的地方。张唐推辞道:"往燕国必经过赵国,赵国悬赏捉我,得着我的,受一百里地。"文信侯等张唐去后,很不快乐。少庶子(官名)名甘罗的道:"君侯为何很不高兴?"文信侯道:"我差刚成君蔡泽入事燕国,过了三年,而燕国的太子已进秦作抵押。现在我亲自请张卿(张唐)辅相燕国,而他不肯去。"甘罗道:"臣令他去。"文信侯呵斥他道:"去!我亲自请他去,他尚不肯,你哪里能令他去!"甘罗道:"项橐才七岁,已做孔子的师傅,现在臣已十二岁了,君且试用臣,何必即加呵斥呢?"

　　甘罗去见张唐道:"你的功劳比较武安君怎样?"张唐道:"武安君战胜取地,不计其数,攻打城池,占领县邑,不计其数,臣的功劳不如武安君。"甘罗道:"你确信功劳不及武安君吗?"张唐道:"知道的。"甘罗道:"应侯见用于秦,相比文信侯,谁更专权?"张唐道:"应侯不如文信侯专权。"甘罗道:"你确知不如文信侯专权吗?"张唐道:"知道的。"甘罗道:"应侯意欲攻打赵国,武安君阻止他,结果被应侯所害,在离咸阳七里的去处被绞死。现在文信侯亲自请你辅相燕国,而你不肯去,臣不知道你将死于何处哩!"张唐道:"请因孺子(指甘罗)往燕国去。"乃令库里预备车,马房预备马,府里预备货币,出行已定下了日子。

　　甘罗向文信侯说道:"借给臣五辆兵车,请替张唐先去通知赵国。"甘罗去见赵王,赵王到郊外迎接,甘罗对赵王道:"王听说燕太子丹进秦国作抵押吗?"赵王道:"听说了。"甘罗又问道:"王听说张唐辅相燕国吗?"赵王道:"听说了。"甘罗道:"燕太子丹进秦作抵押,是表明燕国不欺秦国;张唐辅相燕国,是表明秦国不欺燕国。秦和燕不互相欺诈,联合讨伐赵国,赵国就危险了!燕和秦所以不互相欺诈,没有什么奇怪的缘故,乃是想攻打赵国,以增广河间的地方。现在王若割让五个城给臣,以增广河间的地方,臣请送还燕国的太子,令秦国帮助强大的赵国,攻打微弱的燕国。"赵王立刻割让五个城池,增广秦国河间之地,秦国送还燕太子,赵国攻打燕国,占领上谷的三十六个县,以十一个城给秦国。

楚威王战胜于徐州

楚威王战胜于徐州，欲逐婴子于齐，婴子恐。张丑谓楚王曰："王战胜于徐州也，盼子不用也。盼子有功于国，百姓为之用。婴子不善，而用申缚。申缚者，大臣与百姓弗为用，故王胜之也。今婴子逐，盼子必用，复整其士卒，以与王遇，必不便于王也。"楚王因弗逐。

【译解】

楚威王在徐州战胜后，想将婴子驱逐到齐国去，婴子恐惧。张丑乃去向楚王说道："王所以能够在徐州战胜，是因为婴子不曾用盼子。盼子对于国家有功，百姓都乐于为他使用。但是婴子不喜欢他，而任用申缚。申缚这个人，大臣都不和他交结，百姓都不供他使用，所以王能战胜婴子。现在婴子若被驱逐，盼子必更被任用，重整士卒，和王对敌，必不利于王哩！"楚王乃不驱逐婴子。

译解战国策

靖郭君将城薛

靖郭君将城薛,客多以谏。靖郭君谓谒者:"无为客通。"齐人有请者,曰:"臣请三言而已矣。益一言,臣请烹。"靖郭君因见之。客趋而进曰:"海大鱼!"因反走。君曰:"客有于此!"客曰:"鄙臣不敢以死为戏。"君曰:"亡,更言之!"对曰:"君不闻大鱼乎?网不能止,钩不能牵,荡而失水,则蝼蚁得意焉。今夫齐,亦君之水也,君长有齐阴,奚以薛为!失齐,虽隆薛之城到于天,犹之无益也。"君曰:"善!"乃辍城薛。

【译解】

靖郭君将筑薛城,客多来谏止。靖郭君乃令传达的人:"凡遇有来谏止的,不必进来通报。"齐国有一人请求道:"臣请只说三个字。多说一个字,臣请被烹煮死。"靖郭君乃去会见他,客疾速走近前道:"海大鱼!"乃回转身走去。靖郭君道:"客在此,不要去!"客道:"鄙臣不敢以死为儿戏。"靖郭君道:"没有这话!请加以解说。"客对道:"君不曾听过大鱼吗?渔网不能止住它,钩子不能牵动它,自己放肆,离开了水,蚂蚁就能很满意地控制住它了。现在齐国也是君的'水',君永远保有齐国,何用薛呢?若失去齐国,虽将薛城筑高到天,犹为无益。"靖郭君道:"对!"乃停止筑薛城。

成侯邹忌为齐相

成侯邹忌为齐相,田忌为将,不相说。公孙闬谓邹忌曰:"公何不为王谋伐魏?胜,则是君之谋也,君可以有功。战不胜,田忌不进,战而不死,曲挠而诛。"邹忌以为然,乃说王而使田忌伐魏。田忌三战三胜,邹忌以告公孙闬,公孙闬乃使人操十金而往卜于市,曰:"我田忌之人也,吾三战而三胜,声威天下,欲为大事,亦吉否?"卜者出,因令人捕为人卜者,亦验其辞于王前,田忌遂走。

【译解】

成侯邹忌做齐国的相国,田忌做齐国的大将,二人感情不好。公孙闬对邹忌说道:"公何不替王出计,讨伐魏国。若战胜魏国,是因为用君的计谋,君可以有功;若战不胜魏国,是因为田忌不进战效死,可以'逗留不进兵'的罪名诛戮他。"邹忌以为这话对,乃对齐王去说,派田忌攻打魏国。田忌三战三胜,邹忌将此事告诉公孙闬,公孙闬乃差人持二百两金子,往市里去问卜,道:"我是田忌手下的人,吾主三战三胜,声势威震天下,想做大事(指篡夺齐国),可吉利否?"卜卦的出来,令人将此人捕获,在齐王面前证明这一席话,田忌乃逃走。

田忌亡齐而之楚

田忌亡齐而之楚，邹忌代之相齐，恐田忌欲以楚权复于齐。杜赫曰："臣请为留楚！"谓楚王曰："邹忌所以不善楚者，恐田忌之以楚权复于齐也。王不如封田忌于江南，以示田忌之不返齐也。邹忌必以齐厚事楚。田忌亡人也，而得封，必德王；若复于齐，必以齐事楚。此用二忌之道也。"楚果封之于江南。

【译解】

田忌由齐国逃出，到楚国去，邹忌代他辅相齐国，恐怕田忌将以楚国的势力复回齐国。杜赫道："臣请替君将田忌留住在楚国。"乃去对楚王说道："邹忌所以不和楚国好，乃是恐怕田忌以楚国的势力复回齐国。王不如封田忌于江南，以表明田忌不会再回齐国。邹忌必定以齐国重事楚国。而田忌乃是逃亡在外的人，若得封地，必定感激王的恩德；若能回复到齐国，必定以齐国重事楚国。这乃是并用邹忌和田忌两个人的法子。"楚国果然封田忌于江南。

邹忌修八尺有余

邹忌修八尺有余，身体昳丽。朝服衣冠，窥镜，谓其妻曰："我孰与城北徐公美？"其妻曰："君美甚，徐公何能及公也！"城北徐公，齐国之美丽者也。忌不自信，而复问其妾曰："吾孰与徐公美？"妾曰："徐公何能及君也！"旦日，客从外来，与坐谈，问之客曰："吾与徐公孰美？"客曰："徐公不若君之美也。"

明日，徐公来，孰视之，自以为不如；窥镜而自视，又弗如远甚。暮寝而思之曰："吾妻之美我者，私我也；妾之美我者，畏我也；客之美我者，欲有求于我也。"

于是入朝，见威王曰："臣诚知不如徐公美，臣之妻私臣，臣之妾畏臣，臣之客欲有求于臣，皆以美于徐公。今齐地方千里，百二十城，宫妇左右，莫不私王，朝廷之臣，莫不畏王，四境之内，莫不有求于王。由此观之，王之蔽甚矣！"王曰："善！"乃下令群臣吏民：能面刺寡人之过者，受上赏；上书谏寡人者，受中赏；能谤议于市朝，闻寡人之耳者，受下赏。"

令初下，群臣进谏，门庭若市；数月之后，时时而间进；期年之后，虽欲言，无可进者。燕、赵、韩、魏闻之，皆朝于齐，此所谓战胜于朝廷。

【译解】

邹忌身长八尺有余,人极美貌。朝晨将衣帽穿戴好,对镜自照。向他的妻子道:"我和城北徐公谁美?"妻子道:"你美极了,徐公哪能及你!"城北徐公原来是齐国美丽的男子。邹忌听了他妻子的话,自己不相信,又问他的妾道:"我和徐公比较,谁美?"妾道:"徐公哪能及你哩!"清早,客从外来,邹忌和他并坐谈心,乃问客道:"我和徐公谁美?"客道:"徐公不如你美。"

第二天,徐公来,邹忌细看他,自以为不如他美;对镜自照,觉得远不如徐公。晚上睡时,自己想道:"我的妻称赞我美,是因为她爱我;我的妾称赞我美,是因为怕我;客人称赞我美,是因为对于我有所请求。"

于是入朝,见齐威王道:"臣实在知道不如徐公美,但是,臣的妻爱臣,臣的妾怕臣,臣的客想对臣有所请求,都说臣比徐公美。现在,齐国的地方千里,有一百二十个城,宫里的妇女和左右亲近的人,莫不爱王;朝廷里的臣子,莫不怕王;国境以内的人,对于王莫不有所请求。这样看来,王的蒙蔽真深!"齐威王道:"对!"乃下命令:"群臣吏民,能当面指摘寡人的过失的,受重赏;上书谏寡人的,受中等的赏赐;能在街市上议论寡人的过失,传给寡人听见的,受下等的赏赐。"

命令刚发下时,群臣都进谏,宫门和朝廷里像市场一般拥挤;几个月以后,有时有所进谏;一年之后,虽然想说,都无可说的了。燕、赵、韩、魏听见,都往朝于齐,这就是所谓"在朝廷内战胜敌国"。

楚将伐齐

楚将伐齐,鲁亲之,齐王患之。张丐曰:"臣请令鲁中立!"乃为齐见鲁君。鲁君曰:"齐王惧乎?"曰:"非臣所知也,臣来吊足下!"鲁君曰:"何吊?"曰:"君之谋过矣!君不与胜者,而与不胜者,何故也?"鲁君曰:"子以齐、楚为孰胜哉?"对曰:"鬼且不知也。""然则子何以吊寡人?"曰:"齐、楚之权,敌也,不用有鲁与无鲁。足下岂如令众,而合二国之后哉?楚大胜齐,其良士选卒必殪,其余兵足以待天下。齐为胜,其良士选卒亦殪,而君以鲁众合战胜后,此其为德也亦大矣!其见恩德,亦其大也!"鲁君以为然,身退师。

【译解】

楚国将讨伐齐国,鲁国亲楚,齐王忧患。张丐道:"臣请令鲁国中立。"乃替齐国去见鲁君。鲁君道:"齐王害怕吗?"张丐道:"这不是臣所知道的,臣是来吊足下的。"鲁君道:"吊什么?"张丐道:"君的计谋错了,君不帮助将要战胜的,而帮助不会战胜的,是何缘故呢?"鲁君道:"你以为齐和楚谁将战胜呢?"张丐道:"连鬼都不知道。"鲁君道:"然则你为何来吊慰我呢?"张丐道:"齐、楚的势力平均,不在乎有无鲁国的援助。

足下不如保全士卒,再联合二国中之战败的。楚若大胜齐国,楚的精兵必定死完,其余的兵尚足以对付天下。齐若为楚所胜,齐国的精兵也都战死,而君以鲁国的兵联合战败的国,攻打战胜后的国,这所施的恩德极大,受人感激也极深!"鲁君以为然,乃退兵。

秦伐魏

秦伐魏，陈轸合三晋而东，谓齐王曰："古之王者之伐也，欲以正天下而立功名，以为后世也。今齐、楚、燕、赵、韩、梁六国之递甚也，不足以立功名，适足以强秦而自弱也，非山东之上计也。能危山东者，强秦也。不忧强秦，而递相罢弱，而两归其国于秦，此臣之所以为山东之患。天下为秦相割，秦曾不出力；天下为秦相烹，秦曾不出薪。何秦之智而山东之愚耶？愿大王之察也！

"古之五帝、三王、五伯之伐也，伐不道者。今秦之伐天下不然，必欲反之，主必死辱，民必死虏。今韩、梁之目未尝干，而齐民独不也，非齐亲而韩、梁疏也，齐远秦而韩、梁近。今齐将近矣！今秦欲攻梁绛、安邑，秦得绛、安邑以东下河，必表里河山而东攻齐。举齐属之海，南面而孤楚、韩、梁，北向而孤燕、赵，齐无所出其计矣！愿王熟虑之！

"今三晋已合矣，复为兄弟，约而出锐师以戍梁绛、安邑，此万世之计也。齐非急以锐师合三晋，必有后忧。三晋合，秦必不敢攻梁，必南攻楚。楚、秦构难，三晋怒齐不与己也，必东攻齐。此臣之所谓齐必有大忧，不如急以兵合于三晋。"齐王敬诺，果以兵合于三晋。

【译解】

秦国攻打魏国,陈轸联合赵、魏、韩三国,往东面去对齐王说道:"古时圣王兴兵讨伐,是想匡正天下,建立功名,传至后世。现在齐、楚、燕、赵、韩、魏六国,更相讨伐,不足以建立功名,适足以增强秦国,削弱自己,这不是山东诸国的上策。能危亡山东诸国的,乃是强大的秦国。不忧虑强秦,而更相攻伐,以致疲敝削弱,彼此的国都被秦国兼并,这乃是臣为山东诸国所忧虑的。天下诸国互相割让地给秦国,秦国自己不用出力;天下诸侯为秦国互相'烹煮',秦国自己不用供给柴火。秦国何以这般聪明,而山东诸国这般愚笨呢?愿大王加以考察!

"古代三王、五帝、五霸的征伐,是征伐无道的。现在秦国的征伐天下,和这不同,必和这相反,必令诸国的君主死于耻辱,百姓死于俘虏。现在,韩、梁的百姓的眼泪尚不曾干,而齐国的百姓独不如此,并不是齐国和秦国亲近,而韩、梁对于秦国疏远,因为齐国离秦国远,而韩、梁离秦国近。现在齐国将和秦国接近了!现在,秦国要攻打梁的绛和安邑;秦国得有绛和安邑,朝东沿黄河进兵,必定循黄河内外,东面去攻打齐国,占领齐国,直至东海。向南进兵,使楚、韩、梁孤立;向北进兵,使燕、赵孤立,齐国就无计可施了,愿王细加考虑!

"现在,赵、韩、梁三国已经联合,复为兄弟之国,约定共出精兵,屯扎在梁的绛和安邑,这乃是长久的计划。齐国若不疾速出精兵,联合韩、赵、梁三国,以后必有忧患。韩、赵、梁三国联合后,秦国必不敢攻打梁,必朝南攻打楚国。秦、楚兵祸连结不解,那时韩、赵、梁三国恨齐国不肯帮助,必定朝东攻打齐国,这就是臣所说'齐国必有大忧患'。不如疾速出兵,联合韩、赵、梁三国。"齐王答应,果然出兵会合韩、赵、梁三国。

苏秦为赵合从说齐宣王

苏秦为赵合从，说齐宣王曰："齐南有太山，东有琅邪，西有清河，北有渤海，此所谓四塞之国也。齐地方二千里，带甲数十万，粟如丘山。齐车之良，五家之兵，疾如锥矢，战如雷电，解如风雨，即有军役，未尝倍太山、绝清河、涉渤海也。临淄之中七万户，臣窃度之，下户三男子，三七二十一万，不待发于远县，而临淄之卒固以二十一万矣。临淄甚富而实，其民无不吹竽、鼓瑟、击筑、弹琴、斗鸡、走犬、六博、蹹踘者。临淄之途，车毂击，人肩摩，连衽成帷，举袂成幕，挥汗成雨，家敦而富，志高而扬。夫以大王之贤，与齐之强，天下不能当。今乃西面事秦，窃为大王羞之！

"且夫韩、魏之所以畏秦者，以与秦接界也。兵出而相当，不至十日而战胜存亡之机决矣。韩、魏战而胜秦，则兵半折，四境不守；战而不胜，以亡随其后。是故韩、魏之所以重与秦战，而轻为之臣也。今秦攻齐则不然，倍韩、魏之地，至闱阳晋之道，径亢父之险，车不得方轨，马不得并行，百人守险，千人不能过也。秦虽欲深入，则狼顾，恐韩、魏之议其后也。是故恫疑虚猲，高跃而不敢进，则秦不能害齐，亦已明矣。夫不深料秦之不奈我何也，而欲西面事秦，是群臣之计过也。今无臣事秦之名,而有强国之实,臣固愿大王之少留计。"齐王曰:"寡人不敏,今主君以赵王之教诏之,敬奉社稷以从!"

【译解】

苏秦为赵国合从,去对齐宣王说道:"齐国南面有泰山,东面有琅邪山,西面有清河,北面有渤海,这所谓'四面险隘的国'。齐国的地方有二千里,被甲的兵有几十万,粟米堆积如山。齐国精良的兵车和五家建制的兵,像小箭一般快,战斗时,像雷电一般猛烈,解散时,像风雨一般迅速,虽有战事,敌车从未越过泰山,横过清河,渡过渤海。临淄里面有七万家,臣窃自计算:下等的人家,每家算有三个男子,三乘七万得二十一万人,不用调发远地的兵,临淄的兵已有二十一万了。临淄极富足,百姓都吹竽(竽是一种竹制的乐器)、击筑、弹琴瑟、斗鸡、走狗、赌博、踢球。临淄的街上,车轴相触,人的肩头挨擦着,将衣襟连接,可以做成帷幔,将衣袖举起,可以做成帐幕,挥汗如同下雨,家室富足,百姓志气高扬。以大王之贤明,和齐国之强盛,天下都不能和齐对敌。现在乃朝西面去侍候秦,臣窃自替大王惭愧!

"而且,韩、魏所以怕秦国,是因为和秦国接界,出兵相攻,不到十天,而胜败存亡已可决定。韩、魏若战胜秦国,已折去一半兵,不能保守国家;若战不胜秦,立刻就要灭亡,所以韩、魏不敢轻易和秦国开战,只好随便做秦的臣子。现在秦若攻打齐,情形就不同,背后有韩、魏扰乱,还要经过卫地阳晋的要道和亢父的险隘,车马都不能并行,一百人守住险要处,一千人都不能通过。秦国虽想深入,又要回顾后面,恐怕韩、魏扰乱后方,所以只加恫吓,以威胁韩、魏,自己却惊疑不定,虚张声势,不敢前进。秦国不能损害齐国,是很明显的了。不仔细度量秦国是无奈我何的,而要西面去服事秦国,这乃是群臣计谋失当了!现在的计划,愿去掉'臣事秦国'的名分,而有强国的实在,臣愿大王少许加以考虑。"齐王道:"寡人不明于治理国事,现在主君(指苏秦)以赵王的话见告,敬以社稷相从!"

张仪为秦连横

张仪为秦连横齐王曰:"天下强国,无过齐者;大臣父兄,殷众富乐,无过齐者。然而为大王计者,皆为一时说,而不顾万世之利。从人说大王者,必谓齐,西有强赵,南有韩、魏,负海之国也,地广人众,兵强士勇,虽有百秦,将无奈我何!大王览其说,而不察其至实。

"夫从人朋党比周,莫不以从为可。臣闻之,齐与鲁三战而鲁三胜,国以危,亡随其后;虽有胜名,而有亡之实,是何故也?齐大而鲁小。今赵之与秦也,犹齐之于鲁也。秦、赵战于河漳之上,再战而再胜秦;战于番吾之下,再战而再胜秦。四战之后,赵亡卒数十万,邯郸仅存,虽有胜秦之名,而国破矣,是何故也?秦强而赵弱也。今秦、楚嫁子取妇,为昆弟之国,韩献宜阳,魏效河外,赵入朝黾池,割河间以事秦。大王不事秦,秦驱韩、魏攻齐之南地,悉赵涉河关,指搏关、临淄、即墨,非王之有也!国一日被攻,虽欲事秦,不可得也!是故愿大王熟计之。"

齐王曰:"齐僻陋隐居,托于东海之上,未尝闻社稷之长利。今大客幸而教之,请奉社稷以事秦!"献鱼盐之地三百于秦也。

【译解】

张仪替秦国谋连横,对齐王说道:"天下的强国,无过于齐;大臣父兄的殷盛众多,富足安乐,也无过于齐。然而为大王计划的,皆为一时的空论,不顾长远的利益。主张合从的人,向大王陈说的,必说:'齐国西面有强赵,南面有韩、魏,是靠着海的国,地方广大,百姓众多,兵士强壮勇敢,虽有一百个秦,将无奈我何!'大王接受他的话,而不顾这话是否实在。

"主张合从的人都互相结党,莫不以合从为对的。臣听说:齐和鲁争战三次,鲁国三次都胜利,但是国家因此危困,结果灭亡,虽有战胜的虚名,而有危亡的实际,这是何故呢?因为齐国大而鲁国小。现在赵国和秦国,好似齐国和鲁国,秦和赵战于漳水之上,两次战争,两次打败秦国,在番吾之下开战两次,也都打败秦国。但是四次战争之后,赵国丧失几十万矣,仅能保存邯郸,虽有战胜秦国的声名,而国却被破了,这是何故呢?因为秦国强大而赵国微弱。现在秦、楚互通婚姻,嫁女娶媳,为兄弟之国,韩国献宜阳,魏国送河南的地,赵国入秦朝见于黾池,割让河间的地方,以服事秦国。大王若不服事秦国,秦国驱使韩、魏攻打齐国南方的土地,悉起赵国的兵,渡过河关,进逼搏斗,临淄和即墨就非王所有!倘齐国忽有一天突被攻击,那时虽想服事秦国,已来不及了!所以愿大王细加考虑。"

齐王道:"齐国偏僻隐陋,寄托在东海之上,未曾听过利社稷长远的计划。现在幸有大客(指张仪)见教,请以社稷侍奉秦国。"乃献产鱼盐的地三百里于秦国。

韩齐为与国

韩、齐为与国,张仪以秦、魏伐韩。齐王曰:"韩,吾与国也,秦伐之,吾将救之。"田臣思曰:"王之谋过矣。不如听之。子哙与子之国,百姓不戴,诸侯弗与。秦伐韩,楚、赵必救之,是天下以燕赐我也!"王曰:"善!"乃许韩使者而遣之。韩自以得交于齐,遂与秦战,楚、赵果遽起兵而救韩。齐因起兵攻燕,三十日而举燕国。

【译解】

韩和齐是同盟国,张仪联合秦、魏讨伐韩。齐王道:"韩是我们的同盟国,秦国攻打他,我将去救他。"田臣思道:"王的计谋错了。不如任他去。子哙将国让给子之,百姓都不爱戴他,诸侯都不帮助他。秦若攻打韩,楚、赵必定往救韩,这乃是天将燕国赐给我!"王道:"好的!"乃许诺韩国的使者,打发他回去。韩国自以为和齐国结交,总指望有救兵,乃和秦国开战,楚、赵果然立刻起兵救韩国。齐国因乘各国都有兵事时,起兵攻打燕国,三十天内,占领燕国。

张仪事秦惠王

张仪事秦惠王,惠王死,武王立。左右恶张仪曰:"仪事先王不忠。"言未已,齐让又至。张仪闻之,谓武王曰:"仪有愚计,愿效之王。"王曰:"奈何?"曰:"为社稷计者,东方有大变,然后王可以多割地。今齐王甚憎张仪,仪之所在,必举兵而伐之。故仪愿乞不肖身而之梁,齐必举兵而伐之,齐、梁之兵,连于城下,不能相去。王以其间伐韩,入三川,出兵函谷,而无伐以临周,祭器必出,挟天子,案图籍。此王业也!"王曰:"善!"乃具革车三十乘,纳之梁。

齐果举兵伐之,梁王大怒。张仪曰:"王勿患,请令罢齐兵!"乃使其舍人冯喜之楚,借使之齐。齐、楚之事已毕,因谓齐王:"王甚憎张仪,虽然,厚矣!王之托仪于秦王也。"齐王曰:"寡人甚憎张仪,仪之所在,必举兵伐之,何以托仪也?"对曰:"是乃王之托仪也。仪之出秦,因与秦王约曰:'为王计者,东方有大变,然后王可以多割地。齐王甚憎仪,仪之所在,必举兵伐之。故仪愿乞不肖身,而之梁,齐必举兵伐梁。梁、齐之兵,连于城下,不能去,王以其间伐韩,入三川,出兵函谷,而无伐以临周,祭器必出,挟天子,案图籍,是王业也。'秦王以为然,与革车三十乘,而纳仪于梁。而果伐之,是王内自罢而伐与国,广邻敌以自临,而信仪于秦王也。此臣之所谓托仪也。"王曰:"善!"乃止。

【译解】

张仪侍候秦惠王,惠王死后,武王即位。左右亲幸的人毁谤张仪道:"仪侍候先王不忠心。"话不曾说完,齐国又差使者来责备秦武王任用张仪。张仪闻听后,对武王道:"仪有一愚蠢的计策,愿献给大王。"武王道:"怎样呢?"张仪道:"替社稷设想,东方有极大的事变,王然后方可以割取土地。现在齐王很恨仪,仪所在的地方,他必定要起兵攻打。所以仪情愿以自己不才的身躯往大梁(魏国的都城),齐必定起兵打魏,齐、魏的兵结连于城下,不能解散;王乘空攻打韩国,侵入三川,从函谷关出兵,进逼西周,天子的祭器必定可以获得,然后挟持天下,按考图籍(地图和册表)。这乃是帝王的事业!"王道:"对的!"乃备下三十辆兵车,将张仪送进魏国。

齐国果然起兵攻打魏国,魏王大起恐慌。张仪道:"王不必忧虑,请令齐兵退去。"乃令他的亲近的人冯喜往楚国,由楚往齐。齐、楚的事已完毕,楚国的使者乃对齐王道:"王很恨张仪,但是,王将张仪委托于秦王,情意实在深厚。"齐王道:"寡人很恨张仪,张仪所在的地方,必要起兵去讨伐,何以委托张仪呢?"对道:"这正是王委托了张仪。张仪离开秦国时,本和秦王约道:'替王设计,必等东方有很大的事变,王然后可以多割取地。齐王很恨仪,仪所在的地方,必要起兵讨伐。所以仪情愿以不才的身躯往魏,齐必定起兵讨伐魏,魏和齐的兵结连在城下,不能分开;王乘空攻打韩国,侵入三川,从函谷关出兵,进逼西周,天子的祭器必定可以获得,然后挟持天子,按考图籍。这乃是帝王的事业!'秦王以为这话对,乃给张仪三十辆兵车,将他送进魏国。而王果然去攻打魏国,王乃是内里使自己疲敝,攻打同盟的国家,和邻国多结仇怨,使自己孤立,而使张仪的话见信于秦王。这乃是臣所谓'王委托了张仪'。"齐王道:"对!"乃停止攻打魏国。

昭阳为楚伐魏

昭阳为楚伐魏,覆军杀将,得八城,移兵而攻齐。陈轸为齐王使,见昭阳,再拜贺战胜。起而问:"楚之法,覆军杀将,其官爵何也?"昭阳曰:"官为上柱国,爵为上执珪。"陈轸曰:"异贵于此者何也?"曰:"唯令尹耳。"陈轸曰:"令尹贵矣,王非置两令尹也。臣窃为公譬,可也?楚有祠者,赐其舍人卮酒。舍人相谓曰:'数人饮之不足,一人饮之有余,请画地为蛇,先成者饮酒。'一人蛇先成,引酒且饮之,乃左手持卮,右手画蛇曰:'吾能为之足。'未成,一人之蛇成,夺其卮曰:'蛇固无足,子安能为之足?'遂饮其酒。为蛇足者,终亡其酒。今君相楚而攻魏,破军杀将,得八城,不弱兵;欲攻齐,齐畏公甚,公以是为名,足矣!官之上,非可重也,战无不胜,而不知止者,身且死,爵且后归,犹为蛇足也。"昭阳以为然,解军而去。

【译解】

昭阳替楚国攻打魏国,破灭军队,杀死将领,占领八个城,乃移转兵,攻打齐国。陈轸奉齐王的使令往见昭阳,再拜贺战事的胜利。站起身来,问昭阳:"照楚国的成法,破灭敌军,杀死敌将,应得什么官爵?"昭阳道:"官是上柱国,爵是上执珪。"陈轸道:"还有何官爵,较这个更尊贵?"昭阳道:"只有令尹。"陈轸道:"令尹是尊贵的,但是,楚王并不曾设置两个令尹。臣替公说一譬喻,可以吗?楚国有个人祭祀祖先后,将一卮(盛酒的器具)酒请他的亲近的人饮。他们乃互相商议道:'几个人共饮不够,一个人独饮又有余,让我们在地下画条蛇,先画成了的饮酒。'有一人蛇先画成,持着酒将饮,乃左手执着酒卮,右手画着蛇道:'我能添画蛇脚。'尚未画成,又有一人将蛇画成,乃将先一人的酒卮夺去,道:'蛇本来没有脚,你哪能替它添脚?"遂喝了他的酒。画蛇脚的人结果失去他的酒。现在,君辅佐楚国,攻打魏国,破灭军队,杀死将领,占领八个城池,兵力不曾疲敝;想攻打齐国,齐国极怕公,公以此闻名,也够了!公的官爵不能再叠加了,战争无不胜利,而不知道止住的,自身将被杀死,官爵将归属后人,就像画蛇添脚一般。"昭阳以为这话对,乃收兵退去。

秦攻赵长平

秦攻赵长平,齐、楚救之。秦计曰:"齐、楚救赵,亲则将退兵,不亲则且遂攻之。"赵无以食,请粟于齐,而齐不听。苏秦谓齐王曰:"不如听之,以却秦兵;不听则秦兵不却。是秦之计中,而齐、燕之计过矣!且赵之于燕、齐隐蔽也,齿之有唇也,唇亡则齿寒。今日亡赵,则明日及齐、楚矣!且夫救赵之务,宜若奉漏瓮,沃焦釜!夫救赵,高义也;却秦兵,显名也。义救亡赵,威却强秦兵,不务为此而务爱粟,则为国计者过矣。"

【译解】

秦国攻打赵国的长平,齐和楚往救赵国。秦国算计道:"齐和楚来救赵国,二国若和赵国团结,我们就退兵;不然,就乘势攻打他们。"赵国兵缺乏粮食,向齐国的军队借粟米,齐国不肯。苏秦对齐王道:"不如答应,以退却秦兵;若不答应,秦兵就不退却。这是中了秦国的计,而齐、燕的计划实在是错了!而且,赵乃是燕和齐的障蔽,就和牙齿有嘴唇一样,嘴唇如果丧失掉,牙齿就寒冷了。今天若灭去赵国,明天就轮到齐和楚。救赵国,应当像堵住破漏的瓮(陶器用来盛酒、醋的),

灌浇灼焦的锅一般急迫!救赵国有大义气,退秦兵有显耀的名声。有'救危亡的赵国'的义气,退去强秦的兵的威风,不企图做这些而贪爱粟米,替国家所筹划的,实在是错了。"

孟尝君将入秦

　　孟尝君将入秦,止者千数而弗听。苏秦欲止之,孟尝曰:"人事者,吾已尽知之矣;吾所未闻者,独鬼事耳!"苏秦曰:"臣之来也,固不敢言人事也。固且以鬼事见君。"孟尝君见之。谓孟尝君曰:"今者臣来,过于淄上,有土偶人与桃梗相与语。桃梗谓土偶人曰:'子西岸之土也,挺子以为人。至岁八月,降雨下,淄水至,则汝残矣!'土偶曰:'不然。吾西岸之土也,土则复西岸耳。今子东国之桃梗也,刻削子以为人,降雨下,淄水至,流子而去,则子漂漂者,将何如耳!'今秦四塞之国,譬若虎口,而君入之,则臣不知君所出矣。"孟尝君乃止。

【译解】

　　孟尝君将进秦国,来谏止他的有上千人,孟尝君都不听。苏秦想谏止他,孟尝君道:"凡关于人事的,我全已知道。我所不知道的,独有关于鬼的事啊!"苏秦道:"臣此次来,本不敢讲人事。臣本将以谈论鬼的事来见君。"孟尝君乃会见他。苏秦向孟尝君道:"此次臣来时,经过淄水之上,看见有一土偶人和一桃木刻的人互相在谈话。桃木刻的人对土偶人说道:'你是西岸的泥土,被治成人形。到了八月里,下大雨,淄水冲下,你就毁了!'土偶人道:'不对。我是西岸的泥土,我毁坏后,仍旧复归西岸。现在你是东国的桃木梗,刻削成人形,下大雨,淄水淹来,将你冲去,你将飘飘的,不知流到何处去了!'现在秦国是四面险固的国家,譬如虎口,而君进去,臣就不知君从哪条路逃生了。"孟尝君乃将进秦的念头打消。

孟尝君在薛

孟尝君在薛,荆人攻之。淳于髡为齐使于荆,还反过薛,而孟尝令人体貌,而亲郊迎之。谓淳于髡曰:"荆人攻薛,夫子弗忧,文无以复侍矣!"淳于髡曰:"敬闻命。"至于齐,毕报。王曰:"何见于荆?"对曰:"荆甚固,而薛亦不量其力。"王曰:"何谓也?"对曰:"薛不量其力,而为先王立清庙。荆固而攻之,清庙必危。故曰薛不量力,而荆亦甚固。"齐王和其颜色曰:"嘻!先君之庙在焉!"疾兴兵救之。颠蹶之请,望拜之谒,虽得,则薄矣。善说者,陈其势,言其方。人之急也,若自在隘窘之中,岂用强力哉!

【译解】

孟尝君在薛,荆人去攻打薛,淳于髡替齐国出使于荆,回去时,经过薛,孟尝君令人加以礼貌,亲去迎接。对淳于髡道:"荆人攻打薛,先生不忧愁,文不能再侍候先生了!"淳于髡道:"遵命了。"淳于髡回到齐国,将使命报告完毕,齐王道:"在荆看见些什么?"淳于髡道:"荆很顽固,而薛也不自量力。"齐王道:"这是怎讲呢?"淳于髡对道:"薛不自量力,替先王建立宗庙。荆不讲理,加以攻打,宗庙必危险。所以说:薛不量力,而荆也很固执。"齐王面色变柔和,道:"啊,先君的庙在薛!"疾速起兵去救薛。颠蹶着去请求,跪拜着诉告,虽得着救援,力量终薄弱。善于辞说的,陈说形势,讲论方法;他人遇到了急难,像自己在困难中,想求解脱似的,何用强力呢!

孟尝君舍人

孟尝君舍人有与君之夫人相爱者,或以问孟尝君曰:"为君舍人,而内与夫人相爱,亦甚不义矣!君其杀之!"君曰:"睹貌而相悦者,人之情也。其错之,勿言也。"居期年,君召爱夫人者,而谓之曰:"子与文游久矣,大官未可得,小官公又弗欲。卫君与文布衣交,请具车马皮币,愿君以此从卫君游!"于卫甚重。齐、卫之交恶,卫君甚欲约天下之兵以攻齐。是人谓卫君曰:"孟尝君不知臣不肖,以臣欺君。且臣闻齐、卫先君,刑马压羊,盟曰:'齐、卫后世,无相攻伐;有相攻伐者,令其命如此!'今君约天下之兵以攻齐,是足下倍先君盟约,而欺孟尝君也。愿君勿以齐为心!君听臣则可,不听臣,若臣不肖也,臣辄以颈血湔足下衿!"卫君乃止。齐人闻之曰:"孟尝君可语善为事矣,转祸为功。"

【译解】

孟尝君有一亲近的人,和孟尝君的夫人私通。有人报告孟尝君道:"做君的亲近的人,而内里和君的夫人私通,也太不义气了!君将他杀掉!"孟尝君道:"看见美貌而互相恋爱,乃是人的常情。将此事搁下,不必说。"过了一年,召私通夫人的人来,对他讲道:"你和文交游很久了,大官不能得着,小官你又不肯做。卫君和文是道义之交,请预备车马皮币,愿君携此往卫国,和卫君交游。"此人即至卫国,很受卫君器重。当齐、卫邦交恶劣时,卫君很想约天下诸国的兵,攻打齐国。此人乃向卫君道:"孟尝君不知臣无才能,而推荐于君,而且,臣闻听齐、卫上代的国君,曾杀羊宰马,共同盟誓道:'齐、卫的后代,不许彼此攻伐;有彼此攻伐的,令他们的命像这马和羊一样!'现在,君约天下的兵去攻打齐国,这乃是违背先君的盟约,而欺骗孟尝君。愿君去掉伐齐的念头!君听臣的话就罢了,不然,像臣这样的不肖之人,也要将以颈上的血溅在足下的衣衿上!"卫君乃中止伐齐。齐国人闻听此事,道:"孟尝君可谓善于治事的了,将祸患转为事功。"

译解战国策

孟尝君有舍人而弗悦

孟尝君有舍人而弗悦,欲逐之。鲁连谓孟尝君曰:"猿狝猴错木据水,则不若鱼鳖;历险乘危,则骐骥不如狐狸。曹沫之奋三尺之剑,一军不能当,使曹沫释其三尺之剑而操铫耨,与农夫居垄亩之中,则不若农夫。故物舍其所长,之其所短,尧亦有所不及矣。今使人而不能,则谓之不肖;教人而不能,则谓之拙。拙则罢之,不肖则弃之。使人有弃逐,不相与处,而来害相报者,岂非世之立教首也哉?"孟尝君曰:"善!"乃弗逐之。

【译解】

孟尝君看不起某舍人,想逐去他,鲁仲连向孟尝君道:"猿和狝猴离开树木,住近水面,就不如鱼鳖灵活;骐骥若经历危险,就不如狐狸便捷。曹沫举起三尺长剑,一军都不能抵挡,假使曹沫释去他的三尺长剑,操持除草的器具,和农夫处在田野里,就不如农夫了。所以凡物舍其所长,用其所短,即使尧也有做不到的事。现在差遣别人做事,若不会做,就称他'无用';教导别人做事,若不能做,就称他'笨拙'。'笨拙'的人被罢去,'无用'的人被遗弃。众人弃逐这般人,不和他们同处,他们必定来谋害我们,以报往日的怨仇,这难道就是世间设立教化的目的吗?"孟尝君道:"对的!"乃不驱逐舍人。

孟尝君出行国

孟尝君出行国,至楚,献象床。郢之登徒直使送之,不欲行。见孟尝君门人公孙戍曰:"臣郢之登徒也,直送象床。象床之直千金,伤此若发漂,卖妻子不足偿之。足下能使仆无行,先人有宝剑,愿得献之。"公孙曰:"诺!"

入见孟尝君曰:"君岂受楚象床哉?"孟尝君曰:"然。"公孙戍曰:"臣愿君勿受!"孟尝君曰:"何哉?"公孙戍曰:"小国所以皆致相印于君者,闻君于齐能振达贫穷,有存亡继绝之义。小国英桀之士,皆以国事累君,诚说君之义,慕君之廉也。今君到楚,而受象床,所未至之国,将何以待君?臣戍愿君勿受!"孟尝君曰:"诺!"

公孙戍趋而去,未出,至中闺,君召而返之曰:"子教文无受象床,甚善!今何举足之高,志之扬也?"公孙戍曰:"臣有大喜三,重之宝剑一。"孟尝君曰:"何谓也?"公孙戍曰:"门下百数,莫敢入谏,臣独入谏,臣一喜;谏而得听,臣二喜;谏而止君之过,臣三喜。输象床,郢之登徒不欲行,许戍以先人之宝剑。"孟尝君曰:"善!受之乎?"公孙戍曰:"未敢!"曰:"急受之!"因书门版曰:"有能扬文之名,止文之过,私得宝于外者,疾入谏!"

【译解】

孟尝君出外按行各国,到楚国,楚国以象牙制的床献给孟尝君。郢人姓登徒的被差遣往送这礼物,登徒氏不愿去。去见孟尝君的门人公孙戍道:"臣是郢地姓登徒的,被派往送象牙床。象牙将值千金,像发尖一般细巧,容易损坏,虽卖去妻子,都不够赔偿。足下若能使我不送这象牙床,先人有一宝剑,情愿献给你。"公孙戍道:"可以。"

乃进去见孟尝君道:"君是不是要受楚国的象牙床呢?"孟尝君道:"是的!"公孙戍道:"臣愿君不要受!"孟尝君道:"为何呢?"公孙戍道:"小国所以都送相印给君,乃是闻君在齐国能提拔贫穷的人,有存亡继绝的义气。小国的英明俊杰之士,都以国事委托给君,实在是喜欢君的义气,仰慕君的廉洁。现在君到楚国,就受象牙床,君所未曾到的国,将以何物接待君呢?臣戍愿君不要接受!"孟尝君道:"可以!"

公孙戍很快地走去,不曾走出,刚到小门,孟尝君召他回去问道:"你教文不要受象牙床,很好。现在你为何趾高气扬的呢?"公孙戍道:"臣有三件大喜事,更有一支宝剑。"孟尝君道:"此言何谓?"公孙戍道:"门下有上百人,无人敢进谏,臣独自进谏,是臣第一件可喜的事;谏而得君听从,是臣第二件可喜的事;进谏而能止君的过失,是臣第三件可喜的事。那送象牙床的姓登徒的郢人不愿去,将他祖上的宝剑许给我。"孟尝君道:"很好！你接受了吗？"公孙戍道:"尚未敢受！"孟尝君道:"可疾速收下！"乃在门版上面写道:"有能扬文的声名,止文的过失,私自在外面得珍宝的,疾速进谏！"

淳于髡一日而见七人于宣王

淳于髡一日而见七人于宣王。王曰："子来，寡人闻之，千里而一士，是比肩而立；百世而一圣，若随踵而至也。今子一朝而见七士，则士不亦众乎？"淳于髡曰："不然！夫鸟同翼者而聚居，兽同足者而俱行。今求柴胡、桔梗于沮泽，则累世不得一焉。及之睪黍、梁父之阴，则郄车而载耳！夫物各有畴，今髡，贤者之畴也。王求士于髡，譬若挹水于河，而取火于燧也。髡将复见之，岂特七士也？"

【译解】

淳于髡一天内在齐宣王面前引见七个人。齐宣王道："你啊，寡人听说：'千里间若有一个士人，犹若并肩站立；百世间若有一个圣人，犹若紧接着到来。'现在你一天引见七个士人，士人不太多了吗？"淳于髡道："不对！鸟羽毛相同的，聚在一处；兽脚爪相同的，一块行走。在卑湿的地方寻求柴胡和桔梗，一辈子都得不到一点；到了睪黍和梁父的北面，可以将车子装满，重得推不动！物各有种类，现在髡属于贤人一类，王向髡求士人，譬如在河里取水，从燧（取火的器具）取火。髡将引见更多的士人，岂独七个？"

齐欲伐魏

齐欲伐魏,淳于髡谓齐王曰:"韩子卢者,天下之疾犬也。东郭逡者,海内之狡兔也。韩子卢逐东郭逡,环山者三,腾山者五。兔极于前,犬废于后,犬兔俱罢,各死其处。田父见之,无劳倦之苦,而擅其功。今齐、魏久相持,以顿其兵,弊其众,臣恐强秦、大楚承其后,有田父之功。"齐王惧,谢将休士也。

【译解】

齐国要讨伐魏国,淳于髡对齐王道:"韩子卢是天下奔跑最快的狗,东郭逡是海内最敏捷的兔子。韩子卢追东郭逡,环绕着山跑了三圈,朝山上腾跃了五次。兔子力竭于前,狗困极于后,狗和兔子全疲敝死了。农夫见了,不费劳力,专有其功。如果齐、魏长久相持,使兵卒劳苦,百姓困敝,臣恐怕强大的秦、楚乘隙起事,收'农夫的功'!"齐王听了恐惧,乃收兵息将,不再伐魏。

国子曰

国子曰:"秦破马服君之师,围邯郸。齐、魏亦佐秦伐邯郸,齐取淄鼠,魏取伊是。公子无忌为天下循便计,杀晋鄙,率魏兵以救邯郸之围,使秦弗有而失天下,是齐入于魏而救邯郸之功也。安邑者,魏之柱国也;晋阳者,赵之柱国也;鄢郢者,楚之柱国也。故三国欲与秦壤界。秦伐魏,取安邑;伐赵,取晋阳;伐楚,取鄢郢矣。覆三国之君,兼二周之地,举韩氏取其地,且天下之半!今又劫赵、魏,疏中国,封卫之东野,兼魏之河南,绝赵之东阳,则赵、魏亦危矣。赵、魏危,则非齐之利也。韩、魏、赵、楚之志,恐秦兼天下而臣其君,故专兵一志,以逆秦。三国之于秦壤界而患急,齐不与秦壤界而患缓,是以天下之势,不得不事齐也。故秦得齐,则权重于中国;赵、魏、楚得齐,则足以敌秦。故秦、赵、魏得齐者重,失齐者轻。齐有此势,不能以重于天下者,何也?其用者过也。"

【译解】

国子说:"秦攻破马服君的兵,围困邯郸。齐、魏也助秦攻打邯郸,齐国占领淄鼠,魏国占领伊是。魏公子无忌为天下行便宜之计,杀晋鄙,率领魏兵,去解邯郸之围,使秦国不能占有赵国而失去天下，皆是齐兵加入魏兵、合救邯郸之功。安邑是魏国的都城，晋阳是赵国的都城，鄢郢是楚国的都城，所以楚、赵、魏三国本和秦国的疆界相接。秦国若攻打魏国，则占领安邑；攻打赵国，则占领晋阳；攻打楚国，则占领鄢郢。覆灭三国的君主，兼并二周的土地，再攻破韩国，占有其土地，秦国的地将有天下的一半了！现在秦又劫掠赵、魏，分剖中国，封锁卫国的东野，兼并魏国河南的地，断绝赵国的东阳，赵、魏也就危险了。赵、魏危险，并不是齐国的利益。韩、赵、楚、魏的意思是恐怕秦国兼并天下，臣服诸侯，所以专兵一志，抵拒秦国。赵、魏、楚三国和秦国交界，忧患急迫；齐不和秦交界，忧患稍形和缓，所以依天下的形势，诸国不得不倚重齐国。秦若得齐的援助，势力就见重于中国；赵、魏、楚若得齐的援助，就足以和秦国对敌。所以秦、楚、赵、魏四国，得齐的援助，势力就增重，失去齐的援助，势力就减轻。齐国有此势力，而不能见重于天下，这是何故呢？因为它的政策失当了。"

齐人有冯谖者

　　齐人有冯谖者,贫乏不能自存,使人属孟尝君,愿寄食门下。孟尝君曰:"客何好?"曰:"客无好也。"曰:"客何能?"曰:"客无能也。"孟尝君笑而受之曰:"诺。"左右以君贱之也,食以草具。

　　居有顷,倚柱弹其剑,歌曰:"长铗归来乎!食无鱼!"左右以告。孟尝君曰:"食之,比门下之客。"居有顷,复弹其铗,歌曰:"长铗归来乎!出无车!"左右皆笑之,以告。孟尝君曰:"为之驾,比门下之车客。"于是乘其车,揭其剑,过其友曰:"孟尝君客我!"后有顷,复弹其剑铗,歌曰:"长铗归来乎!无以为家!"左右皆恶之,以为贪而不知足。孟尝君问:"冯公有亲乎?"对曰:"有老母。"孟尝君使人给其食用,无使乏,于是冯谖不复歌。

　　后孟尝君出记,问门下诸客:"谁习计会,能为文收责于薛者乎?"冯谖署曰:"能。"孟尝君怪之曰:"此谁也?"左右曰:"乃歌夫'长铗归来'者也!"孟尝君笑曰:"客果有能也!吾负之,未尝见也。"请而见之,谢曰:"文倦于事,愦于忧,而性懧愚;沉于国家之事,开罪于先生。先生不羞,乃有意欲为收责于薛乎?"冯谖曰:"愿之。"于是约车治装,载券契而行,辞曰:

"责毕收,以何市而反?"孟尝君曰:"视吾家所寡有者。"

驱而之薛,使吏召诸民当偿者,悉来合券。券遍合,起矫命,以责赐诸民,因烧其券,民称万岁。长驱到齐,晨而求见。孟尝君怪其疾也,衣冠而见之,曰:"责毕收乎?来何疾也?"曰:"收毕矣。""以何市而反?"冯谖曰:"君云,视吾家所寡有者。臣窃计,君宫中积珍宝,狗马实外厩,美人充下陈,君家所寡有者,以义耳。窃为君市义。"孟尝君曰:"市义奈何?"曰:"今君有区区之薛,不拊爱子其民,因而贾利之。臣窃矫君命,以责赐诸民,因烧其券,民称万岁。乃臣所以为君市义也。"孟尝君不说曰:"诺!先生休矣!"

后期年,齐王谓孟尝君曰:"寡人不敢以先王之臣为臣!"孟尝君就国于薛,未至百里,民扶老携幼,迎君道中。孟尝君顾谓冯谖:"先生所为文市义者,乃今日见之。"冯谖曰:"狡兔有三窟,仅得免其死耳。今君有一窟,未得高枕而卧也。请为君复凿二窟!"孟尝君予车五十乘,金五百斤,西游于梁,谓惠王曰:"齐放其大臣孟尝君于诸侯,诸侯先迎之者,富而兵强。"于是梁王虚上位,以故相为上将军,遣使者,黄金千斤,车百乘,往聘孟尝君。冯谖先驱,诫孟尝君曰:"千金,重币也,百乘,显使也,齐其闻之矣。"梁使三反,孟尝君固辞不往也。齐王闻之,君臣恐惧,遣太傅赍黄金千斤,文车二驷,服剑一,封书,谢孟尝君曰:"寡人不祥,被于宗庙之祟,沉于谄谀之臣,开罪于君。寡人不足为也。愿君顾先王之宗庙,姑反国,统万人乎!"冯谖诫孟尝君曰:"愿请先王之祭器,立宗庙于薛!"庙成,还报孟尝君曰:"三窟已就,君姑高枕为乐矣!"孟尝君为相数十年,无纤介之祸者,冯谖之计也。

【译解】

齐国有个人名叫冯谖的,穷得不能过活,乃令人去托孟尝君,说情愿做他的门客,依赖他供给衣食。孟尝君问道:"客有什么嗜好?"答道:"客没有嗜好。"问道:"客有什么才能呢?"答道:"客没有才能。"孟尝君笑着答应道:"好吧。"左右的人因为看见孟尝君轻视这位门客,乃将最粗陋的食品给他吃。

过了些时,冯谖倚着柱子击着剑歌唱道:"长剑回去吧,没有鱼吃啊!"左右的人告诉了孟尝君,孟尝君道:"给他鱼吃,和门下吃鱼的客人一样。"过了些时,冯谖又击着剑歌唱道:"长剑回去吧,出外没有车子坐啊!"左右的人都笑他,将此事告诉孟尝君,孟尝君道:"替他预备车子,和门下乘车的客人一样。"于是冯谖乃坐着他的车子,带着他的剑,去访他的友人道:"孟尝君殷勤地款待我!"过了些时,冯谖又击着剑歌唱道:"长剑回去吧,不能养家啊!"左右的人都厌恶他,以为他贪心不知足。孟尝君问:"冯公有亲属吗?"答道:"有老母。"孟尝君令人周给她衣食费用,不使她穷困,于是冯谖不再唱歌了。

后来,孟尝君出一布告,问门下的客人:"谁熟习会计学,能替文往薛收债的吗?"冯谖署名道:"我愿意。"孟尝君奇怪道:"这是谁呢?"左右的人回道:"乃是唱'长剑回去吧'的人。"孟尝君笑道:"客果然有本事!我对不住他,不曾高看。"乃请求会见。谢罪道:"文因为事务繁冗,心力俱疲,忧思昏乱;生性又愚笨懦弱,被国家的公事纠缠,得罪了先生。先生居然不介怀,愿意替我往薛收债吗?"冯谖道:"愿意的。"于是套好车子,治理行装,载着债券、契约出发。辞行时问道:"债收完时,买些什么回来?"孟尝君道:"买我家里所少有的东西。"

冯谖到了薛,令吏人去召集应当还债的百姓,都来对券。债券对完后,假传命令,将收的债都赐给百姓,将券烧了。百姓都称万岁。冯谖马不停蹄,一路赶回齐国,清晨便去见孟尝君。孟尝君奇怪他回来得太快,整理了衣冠,会见他道:"债收完了吗?怎样回来得这般快呢?"道:"收完了。"孟尝君道:"买了些什么回来呢?"冯谖道:"君说:'看我家里所少有的东西。'臣私自考虑,君宫中聚积珍宝,外面的厩内充满了狗和马,后宫内住满了美人,我以为君家所少有的就是'义'啊!窃自替你买了些'义'!"孟尝君道:"义怎样买呢?"答道:"现在君有很小的薛,而不像对待子女一样爱那里的人,反向他们渔利。臣窃自假传君的命令,将债赐给百姓,烧了契券,百姓称:万岁!这就是臣替君买的'义'。"孟尝君不高兴道:"差不多了!先生去休息吧!"

过了一年,齐王向孟尝君道:"寡人不敢以先王的臣子做我的臣子。"孟尝君乃回归薛,离薛不到百里,百姓扶着老的,挽着小的,在路上迎接孟尝君。孟尝君向冯谖道:"先生替文买的'义',今天方才看见。"冯谖道:"敏捷的兔子有三个洞穴,仅能够免死。现在君只有一个'洞',还不能高枕无忧呢!请替君再凿两个洞!"孟尝君给他五十辆兵车,五百斤金子。冯谖乃西面到梁,对惠王说:"齐国将他的大臣孟尝君放逐在外,诸侯先迎接他的,可以国富兵强。"于是梁王乃将宰相的位置腾空,令宰相做上将军,差遣使者,带了黄金一千斤,兵车百辆,去聘请孟尝君。冯谖在前面先行,告诉孟尝君道:"千斤黄金,是很贵重的货币;百辆兵车,是很有排场的出使。此事齐国大约已经听到了。"梁的使者来回三次,孟尝君坚辞不去。齐王听见了,君臣都害怕,差遣太傅,赠送黄金一千斤,画彩的车子两辆,王自佩的宝剑,给孟尝君,书信内向孟尝君谢罪道:"寡人不吉祥,被宗庙的鬼神降祸,又被朝内的谄谀之臣迷惑,得罪了君。寡人不配任事。愿君顾念先王的宗庙,姑且回国来,统率百姓。"冯谖教孟尝君道:"愿请出先王的祭器,在薛立个宗庙。"庙既造成,冯谖回报孟尝君道:"三个'洞'都已造就,君姑且可以高枕无忧了!"孟尝君做宰相几十年,没有被着丝毫的灾祸,都是依靠冯谖的出谋划策。

孟尝君为从

　　孟尝君为从,公孙弘谓孟尝君曰:"君不以使人先观秦王,意者秦王帝王之主也,君恐不得为臣,奚暇从以难之?意者秦王不肖之主也,君从以难之,未晚。"孟尝君曰:"善!愿因请公往矣!"公孙弘敬诺,以车十乘之秦。

　　昭王闻之,而欲丑之以辞。公孙弘见,昭王曰:"薛公之地,大小几何?"公孙弘对曰:"百里。"昭王笑而曰:"寡人地数千里,犹未敢以有难也。今孟尝君之地方百里,而因欲难寡人,犹可乎?"公孙弘对曰:"孟尝君好人,大王不好人。"昭王曰:"孟尝君之好人也,奚如?"公孙弘曰:"义不臣乎天子,不友乎诸侯,得志,不惭为人主,不得志,不肯为人臣,如此者三人;而治可为管、商之师,说义听行,能致其如此者五人;万乘之严主也,辱其使者,退而自刎,必以其血洿其衣,如臣者十人。"昭王笑而谢之曰:"客胡为若此,寡人直与客论耳。寡人善孟尝君,欲客之,必谕寡人之志也。"公孙弘曰:"敬诺。"公孙弘可谓不侵矣。昭王,大国也。孟尝,千乘也。立千乘之义而不可陵,可谓足使矣!

【译解】

　　孟尝君谋合从,公孙弘向孟尝君道:"君何不使人先去观察观察秦王?或者秦王是做帝王的君主,君恐怕不能做他的臣子,哪有工夫合从,和他为难呢?或者秦王是一个不成器的君主,君再合从,和他为难,也不为迟。"孟尝君道:"好!你要是愿意的话,就请你替我去一次秦国吧。"

公孙弘答应了,带着十辆兵车,来到秦国。昭王听见了,想用话使他难堪。公孙弘见昭王,昭王道:"薛公的土地有多大?"公孙弘道:"一百里。"昭王笑起来道:"寡人的土地有几千里,还不敢和人为难。现在孟尝君的土地只有百里见方,就想和寡人为难,他疯了吗?"公孙弘对道:"孟尝君尊重人才,大王不尊重人才。"昭王道:"孟尝君怎样尊重人才呢?"公孙弘道:"主持正义,不替天子做臣,不和诸侯做友,得志后,不以做人主为惭愧,不得志,不肯做人的臣子,这样的有三人;治理天下,可做管仲、商鞅的师傅,陈说义理,让主公听到了就能实行,能够达到如此境界的,有五人;拥有万辆兵车的威严君主,假使侮辱了他的使者,退后必自杀,必将血溅染到君主的衣服上,像臣这般,共有十人。"昭王笑着谢罪道:"客何必如此?寡人不过和你聊天罢了。寡人喜欢孟尝君,很想款待他,请务必将寡人的意思向他说明。"公孙弘道:"可以。"公孙弘可算得不受侵犯的了。昭王是大国的君主,孟尝君不过是只有千辆兵车的小国的大夫。立足于小国的道义而不可加以侮慢,公孙弘可以说是一个真正的使者了!

孟尝君逐于齐而复反

孟尝君逐于齐而复反。谭拾子迎之于境。谓孟尝君曰:"君得无有所怨齐士大夫?"孟尝君曰:"有!""君满意杀之乎?"孟尝君曰:"然!"谭拾子曰:"事有必至,理有固然,君知之乎?"孟尝君曰:"不知。"谭拾子曰:"事之必至者,死也;理之固然者,富贵则就之,贫贱则去之。此事之必至,理之固然者。请以市谕。市,朝则满,夕则虚,非朝爱市而夕憎之也,求存故往,亡故去。愿君勿怨!"孟尝君乃取所怨五百牒,削去之,不敢以为言。

【译解】

孟尝君被齐国逐出,后又回国,谭拾子在国境上迎接他。问孟尝君道:"君对于齐国的士大夫,心中有怨恨的吗?"孟尝君道:"有的!"谭拾子道:"事情有必定发生的,情理有固定不变的,君知道吗?"孟尝君道:"不知道。"谭拾子道:"事情必定要发生的乃是死,情理固定不变的乃是:'富贵的就往依就,贫贱的就离开他去。'这就是必定发生的事,和固定不变的理。我再请用市场来解释:市场早晨人满,日暮空虚,并不是人们早晨喜欢市场,日暮厌恨市场,因为所需要的在那里,所以人就来了;因为所需要的不在那里,所以人就不来了。愿君不要怨恨那些大臣!"孟尝君乃将所怨恨的五百人的名字刻在木牍上面的,全部削去,不敢再提起这件事。

齐宣王见颜斶

齐宣王见颜斶曰:"斶前!"斶亦曰:"王前!"宣王不悦。左右曰:"王,人君也,斶,人臣也,王曰斶前,亦曰王前,可乎?"斶对曰:"夫斶前为慕势,王前为趋士。与使斶为趋势,不如使王为趋士。"王忿然作色曰:"王者贵乎?士贵乎?"对曰:"士贵耳,王者不贵。"王曰:"有说乎?"斶曰:"有。昔者秦攻齐,令曰:'有敢去柳下季垄五十步而樵采者,死不赦!'令曰:'有能得齐王头者,封万户侯,赐金千镒。'由是观之,生王之头,曾不若死士之垄也。"宣王默然不悦。

左右皆曰:"斶来!斶来!大王据千乘之地,而建千石钟,万石虡。天下之士,仁义皆来役处,辩知并进,莫不来语,东西南北,莫敢不服。求万物无不备具,而百姓无不亲附。今夫士之高者,乃称匹夫,徒步而处农亩,下则鄙野、监门、闾里,士之贱也,亦甚矣!"斶对曰:"不然。斶闻古大禹之时,诸侯万国。何则?德厚之道,得贵士之力也。故舜起农亩,出于岳鄙,而为天子。及汤之时,诸侯三千。当今之世,南面称寡者乃二十四。由此观之,非得失之策与?稍稍诛灭,灭亡无族之时,欲为监门、闾里,安可得而有乎哉?是故《易传》不云乎:'居上位,未得其实;以喜其为名者,必以骄奢为行;据慢骄奢,则凶从之。'是故无其实而喜其名者削,无德而望其福者约,无功而受其禄者辱,祸必握。故曰:'矜功不立,虚愿不至。'此皆幸乐其名,华而无其实德者也。是以尧有九佐,舜有七友,禹有五丞,汤有三辅。自古及今,而能虚成名于天下者无有。是以君王无羞亟问,不愧下学,是故成其道德,而扬功名于后世者,尧、舜、禹、汤、周文王是也。故曰:'无形者,形之君也。无端者,事之本也。'夫上见其原,下通其流,至圣人明学,何不吉之有哉!老子曰:'虽贵,必以贱为本,虽高,必以下为基,是以侯王称孤寡不穀,是其贱之本与!非夫孤寡者,人之困贱下位也,而侯王以自谓,岂非下人,而尊贵士与?夫尧传舜,舜传禹,周成王任周公旦,而世世称曰明主,是以明乎士之贵也。"

宣王曰:"嗟乎!君子焉可侮哉,寡人自取病耳!及今闻君子之言,乃今闻细人之行,愿请受为弟子!且颜先生与寡人游,食必太牢,出必乘车,妻子衣服丽都。"颜斶辞去,曰:"夫玉生于山,制则破焉,非弗宝贵矣,然夫璞不完。士生乎鄙野,推选则禄焉,非不得尊遂也,然而形神不全。斶愿得归,晚食以当肉,安步以当车,无罪以当贵,清静贞正以自虞。制言者,王也,尽忠直言者,斶也,言要道已备矣,愿得赐归,安行而反臣之邑屋!"则再拜而辞去也。斶知足矣,归反朴,则终身不辱也。

【译解】

齐宣王见颜斶,道:"斶,前来!"颜斶也道:"王,前来!"宣王听了不快活,左右的侍臣道:"王是人君,斶是人臣,王说'斶,前来',你也说'王,前来',可以吗?"颜斶答道:"斶前去,是趋从势利,王前来,是仰慕士人。与其令斶趋从势利,不如令王仰慕士人。"王狠狠地道:"王尊贵呢?还是士人尊贵呢?"答道:"士人尊贵,王不尊贵。"王道:"可有什么理由吗?"颜斶道:"有的。从前,秦国攻打齐国时,下令道:'有人敢在柳下季的坟五十步内樵采的,杀死不赦。'又下令道:'有人能够得着齐王的头的,封他做万户侯,赐金三万两。'由此看来,活着的王的头,反不如死了的士人的坟墓。"宣王听了不响,心里不快活。

左右的侍臣都道:"斶啊!斶啊!大王据有可出一千辆兵车的土地,建造千石重的钟,万石重的悬乐器的架子;天下的士人,行仁义的,都来服役,明察有智的,俱来进见,和王谈论,东西南北,四方的人,莫敢不服从;万物所需要的,莫不齐备,而百姓没有不亲附的。现在的士人,高尚的,不过称作'匹夫',步行而住在农村田亩间;不济的,则住在郊外,帮人看门,走街串巷。士人也太卑贱了!"颜斶答道:"不对。斶听说:古来大禹的时候,诸侯共有万国。这是什么缘故呢?就是因为德行厚大,又得着尊贵的士人的力助,所以舜从田亩中兴起,从乡野间出来,而做天子。等到汤的时候,诸侯有三千人。现代南面称'寡人'的,只有二十四人。这样看来,不是因为政策的得失的不同吗?渐渐地遭翦除而灭亡,那时虽想帮人看门、走街串巷,哪里可以得有呢?所以《易传》不曾说吗:'身居高位,不曾得着实际;而喜欢虚名的,行事必定骄奢;傲慢骄奢,凶祸必随降临。'所以没有实际而徒喜虚名的,必遭侵削;没有德行而希望受福的,必定困窘;没有功劳而享受爵禄的,必被侮辱,灾祸必深重。所以说:'矜伐功劳的,个人终不能安立;虚有愿望的,愿望终不会达成。'这都是只喜虚名,华而不实的人。所以尧有九个辅佐,舜有七个至友,禹有五个丞相,汤有三个辅弼。从古到今,没有能够虚空无物而成名于天下的。贤明的君主可以屡次向人提问,可以向自己的臣子求教,所以他们能完成道德,而显扬功名于后世,就像尧、舜、禹、汤和周文王。所以说:'无形主宰有形,无事影响有事。'上能察见根源,下能通达流派,圣人明白学理,哪有不吉祥的事呢?老子说:'虽然尊贵,必定要以卑贱为根本;虽然高大,必定要以低下为基础。'所以诸侯国王自称'孤''寡''不榖',这就是以卑贱作根本吧!孤寡是人中困苦卑贱的,处于低下的地位,然而侯王用来称自己,岂不是对人谦卑,而尊贵士人吗?尧传天下给舜,舜传给禹,周成王重任周公旦,然而后世称他们为'明主',由此我知道,士人是尊贵的。"

宣王道:"唉!君子哪里可以加以侮慢?寡人自讨苦吃哟!现在才听见君子的言论,晓得小人的行事,我愿意做你的学生。并且颜先生和寡人游处,食时必有肉吃,出外必坐车,妻子的衣服华丽。"颜斶告辞要走道:"玉生在山冈,加以造作,就破坏了,并不是不宝贵,可是不如不曾琢的玉完全。士人生在乡野,加以推举选用,就受俸禄,并不是不尊贵,可是形神因此不完全了。斶情愿回去,迟点进食,当作吃肉;安适步行,当作坐车;没有罪过,当作尊贵;清静正直,来保护自己。制作号令的是王,尽忠直说的是斶,所说的要紧的道理已完了,愿让臣回去,安适地走回臣的故乡的住宅。"于是向王下拜告辞。颜斶可以说知足了,回复天真,返归朴宝,终身就不受耻辱了。

先生王斗造门而欲见齐宣王

先生王斗造门而欲见齐宣王,宣王使谒者延入。王斗曰:"斗趋见王,为好势;王趋见斗,为好士。于王何如?"使者复还报。王曰:"先生徐之,寡人请从!"宣王因趋而迎之于门,与入曰:"寡人奉先君之宗庙,守社稷,闻先生直言正谏不讳?"王斗对曰:"王闻之过。斗生于乱世,事乱君,焉敢直言正谏!"宣王忿然作色不说。

有间,王斗曰:"昔先君桓公所好者,九合诸侯,一匡天下,天子受籍,立为大伯。今王有四焉。"宣王说,曰:"寡人愚陋,守齐国,唯恐失抚之,焉能有四焉?"王斗曰:"否!先君好马,王亦好马;先君好狗,王亦好狗;先君好酒,王亦好酒;先君好色,王亦好色;先君好士,是王不好士。"宣王:"当今之世无士,寡人何好?"王斗曰:"世无骐骥、騄耳,王驷已备矣;世无东郭、俊卢氏之狗,王之走狗已具矣;世无毛嫱、西施,王宫已充矣。王亦不好士也,何患无士?"王曰:"寡人忧国爱民,固愿得士以治之。"王斗曰:"王之忧国爱民,不若王爱尺縠也。"王曰:"何谓也?"王斗曰:"王使人为冠,不使左右便辟,而使工者何也?为能之也。今王治齐,非左右便辟无使也,臣故曰,不如爱尺縠也。"宣王谢曰:"寡人有罪国家。"于是举士五人,任官。齐国大治。

【译解】

　　王斗登门造访,要见齐宣王。宣王叫传达的使者请他进来。王斗道:"斗前去见王,是好慕势利;王前来见斗,是好慕士人。王预备怎样呢?"使者回报,王道:"先生稍等,让寡人前来。"宣王乃前去到门口迎接,和他一齐进来,道:"寡人继承先王的祖庙,保守社稷,听说先生直说正谏,不避忌讳?"王斗对道:"王听说的传闻过实。斗生在乱世,侍候昏乱的国君,哪里敢直说正谏!"宣王满脸怒气,不高兴。

　　过了一会,王斗道:"从前,先君桓公所喜欢的是:九次会合诸侯,匡正天下,天子亲授封地的疆界,立为大伯。现在王有四点和他相同哩!"宣王高兴道:"寡人愚蠢无识,守齐国,唯恐有错失,怎么会有四点相同呢?"王斗道:"不是!先君喜欢马,王也喜欢马;先君喜欢狗,王也喜欢狗;先君喜欢酒,王也喜欢酒;先君喜欢女色,王也喜欢女色;先君喜欢士人,可是王不喜欢士人。"宣王道:"现代没有士人,叫寡人喜欢谁呢?"王斗道:"世间没有骐骥、骡耳等好马,王驾车的马已齐备了;世间没有东郭、俊卢氏等好狗,王的走狗已全有了;世间没有毛嫱、西施般的美人,王的后宫已经充实了。王不过是不喜欢士人,哪愁没有士人呢?"王道:"寡人忧国爱民,本来就愿意得着士人来治理国民。"王斗道:"王的忧国爱民,不及王爱一尺绉纱。"王道:"这是怎讲呢?"王斗道:"王叫人做帽子,不叫左右亲幸的人做,而叫工于制帽子的人做,为什么呢?因为他会做呀!现在王治理齐国,除左右亲幸的人以外,都不差遣。臣所以说:'不及爱一尺绉纱。'"宣王谢罪道:"寡人对不起这个国家。"于是提拔五位士人做官。齐国大治。

齐王使使者问赵威后

齐王使使者问赵威后,书未发,威后问使者曰:"岁亦无恙耶?民亦无恙耶?王亦无恙耶?"使者不说,曰:"臣奉使使威后,今不问王,而先问岁与民,岂先贱而后尊贵者乎?"威后曰:"不然!苟无岁,何以有民?苟无民,何以有君?故有问舍本而问末者耶?"乃进而问之曰:"齐有处士曰钟离子,无恙耶?是其为人也,有粮者亦食,无粮者亦食;有衣者亦衣,无衣者亦衣。是助王养其民也,何以至今不业也?叶阳子无恙乎?是其为人,哀鳏寡,恤孤独,振困穷,补不足。是助王息其民者也,何以至今不业也?北宫之女婴儿子无恙耶?彻其环瑱,至老不嫁,以养父母。是皆率民而出于孝情者也,胡为至今不朝也?此二士弗业,一女不朝,何以王齐国、子万民乎?於陵子仲尚存乎?是其为人也,上不臣于王,下不治其家,中不索交诸侯。此率民而出于无用者,何为至今不杀乎?"

【译解】

齐王令使者去通问赵威后,书信未曾启开,威后先问使者道:"年成好吗?百姓好吗?王好吗?"使者不高兴道:"臣奉命来通问威后,现在不先问王,反先问年成和百姓,难道可以先论卑贱的,后论尊贵的吗?"威后道:"不对!倘使没有年成,哪里有百姓?倘使没人百姓,哪里有国君呢?所以问话时有舍去根本,问枝末的吗?"因更问道:"齐国有一个未做官的人,名叫钟离子的,他好吗?这个人:有粮食的,他给他们送粮,没有粮食的,也给他们送粮;有衣服的,他给他们衣穿,没有衣服的,也给他们衣穿。这乃是帮助王养他的百姓,为何到现在还不给他事做呢?叶阳子好吗?他哀悯鳏夫、寡妇,怜恤孤独的人,救济穷困,补助不足。这乃是帮助王苏息百姓,为何到现在还不给他事做呢?北宫的女子婴儿子好吗?她屏去她的钗银,到老不嫁,奉养父母。这都是率领着百姓,感化他们,孝养父母,为何至今不封她为命妇呢?使这两个士人无事做,一个女子未封为命妇,怎能君临齐国、抚育百姓呢?於陵子仲还在吗?此人,上面对王不尽臣子的礼,下面不治理自己的家室,自己又不和诸侯交友。这乃是率领着百姓,无所事事,为何至今不杀掉他呢?"

管燕得罪齐王

管燕得罪齐王,谓其左右曰:"子孰而与我赴诸侯乎?"左右嘿然莫对。管燕连然流涕曰:"悲夫!士何其易得而难用也?"田需对曰:"士三食不得餍,而君鹅鹜有余食;下宫糅罗纨,曳绮縠,而士不得以为缘。且财者,君之所轻;死者,士之所重。君不肯以所轻与士,而责士以所重事君,非士易得而难用也!"

【译解】

管燕得罪了齐王,向左右的人道:"你们谁和我投奔诸侯去?"左右的人都不响,更不回答。管燕流泪道:"可悲啊!士人为何容易得着,而难使用呢?"田需对道:"士人三餐不饱,可是君的鹅和鸭还有剩的食;后宫的人,杂穿绫罗素绢,被着绮绣细纱,可是士人连纯素的衣服都没得穿。而且,财货是君所轻视的,死亡是士人所重视的。君不肯把所轻视的给士人,反而要求士人把所重视的事君,并不是士人容易得着而难使用啊!"

苏秦自燕之齐

苏秦自燕之齐,见于华章南门。齐王曰:"嘻!子之来也。秦使魏冉致帝,子以为何如?"对曰:"王之问臣也卒,而患之所从生者微。今不听,是恨秦也;听之,是恨天下也。不如听之以卒秦,勿庸称也,以为天下。秦称之,天下听之,王亦称之,先后之事,帝名为无伤也。秦称之,而天下不听,王因勿称,其于以收天下,此大资也!"

【译解】

苏秦从燕到齐,在华章南门会见齐王。齐王道:"唉!你此刻才来!秦国令魏冉送帝号给我,你以为应当怎样呢?"答道:"王问臣很仓卒,而以后所发生的忧患尚隐微。但现在若不听从秦,要遭秦恨;若听从秦,又遭天下人恨。不如先加听从,把秦应付过去,但是不必称帝,以应付天下人。秦王称帝,若天下人听从,王也称帝,时间的先后,称帝用什么名号,是无所谓的。若秦王称帝,天下人不听从,王就不要称帝,这对于收服天下人心,是巨大的资本!"

苏秦谓齐王曰

苏秦谓齐王曰:"齐、秦立为两帝,王以天下为尊秦乎?且尊齐乎?"王曰:"尊秦。""释帝,则天下爱齐乎?且爱秦乎?"王曰:"爱齐而憎秦。""两帝立,约伐赵,孰与伐宋之利也?"对曰:"夫约然,与秦为帝,而天下独尊秦而轻齐;齐释帝,则天下爱齐而憎秦。伐赵不如伐宋之利。故臣愿王明释帝以就天下,倍约傧秦,勿使争重,而王以其间举宋!夫有宋,则卫之阳城危;有淮北,则楚之东国危;有济西,则赵之河东危;有阴、平陆,则梁门不启。故释帝,而贰之以伐宋之事,则国重而名尊,燕、楚以形服,天下不敢不听,此汤、武之举也!敬秦以为名,而后使天下憎之,此所谓以卑易尊者也。愿王之熟虑之也!"

【译解】

苏秦向齐王道:"齐和秦都立为帝,王以为天下人将尊奉秦国呢?还是尊奉齐国呢?"王道:"尊奉秦国。"苏秦道:"释去帝号后,天下人将爱戴齐国呢?还是爱戴秦国呢?"王道:"爱戴齐国,怨恨秦国。"苏秦道:"齐和秦两帝订立条约,去攻打赵国,比较攻打宋国,所得的利益如何?"王道:"不如攻打宋国。"苏秦道:"和秦立约做帝王,天下只会尊奉秦国而轻视齐国;齐若释去帝号,天下就爱戴齐国,厌恨秦国。攻打赵国所得的利益,不如攻打宋国所得的厚。所以臣愿王公开地释去帝号,迎合天下的人,撕毁条约,摈弃秦国,使秦国不能和齐国争胜,而王乘此机占有宋国。有了宋国,卫国的阳城就危险了;有了淮北的地方,楚国的东国就危险了;有了济西的地方,赵国的河东就危险了;有阴和平陆,魏国的梁门就不敢开了。所以释去帝号,再攻打宋国以离弃秦国,国家就巩固,名号也尊贵了,燕和楚畏惧形势,也都归服,天下不敢不听从。这乃是汤、武的事业!名义上尊敬秦国,而结果令天下恨他,这就叫'用卑贱去调换尊贵'。愿王加以仔细的考虑!"

苏秦说齐闵王

苏秦说齐闵王曰："臣闻用兵而喜先天下者忧,约结而喜主怨者孤。夫后起者,借也;而远怨者,时也。是以圣人从事,必借于权,而务兴于时。夫权借者,万物之率也;而时势者,百事之长也。故无权借,倍时势,而能事成者,寡矣。今虽干将、莫邪,非得人力,则不能割刿矣。坚箭利金,不得弦机之利,则不能远杀矣。矢非不铦,而剑非不利也,何则?权借不在焉。何以知其然也?昔者赵氏袭卫,车舍人不休,传卫国,城割平,卫八门土,而二门堕矣,此亡国之形也。卫君跣行,告溯于魏,魏王身被甲底剑,挑赵索战。邯郸之中骛,河山之间乱。卫得是借也,亦收余甲而北面,残刚平,堕中牟之郭。卫非强于赵也,譬之卫矢而魏弦机也,借力魏,而有河东之地。赵氏惧,楚人救赵而伐魏,战于州西,出梁门,军舍林中,马饮于大河。赵得是借也,亦袭魏之河北,烧棘沟,坠黄城。故刚平之残也,中牟之堕也,黄城之坠也,棘沟之烧也,此皆非赵、魏之欲也。然二国劝行之者,何也?卫明于时权之借也。今世之为国者不然矣,兵弱而好敌强,国罢而好众怨,事败而好鞠之,兵弱而憎下人也,地狭而好敌大,事败而好长诈。行此六者而求伯,则远矣。

"臣闻善为国者,顺民之意,而料兵之能,然后从于天下。故约不为人主怨,伐不为人挫强。如此,则兵不费,权不轻,地可广,欲可成也。昔者,齐之与韩、魏伐秦、楚也,战非甚疾也,分地又非多韩、魏也,然而天下独归咎于齐者,何也?以其为韩、魏主怨也。且天下遍用兵矣,齐、燕战,而赵氏兼中山,秦、楚战韩、魏不休,而宋、越专用其兵。此十国者,皆以相敌为意,而独举心于齐者,何也?约而好主怨,伐而好挫强也。

"且夫强大之祸,常以王人为意也,夫弱小之殃,常以谋人为利也,是以大国危,小国灭也。大国之计,莫若后起,而重伐不义。夫后起之籍,与多而兵劲,则事以众强适罢寡也,兵必立也,事不塞天下之心,则利必附矣。大国行此,则名号不攘而至,伯王不为而立矣。小国之情,莫如仅静而寡信诸侯。仅静,则四邻不反;寡信诸侯,则天下不卖。外不卖,内不反,则槟祸朽腐而不用,币帛矫蠹而不服矣。小国道此,则不祠而福矣,不贷而见足矣。故曰:'祖仁者王,立义者伯,用兵穷者亡。'何以知其然也?昔吴王夫差以强大为天下先,强袭郢而栖越,身从诸侯之君,而卒身死国亡,为天下戮者,何也?此夫差平居而谋王,强大而喜先天下之祸也。昔者莱、莒好谋,陈、蔡好诈,莒恃越而灭,蔡恃晋而亡,此皆内长诈,外信诸侯之殃也。由此观之,则强弱大小之祸,可见于前事矣。

"语曰:'麒骥之衰也,驽马先之;孟贲之倦也,女子胜之。'夫驽马、女子、筋骨力劲,非贤于麒骥、孟贲也。何则?后起之借也。今天下之相与也，不并灭，有而案兵而后起，寄怨而诛不直，微用兵而寄于义，则亡天下可跷足而须也。明于诸侯之故，察于地形之理者，不约亲，不相质而固，不趋而疾，众事而不反，交割而不相憎，俱强而加以亲。何则？形同忧而兵趋利也。何以知其然也？昔者齐、燕战于桓之曲，燕不胜，十万之众尽，胡人袭燕楼烦数县，取其牛马。夫胡之与齐，非素亲也，而用兵，又非约质而谋燕也，然而甚于相趋者，何也？形同忧而兵趋利也。由此观之，约于同形，则利长，后起，则诸侯可趋役也。

"故明主察相，诚欲以伯王也为志，则战攻非所先。战者，国之残也，而都县之费也。残费已先，而能从诸侯者寡矣。彼战者之为残也，士闻战则输私财而富军市，输饮食而待死士，令折辕而炊之，杀牛而觞士，则是路君之道也。中人祷祝，君翳酿，通都小县置社，有市之邑，莫不止事而奉王，则此虚中之计也。夫战之明日，尸死扶伤，虽若有功也，军出费，中哭泣，则伤主心矣。死者破家而葬，夷伤者空财而共药，完者内酺而华乐，故其费与死伤者钧。故民之所费也，十年之田而不偿也。军之所出，矛戟折，镮弦绝，伤弩，破车，罢马，亡矢之大半。甲兵之具，官之所私出也，士大夫之所匿，厮养士之所窃，十年之田而不偿也。天下有此再费者，而能从诸侯，寡矣！攻城之费，百姓理襜蔽，举冲橹，家杂总，身窟穴，中罢于刀金。而士困于土功，将不释甲，期数而能拔城者，为亟耳！上倦于教,士断于兵,故三下城而能胜敌者,寡矣!故曰:彼战攻者,非所先也。何以知其然也?昔智伯瑶攻范、中行氏,杀其君,灭其国,又西围晋阳,吞兼二国,而忧一主,此用兵之盛也。然而智伯卒身死国亡,为天下笑者,何谓也?兵先战攻,而灭二子患也。昔者,中山悉起而迎燕、赵,南战于长子,败赵氏,北战于中山,克燕军,杀其将。夫中山,千乘之国也,而敌万乘之国二,再战比胜,此用兵之上节也。然而国遂亡,君臣于齐者,何也?不啬于战攻之患也。由此观之,则战攻之败,可见于前事。

"今世之所谓善用兵者,终战比胜,而守不可拔,天下称为善,一国得而保之,则非国之利也。臣闻战大胜者,其士多死而兵益弱;守而不可拔者,其百姓罢而城郭露。夫士死于外,民残于内,而城郭露于境,则非王之乐也。今夫鹄的,非咎罪于人也,便弓引弩而射之,中者则善,不中则愧,少长贵贱,则同心于贯之者,何也?恶其示人以难也。今穷战比胜,而守必不拔,则是非徒示人以难也,又且害人者也,然则天下仇之必矣。夫罢士露国,而多与天下为仇,则明君不居也;素用强兵而弱之,则察相不事。彼明君察相者,则五兵不动而诸侯从,辞让而重赂至矣。故明君之攻战也,甲兵不出于军而敌国胜,冲橹不施而边城降,士民不知而王业至矣。彼明君之从事也,用财少,旷日远,而为利长者。故曰:兵后起,则诸侯可趋役也。

"臣之所闻，攻战之道非师者，虽有百万之军，比之堂上；虽有阖闾、吴起之将，禽之户内；千丈之城，拔之尊俎之间；百尺之冲，折之衽席之上。故钟鼓竽瑟之音不绝，地可广而欲可成；和乐倡优侏儒之笑不乏，诸侯可同日而致也。故名配天地不为尊，利制海内不为厚。故夫善为王业者，在劳天下而自佚，乱天下而自安；诸侯无成谋，则其国无宿忧也。何以知其然？佚治在我，劳乱在天下，则王之道也。锐兵来则拒之，患至则趋之，使诸侯无成谋，则其国无宿忧矣。何以知其然矣？昔者魏王拥土千里，带甲三十六万，其强而拔邯郸，西围定阳，又从十二诸侯朝天子，以西谋秦。秦王恐之，寝不安席，食不甘味，令于境内，尽堞中为战具，竟为守备，为死士置将，以待魏氏。卫鞅谋于秦王曰：'夫魏氏，其功大，而令行于天下，有十二诸侯而朝天子，其与必众。故以一秦而敌大魏，恐不如。王何不使臣见魏王，则臣请必北魏矣。'秦王许诺。卫鞅见魏王曰：'大王之功大矣，令行于天下矣。今大王之所从十二诸侯，非宋、卫也，则邹、鲁、陈、蔡，此固大王之所以鞭棰使也，不足以王天下。大王不若北取燕，东伐齐，则赵必从矣；西取秦，南伐楚，则韩必从矣。大王有伐齐、楚心，而从天下之志，则王业见矣。大王不如先行王服，然后图齐、楚。'魏王说于卫鞅之言也，故身广公宫，制丹衣柱，建九斿，从七星之旂。此天子之位也，而魏王处之。于是齐、楚怒，诸侯奔齐，齐人伐魏，杀其太子，覆其十万之军。魏王大恐，跣行按兵于国，而东次于齐，然后天下乃舍之。当是时,秦王垂拱受西河之外,而不以德魏王。故曰卫鞅之始与秦王计也,谋约不下席,言于尊俎之间,谋成于堂上,而魏将以禽于齐矣;冲橹未施,而西河之外入于秦矣。此臣之所谓比之堂上,禽将户内,拔城于尊俎之间,折冲席上者也。"

【译解】

苏秦对齐闵王说道:"臣听说:用兵喜欢为天下先的,必有忧患,结约喜欢让已方遭受怨恨的,必孤立无援。后起事的得有凭借,远离怨恨得认清时势。所以圣人创造事业,必然权衡利弊,认清时势方才行动。权衡利弊,认清时势,有所凭借,做事时就能掌控局面了。所以不审时度势,而能成功事业,是很少有的。现在虽然有干将、莫邪等宝剑,不得着人力,不能够割切东西;坚硬的箭和锋利的镞头,不利用弓弦机弩,不能够射杀远处之人。箭并不是不尖锐,剑并不是不锋利,之所以这样,是因为失去所凭借的了。怎样晓得呢?从前,赵氏暗地里去打卫国,掌管兵车的前进不止,兵到了卫国,城里割地求和,卫国八个城门都用土填塞拒守,二个城门都破坏了,这乃是亡国的形势。卫君赤着脚,去魏国告急,魏王身被甲胄,磨快剑,向赵国挑战,邯郸和河山之间扰乱。卫得着这个凭借,也集合剩下的兵,朝北行军,破坏刚平,攻下中牟的外城。卫并不是比赵强,卫好比是箭,魏是弓弦、机弩,倚着魏的力量,占有河东的地方。赵氏害怕,楚国人去救赵,攻打魏,在州西开战,从梁门经过,兵扎在林中,战马在大河里饮水。赵得着这个凭借,也暗地里攻打魏的河北,焚烧棘沟,攻下黄城。所以刚平的破坏,中牟和黄城的被攻下,棘沟的焚烧,都不是赵和魏的本意。然而两国都奋力地去拼搏,是为的什么呢?因为卫懂得权衡利弊凭借形势。现在的治国不这样,兵力微弱,反喜欢和强国抵敌;国家疲弊,反喜欢和众人结怨;事情失败了,还喜欢继续不止;兵力薄弱,还以身居人下为耻辱;土地狭小,还喜欢和大国抗敌;事失败了,还喜欢再用诈谋。行这六桩事,去求霸强,离霸强就远了。

"臣听说:会治国的,顺从人民的意志,度量军队的能力,然后征战于天下。所以结约不能受人影响而制造怨恨,攻战不能受人引诱而挑衅强敌,这样就不糜费兵力,牢牢把握战场的主动权,土地可以扩广,愿望可以完成。从前齐国和韩、魏攻打秦和楚,战争并不比较惨酷,战胜时齐分到的土地又不比韩、魏多,然后天下独独归罪于齐国,什么缘故呢?因为他替韩、魏招来了怨恨。并且天下都在用兵,齐和燕战争,赵国兼并中山,秦、楚不停地和韩、魏打仗,宋和越一心一意地打仗,国事废弃。这十个国都心念着互相对敌,然而天下独注意齐国,是为何呢?因为结约时,齐喜欢立在受怨的中心点,战争时,齐喜欢挫折强敌的缘故。

"而且强国有祸患,常因为想居人上,弱国受灾殃,常因为图谋别人的利益,所以结果大国危险,小国灭亡。所以为大国着想,最好先退后一步,然后去讨伐不义的国家。先退后一步,有时势的凭借,援助的多,兵又强劲,这乃是用许多强有力的去抵敌少数疲弱的,用兵必定成功;务必不塞绝天下归附的心,利益必定归附。大国照这样做,名号不必取求,自然会来;霸王不必努力,自然会成。为小国忧虑,最好谨慎清静,不轻信诸侯。谨慎清静,就不受邻国背弃;不轻信诸侯,就不被天下所卖。外面不会被卖,内里不被背弃,就会远离祸患。收藏的货物可以腐败了尚不曾使用,货币布帛直到枯干尽坏还没有流通。小国照这样做,不祭祀都受福,不借贷,用度自足够。所以说:'祖法仁的可以王,建立义的可以霸强,拼命用兵的必遭灭亡。'何以知道如此呢?从前吴王夫差仗着国家强大,率领天下,暗地里攻打楚国,拘禁越王,诸侯国君都服从他,然而结果己身遭杀死,国家灭亡,被天下人所诛戮,这是什么缘故呢?这因为夫差平时想身居人上,倚恃着国家强大,喜欢触犯天下的祸患。从前莱和莒爱用计谋,陈和蔡爱用诈术,后来莒因为倚恃着越而灭亡,蔡因为倚恃着晋而灭亡。这都是内里施用诈术,内外倚恃诸侯的祸患。由此看来,强大和弱小的国家的祸患,可以从以前的事推测出来。

"谚语曾说:'骐骥衰老时,劣马跑在前面;孟贲疲倦时,女人可以胜过他。'劣马和女人筋骨的力量并不比骐骥、孟贲强健,这是什么缘故呢?就是因为有后起的凭借。当今天下彼此势力相等的国家,彼此都不能灭亡对方,如有能按兵不动等待时机,借别人去诛讨不正直,令他人结怨;隐匿用兵的真情,假托正义之名,那么合并天下,可以跷着脚等待了。明了诸侯的关系,精悉地理的形势,不结亲,不互相用人作抵押品,而能固守信用;不加催促而行事迅速;相与共事,而不反复;彼此割敌国的土地,而不互相嫉恨;互相鼓励,又能互相亲近。为什么呢?因为形势上有共同的忧患,用兵就指向共同的目标。何以晓得如此呢?当初,齐和燕在桓山曲折的地方开战,燕国战败,十万兵众都毁灭完了,胡人乘此机暗地里去攻打燕的楼烦等县,夺取牛马。胡人和齐国并不是素来有亲,用兵时又不是立约或用人做了抵押品去图谋燕国,然而用兵时比有着同盟关系的与国还要步调一致,是什么缘故呢?因为形势上有共同的忧患,用兵就指向共同的敌人。由此看来,和面对共同形势的结约,利益就长远;善于等待时机,诸侯就能和我一道,从而借力用力了。

"所以英明的君主和明察的辅相,真有想做霸王的志愿,那么战胜攻取并不是最先一步。战争残损国家,糜费县邑,已受了残损糜费,还能和别国的诸侯周旋,是很少有的。战争是这般的具有破坏性,士人听见战事,捐私有的财产,助给军队;市面捐助饮食,款待敢死的人;长官折断车前的横木来烧火,杀了牛请兵士饮酒,这样实是在掏空国君的国力。宫里的宦官都祈祷;国君祭祀,祈祷战胜;通达的都会和小县里,都设社祈祷;有市场的村邑,都停止常业,替公家服务,这样动员,只会使国力空虚。战后的第二天,满地陈列着死尸,百姓扶护着受伤的,虽然得胜有功,可是军队所出的费用,官中人的悲哀哭泣,已伤了君主的心了。死者的家属倾家安葬,受了伤的用尽所有的钱财供给医药,不曾受伤的在家里饮酒作乐,费用和死伤的相等。所以百姓所花费的,十年的田赋都不够偿还。军队出发后,矛和戟损折,刀环和弓弦绝断,弓弩损伤,兵车破坏,战马疲弊,箭损失了大半;甲胄和兵器,乃是官家私出,士大夫所藏匿的,和士卒所窃取的,虽十年田赋都不够偿还。一个国家经过了这样的双重消耗,还能和别国的诸侯周旋,是不可能的!攻城是这般的糜费,百姓制作可以遮蔽矢石的防护工具,举运陷阵的冲车和高巢车。家里的人共同操作,住在地下室和窑洞里面,钱币消耗几尽。战士被工程困苦,将官不解去甲胄,过几个月才将城攻下,已算迅速了!上面的官长无力从事练兵,下面的士兵打仗毫无章法,一味猛冲,所以攻下三个城,还能胜过敌人,甚为稀有啊!所以说:战争不是首先所急务的。何以知道如此呢?从前智伯瑶攻打范、中行氏,杀了他们的国君,灭了他们的国,又往西面包围晋阳,吞并了两个国,又使一个国君(指赵襄子)受忧患,这乃是用兵极盛的了。然而智伯结果自己被杀死,国家灭亡,被天下人耻笑,什么缘故呢?就是首先用兵争战和灭范、中行所生的祸患。当初中山调动所有的兵去迎敌燕和赵,南面在长子开战,将赵氏打败,北面在中山开战,胜了燕国的兵,杀死燕国的大将。中山不过是只有一千辆兵车的国家,然而抵敌两个拥有万辆兵车的大国,居然连战连胜,这乃是最会用兵的了。然而后来国家灭亡,国君臣事齐国,什么缘故呢?这就是对于战争没有限制的祸患。由此看来,战争的害处,可以从以前的事看出来了。

"现代所谓会用兵的,能持久战斗,接连胜利,守城不可攻破,天下称他善于用兵,若一国得着他做保障,并不是国家之利。臣听说:攻战得大胜利的,兵士多半死亡,兵力更弱;拒守不被攻破的,百姓疲敝,城墙毁坏,城里暴露。外面兵士死亡,内里百姓残损,国境里的城市又都暴露,这不是国王愿意见到的。现在,箭靶上的红心并不曾得罪人,但是人们都很巧妙地用弓弩射它,射中的就高兴,不中的就惭愧,年少的、年长的、尊贵的、卑贱的,都一心要射穿它,为什么呢?因为它与人作难。现在不住地战争,接连胜利,拒守不被攻破,这非但是与人作难,又损害别人,那么天下必定仇恨他了。使兵士困敝,国力衰弱,又多和天下结仇,明决的国君绝不会走到这一步;常用兵,使强盛的兵力变弱,明察的辅相绝不会从事。明决的国君和明察的相辅,五件兵器(刀、剑、矛、戟、箭)不曾动,而诸侯服从;推辞谦让,而巨量的财货自来。所以明决的国君作战,军队不发甲兵,而能战胜敌国;不施用陷阵的冲车和高巢车,可以降伏边城;百姓不曾知道,王业业已成功。明决的国君行事,钱财用得少,所需的时间长,后来的利益久。所以说:

'用兵先退一步则可乘势,诸侯就会像归附了我一样而供我利用。'

"臣所听说的战争的道理,不用师教,虽然百万的军队,可以在堂上检阅,加以动员;虽有那阖闾、吴起般的将帅,可以在房门里面设计,将他们擒获;千丈高的城,可在餐桌上图谋,将它攻下;百尺长的陷阵的车,可在卧席上设计,将它摧折。所以钟、鼓、竽、瑟等乐器的声音不断,而土地可以扩广,愿望可以达成;优伶矮人等的欢笑声不绝,诸侯可以同日归附。所以名号齐配天地,不算过尊;货利控制四海,不算过厚。所以善于创设王业的,在于使天下劳苦,自己安佚;使天下扰乱,自己安宁。诸侯自顾无暇,内心形不成像样的计策来图谋我,我的国家就会长治、没有忧患了。久安怎么晓得如此呢?安佚治理归我,劳苦忧乱归天下,这乃是王天下的大道。强锐的兵来了就抵抗,忧患来了就在第一时间尽快解决,使诸侯谋我的计划不能成功,那么这些国对我则不致积有忧患了。怎样晓得是如此呢?从前,魏王拥有土地千里,穿甲胄的兵三十六万,倚恃自己强大,攻下邯郸,西面围困定阳,又和十二个诸侯去朝拜天子,图谋秦国。秦王害怕,睡时不能安贴,食时不辨美味,在国境里下一命令,令城墙堞里全设攻战的器具,国境上全部设置军事守备,组织敢死队,安排兵将等待魏军。卫鞅和秦王计划道:'魏氏立的功大,号令又行于天下,又和十二个诸侯朝见天子,他的党与必定众多,所以以秦国抵敌强大的魏国,恐怕少有不及。王何不令臣去见魏王,那么,臣必定使魏败走了。'秦王答应了。卫鞅见魏王道:'大王的功勋大呀,号令行于天下了!现在随从大王的十二个诸侯,不是宋和卫,就是邹、鲁、陈和蔡,这本是大王用马鞭驱策的,不配和大王君临天下。大王不如北面联合燕,东去讨伐齐,那赵必服从了;西面联合秦,南去讨伐楚,那韩必定服从了。大王有讨伐齐、楚的心,又顺从天下人的志愿,王业就实现了。大王不如先用王者的服饰,然后图谋齐和楚。'魏王喜欢卫鞅的话,所以扩建宫殿,制作朱色的衣裳,建立天子的旌旗,随从有画有朱雀的旗帜,这乃是天子的位分,而魏王处之。于是齐和楚发怒,诸侯赶去救齐,齐讨伐魏,杀了魏国的太子,打破魏国十万兵。魏王怕极了,赤着脚行走,将魏国的军队约束在国境之内,自己离开魏国,往东去住在齐国,然后天下方才释去他。那时,秦王垂着衣裳、拱着手接受西河以外的土地,并不感魏王的德。所以卫鞅才和秦王在卧席上谋划,在酒筵间议论,计谋才在堂上成功,魏国的将帅已经被齐国捉获了;陷阵的冲车和高巢车不曾施用,西河以外的土地已归秦国了。这就是臣所说的:'在堂上打败敌人,在房里捉获将帅,在酒筵上攻下城市,在卧席上摧折陷阵的车。'"

齐负郭之民

齐负郭之民有狐咺者,正议闵王,斫之檀衢,百姓不附。齐孙室子陈举直言,杀之东闾,宗族离心。司马穰苴,为政者也,杀之,大臣不亲。以故燕举兵,使昌国君将而击之。齐使向子将而应之。齐军破,向子以舆一乘亡。达子收余卒复振,与燕战,求所以偿者,闵王不肯与,军破走。

王奔莒,淖齿数之曰:"夫千乘、博昌之间,方数百里。雨血沾衣,王知之乎?"王曰:"不知。""嬴、博之间,地坼至泉,王知之乎?"王曰:"不知。""人有当阙而哭者,求之则不得,去之则闻其声,王知之乎?"王曰:"不知。"淖齿曰:"天雨血沾衣者,天以告也;地坼至泉者,地以告也;人有当阙而哭者,人以告也。天地人皆以告矣,而王不知戒焉,何得无诛乎?"于是杀闵王于鼓里。

太子乃解衣免服,逃太史之家为溉园。君王后太史氏女,知其贵人,善事之。田单以即墨之城,破亡余卒,破燕兵,绐骑劫,遂以复齐,遽迎太子于莒,立之以为王。襄王即位,君王后以为后,生齐王建。

王孙贾年十五,事闵王。王出走,失王之处。其母曰:"女朝出而晚来,则吾倚门而望;女暮出而不还,则吾倚闾而望。

女今事王,王出走,女不知其处,女尚何归!"王孙贾乃入市中,曰:"淖齿乱齐国,杀闵王。欲与我诛者,袒右!"市人从者四百人,与之诛淖齿,刺而杀之。

【译解】

齐国住近城外的居民,有个名叫狐咺的,如实地评价闵王,闵王将他杀死在檀卫(街市的名字),百姓因此不亲附闵王。齐国的宗室名叫陈举的,言论直率,闵王把他杀死在东门,宗族因此和他不一致。司马穰苴是做官的,闵王将他杀掉,大臣因此不亲信他。燕国因此发兵,令昌国君率领,攻打齐国。齐国令向子领兵迎敌,齐军被击破,向子只驱驰着一辆兵车逃去。达子收拾残兵,军队又复振作,和燕国交战。向闵王要求报酬,闵王不肯给,于是齐军又被击破。闵王逃奔莒国。

淖齿数闵王的罪恶道:"千乘和博昌间,有几百方里,下了血水,滴湿衣服,王知道吗?"王道:"不知道。"淖齿道:"嬴和博之间,大地裂开了,可以看到泉水,王知道吗?"王道:"不知道。"淖齿道:"有人迎着宫阙哭泣,去找找不见人,离开了又听见声音,王知道吗?"王说:"不知道。"淖齿道:"天下血水,沾湿衣服,是天在警告你;地裂开看到泉水,是地在警告你;人迎着宫阙哭,是人在警告你。天地人都在警告你,然而王尚不知道戒惧,怎能不受诛戮?"于是将闵王杀死在鼓里。

太子乃脱去服饰,逃到太史的花园里,做了个浇花人。太史的女儿,后做君王后的,知道他是贵人,待他甚好。田单以即墨城和战败的残兵攻破燕兵,欺骗燕将骑劫,因此收复齐国的失地,立刻往莒迎接太子,立他为王。襄王即了位,立君王后做后,生齐王建。

王孙贾那时十五岁,侍候闵王。闵王逃走后,他不知道王的下落。他的母亲道:"你早晨出去,晚上回来,我就倚着门望你;你下午出去,不回来,我就倚着里门望你。你现在侍候王,王逃走了,你不知道他的下落,你还回来做什么?"王孙贾乃到市里叫道:"淖齿扰乱齐国,杀害闵王?愿和我去诛讨他的,将右臂露出来!"市人跟从他的有四百人,去声讨淖齿的罪恶,将他刺死。

燕攻齐取七十余城

　　燕攻齐，取七十余城，唯莒、即墨不下。齐田单以即墨破燕，杀骑劫。初，燕将攻下聊城，人或谗之。燕将惧诛，遂保守聊城，不敢归。田单攻之岁余，士卒多死，而聊城不下。鲁连乃书，约之矢，以射城中，遗燕将曰："吾闻之：'智者不倍时而弃利，勇士不怯死而灭名，忠臣不先身而后君。'今公行一朝之忿，不顾燕王之无臣，非忠也；杀身亡聊城，而威不信于齐，非勇也；功废名灭，后世无称，非知也。故知者不再计，勇士不怯死，今死生荣辱，尊卑贵贱，此其一时也。愿公之详计，而无与俗同也！

　　"且楚攻南阳，魏攻平陆，齐无南面之心，以为亡南阳之害，不若得济北之利，故定计而坚守之。今秦人下兵，魏不敢东面，横秦之势合，则楚国之形危。且弃南阳，断右壤，存济北，计必为之。今楚、魏交退，燕救不至，齐无天下之规，与聊城共据期年之弊，即臣见公之不能得也。齐必决之于聊城，公无再计！彼燕国大乱，君臣过计，上下迷惑，栗腹以百万之众，五折于外，万乘之国，被围于赵，壤削主困，为天下戮，公闻之乎？今燕王方寒心独立，大臣不足恃，国弊祸多，民心无所归。今公又以弊聊之民，距全齐之兵，期年不解，是墨翟之守也。

食人炊骨,士无反北之心,是孙膑、吴起之兵也,能以见于天下矣!故为公计者,不如罢兵休士,全车甲,归报燕王,燕王必喜。士民见公,如见父母,交游攘臂而议于世,功业可明矣。上辅孤主,以制群臣,下养百姓,以资说士,矫国革俗于天下,功名可立也。意者亦捐燕弃世,东游于齐乎?请裂地定封,富比陶、卫,世世称孤寡,与齐久存,此亦一计也。二者显名厚实也,愿公熟计而审处一也!

"且吾闻,效小节者,不能行大威,恶小耻者,不能立荣名。昔管仲射桓公中钩,篡也;遗公子纠而不能死,怯也;束缚桎梏,辱身也。此三行者,乡里不通也,世主不臣也,使管仲终穷抑,幽囚而不出,惭耻而不见,穷年没寿,不免为辱人贱行矣。然而管子并三行之过,据齐国之政,一匡天下,九合诸侯,为五伯首,名高天下,光照邻国。曹沫为鲁君将,三战三北,而丧地千里,使曹子之足不离陈,计不顾后,出必死而不生,则不免为败军禽将。曹子以败军禽将,非勇也;功废名灭,后世无称,非知也。故去三北之耻,退而与鲁君计也,曹子以为遭。齐桓公有天下,朝诸侯。曹子以一剑之任,劫桓公于坛位之上,颜色不变,而辞气不悖。三战之所丧,一朝而反之。天下震动惊骇,威信吴、楚,传名后世。若此二公者,非不能行小节、死小耻也,以为杀身绝世,功名不立,非知也。故去忿恚之心,而成终身之名;除感忿之耻,而立累世之功。故业与三王争流,名与天壤相敝也。公其图之!"

燕将曰："敬闻命矣！"因罢兵倒韅而去。故解齐国之围，救百姓之死，仲连之说也。

【译解】

燕国攻打齐国，占领七十多个城，唯有莒和即墨不曾打下。齐国的田单以即墨为据点，打破燕兵，杀了燕将骑劫。从前，燕将攻下聊城时，有人造谣言反对他，燕将恐怕受诛戮，乃守住聊城，不敢回去。田单攻打聊城，有一年多，兵士多半战死，可是城不能攻下。鲁仲连乃写封信，系在箭上，射进城去给燕国的将官，信上写道："我听说：'智者不违背时机，丢弃利益；勇士不因为怕死，失去名声；忠臣不先顾自己，后顾及人君。'现在公因为一时激发的忿恨，就不顾燕王可能会失去一位臣子，这不是忠臣；杀了自己，毁灭聊城，而不能在齐国树立威信，这不是勇敢；功业废堕，声名消灭，后世无人称道，这不是聪明。所以智者不反复地计划，勇士不畏惧死亡。现在，死亡、生存、荣耀、耻辱、尊贵和卑贱，都决定在此一刻，愿公仔细计议，不要随便受众人影响。

"并且楚国攻打南阳，魏国攻打平陆，可是齐国无心向南用兵，以为失去南阳的害处小，得着济北的利益大，所以决计围困聊城了。现在秦国人发兵救齐国，魏国不敢向东攻打平陆；秦和齐连横之势相合，楚国的形势就孤危，不敢攻打南阳了。并且，放弃南阳和平陆，去保存济北，尚且要决计实行，现在楚、魏都退去,燕国的救兵不到,天下无人图谋齐国,齐国和聊城相持一年,聊城的守备已然疲惫了,我看公必不能胜过齐国,齐国必定要在聊城定他的胜负,公不要再犹豫了。燕国国内大乱,君臣失策,上下都糊涂,栗腹领着百万的兵众,在外面五次被打败。一个拥有万辆兵车的大国,被赵围困,土地被削夺,国君被困,被天下人诛戮,公听见了吗?现在燕王方在寒心,孤立无助,大臣都不足靠,国家困弊,祸患又多,民心无处可归。现在公又率领弊困的聊城百姓,抵拒完整的齐国的兵,经过一年,尚不撤去防守,这乃是'墨翟的守城';吃人烧骨头,兵士没有反叛的心思,这乃是'孙膑和吴起的兵',可以显闻于天下了。所以替公计虑,不如收兵休息士卒,保全兵车甲胄,回报燕王,燕王必定喜欢。民人见了公,和看见父母一样,朋友相见,捋起衣袖议论公,功业可以大显了。上面辅佐孤立的君主,控制群臣;下面养育百姓,助给游说之士,改造国政,变移天下的风俗,功名可以竖立了。或者捐弃燕国,不顾世人的评议,东面往齐去吗?请分割土地给你,替你定立封号,和魏冉、商君一般富足,世世代代称'孤寡',和齐国一道永远地存在,这也是一个计策。这两个计策都能显扬声名,增厚实利,愿公仔细地考虑,选择一个行去。

"并且我听说:'仿效小节,不能做威望大的事业;恶恨小辱,不能立光荣的声名。'从前管仲射中桓公的带钩,这是篡逆;丧亡了公子纠,而不能殉难,这是懦怯;受脚镣手桎束缚,这是终身的耻辱。有此三事的,乡里都不肯和他交好,人主都不肯以他为臣。假使管仲始终穷困抑忧,拘禁不外出,怕羞耻不见人,那么一辈子不免做一个蒙受了耻辱的卑贱的人。但是管子虽兼有三件错事,仍掌握齐国的政权,匡正天下,九次会合诸侯,让桓公成为五霸的首领,名望高于天下,光辉照及邻国。曹沫做鲁君的将官,三次出战,三次败北,丧失地方千里。倘使曹沫脚不离开兵阵,计谋不顾及后来,出必拼死不要活,那么,不免做'战败被擒的将官'。可是曹沫以为战败被擒是不勇敢;功业废弃,声名消灭,后世无人称道,是不聪明;所以舍去三次败北的羞耻,退后和鲁君计划,以为从前的战败乃是不幸的遭遇。齐桓公既有天下,乃朝会诸侯。曹沫凭着一柄剑,在坛上逼胁桓公,颜色不改变,辞气不错乱。三次战争所失去的,一天内尽收复。天下都获惊恐骇,威望遍及吴、楚,名声传到后世。像管仲和曹沫二人,并不是不能行小节,为小耻辱寻死,他们以为身死绝代,功名未立,不是聪明。所以去了忿恨的心,而建立累代的功业,所以事业和三王争长,名望和天地并存,公请加考虑!"

燕将道:"遵命了。"乃收兵,将装弓的套子倒转,引兵退去。原来解齐国的围困,救百姓免于死亡,乃是鲁仲连的一篇话。

燕攻齐

燕攻齐,齐破,闵王奔莒,淖齿杀闵王。田单守即墨之城,破燕兵,复齐墟。襄王为太子征。齐以破燕,田单之立疑,齐国之众皆以田单为自立也。襄王立,田单相之。

过菑水,有老人涉菑而寒,出不能行,坐于沙中。田单见其寒,欲使后车分衣,无可以分者,单解裘而衣之。襄王恶之,曰:"田单之施,将欲以取我国乎?不早图,恐后之。"左右顾无人,岩下有贯珠者,襄王呼而问之曰:"女闻吾言乎?"对曰:"闻之。"王曰:"女以为何若?"对曰:"王不如因以为己善。王嘉单之善,下令曰:'寡人忧民之饥也,单收而食之;寡人忧民之寒也,单解裘而衣之;寡人忧劳百姓,而单亦忧之,称寡人之意。'单有是善而王嘉之,善单之善,亦王之善已。"王曰:"善!"乃赐单牛酒,嘉其行。

后数日,贯珠者复见王曰:"王至朝日,宜召田单而揖之于庭,口劳之,乃布令,求百姓之饥寒者,收谷之。"乃使人听于闾里,闻丈夫之相与语,举曰:"田单之爱人!嗟!乃王之教泽也!"

【译解】

燕攻破齐,闵王逃奔莒国,淖齿杀了闵王。田单保守即墨，打破燕国的兵，收复齐国的旧地。襄王是太子，方才得到证明。齐国既已破燕，田单遭人猜疑，齐国的人都以为田单将立自己为王。襄王立为王后，田单做了辅相。

有一次行过菑水，有一老人涉菑水，禁不住寒冷，出水后不能行走，坐在沙滩上。田单看见他寒冷，想令后车随行的人分件衣服给他，可是没有衣服可分，田单乃脱去皮衣，给他穿上。襄王嫌恶他道："田单施行恩惠，将要谋取我的国吗？不早打主意，恐怕让他占了先！"看左右都无人，唯山岩下有一个人，名叫贯珠的，襄王叫他来问道："你明白我说的话吗？"答道："明白的。"王道："你认为应该怎样？"答道："王不如因此引为自己的善处。王称赞田单的好处，下令道：'寡人忧虑百姓饥饿无食，单收容他们，助他们吃食；寡人忧虑百姓寒冷无衣，单脱去皮衣，给他们穿。寡人对于百姓，忧念勤劳，单也忧念百姓，称合寡人的旨意。'单有这些善处，王加以赞美，赞美单的善处，也成为王的善处了。"王道："好！"乃赏赐田单牛和酒，称赞他的行事。

过了几天，贯珠又见王，道："王到上朝的时节，应当叫田单来，在庭内向他作揖，亲自慰劳他。再向他下令，寻求百姓饥寒无衣食的，收来养活。"这之后，王令人往乡里去打听，听见男子们互相谈说道："田单爱民人，唉！原来是大王所施的恩泽啊！"

貂勃常恶田单

貂勃常恶田单曰："安平君小人也！"安平君闻之，故为酒而召貂勃曰："单何以得罪于先生，故常见誉于朝？"貂勃曰："跖之狗吠尧，非贵跖而贱尧也，狗固吠非其主也。且今使公孙子贤，而徐子不肖，然而使公孙子与徐子斗，徐子之狗，犹时攫公孙子之腓而噬之也。若乃得去不肖者而为贤者狗，岂特攫其腓而噬之耳哉！"安平君曰："敬闻命！"明日，任之于王。

王有所幸臣九人之属，欲伤安平君，相与语于王曰："燕之伐齐之时，楚王使将军将万人而佐齐。今国已定而社稷已安矣，何不使使者谢于楚王？"王曰："左右孰可？"九人之属曰："貂勃可。"貂勃使楚，楚王受而觞之，数日不反。九人之属相与语于王曰："夫一人身而牵留万乘者，岂不以据势也哉？且安平君之与王也，君臣无礼，而上下无别。且其志欲为不善，内牧百姓，循抚其心，振穷补不足，布德于民，外怀戎翟天下之贤士，阴结诸侯之雄俊豪英。其志欲有为也。愿王之察之！"异日而王曰："召相单来！"田单免冠徒跣，肉袒而进，退而请死罪。五日而王曰："子无罪于寡人！子为子之臣礼，吾为吾之王礼而已矣。"

貂勃从楚来，王赐诸前。酒酣，王曰："召相田单而来！"貂勃避席稽首曰："王恶得此亡国之言乎！王上者孰与周文王？"王曰："吾不若也。"貂勃曰："然臣固知王不若也。下者孰与齐桓公？"王曰："吾不若也。"貂勃曰："然！臣固知王不若也。然则周文王得吕尚以为太公，齐桓公得管夷吾以为仲父，今王得安平君而独曰'单'！且自天地之辟，民人之治，为人臣之功者，谁有厚于安平君者哉？而王曰'单单'，恶得此亡国之言乎？且王不能守先王之社稷，燕人兴师而袭齐墟，王走而之城阳之山中。安平君以惴惴之即墨，三里之城，五里之郭，敝卒七千，禽其司马，而反千里之齐，安平君之功也。当是时也，阖城阳而王，城阳天下莫之能止，然而计之于道，归之于义，以为不可，故为栈道木阁，而迎王与后于城阳山中，王乃得反，子临百姓。今国已定，民已安矣，王乃曰'单'，且婴儿之计不为此。王不亟杀此九子者以谢安平君，不然，国危矣！"王乃杀九子而逐其家，益封安平君以夜邑万户。

【译解】

貂勃曾毁谤田单道："安平君（田单的封号）是小人！"安平君听见，乃故意设酒召貂勃去道："单怎样得罪了先生？所以常在朝里称赞我？"貂勃道："跖的狗向尧叫，并不是尊视跖看轻尧，狗只要不是它的主人就会叫。现在假使公孙子好，徐子不好，然而假使公孙子和徐子打架，徐子的狗还要扑过去咬公孙子的腿肚。若能离开不好的主人，做好人的狗，哪止扑过去咬腿肚的肉呢!"安平君道:"听你的命令了!"第二天,将他荐给齐王。

齐王有九个宠幸的臣子,想害安平君,一齐对王道:"燕讨伐齐的时候,楚王差将军带领万人,帮助齐国。现在国家已平定,社稷已安宁了,何不差使者去谢楚王?"王道:"左右的人谁可以去呢?"九人道:"貂勃可以。"貂勃出使楚国,楚王留他饮酒,几天不回来,九人齐向王道:"楚王是一个大国的君王,反坚留一个貂勃,岂不是因为他据有安平君的势力吗?并且,安平君对于王不守臣子对君的礼,上下没有分别;他又想造反,内里安抚百姓,收服民心,接济穷困不足的,施恩德于民;外面招纳国外的人和天下的贤士,暗地里结交诸侯中的英雄俊杰。他的志愿想造反哩!愿王加以考察。"有一天,王道:"召相国单来!"田单乃除了冠帽,赤着脚,脱去上衣,露出身体,走进前,退下来请受死刑。过了五天,王道:"你不曾得罪寡人。你照着你的臣子之礼做,我照着我的君主的礼做罢了。"

貂勃从楚国回来,王当面赐他饮酒,酒吃得正高兴时,王道:"喊相国单来!"貂勃乃离开筵席,叩头道:"王上比周文王怎样?"王道:"我不如他。"貂勃道:"是的,臣也知道王不如。那下比齐桓公怎样?"王道:"我不如他。"貂勃道:"是的,臣本来知道王不如。可是周文王得着吕尚,以他为太公;齐桓公得着管夷吾,以他为仲父。现在王得安平君,独称他'单'!自从天地开辟,初有人民,人臣的功劳,有谁比安平君更大的呢?

可是王道'单',从何处得来这亡国的话呢？并且,王不能保守先王的社稷,燕国人兴兵,侵入齐地,王逃往城阳的山里。安平君以忧恐危殆的即墨——三里的城,五里的外城——残缺的兵七千,擒获燕军的司马,收复千里的齐国,这都是安平君的功劳。那时,安平君若闭起城阳,自立为王,天下都不能禁止他。然而他照着道理计划,本着正义行事,以为不可以如此,乃在山里险要的地方,依山架木,通行道路,往城阳山里迎接王和后,王才能回国,治理百姓。现在国家已安定,王就叫'单',就连小孩子,都不做这事！王不疾速杀去这九人,向安平君谢罪,国家就危险了。"王乃将九人杀掉,驱逐他们的家属,更将夜邑一万家封给安平君。

田单将攻狄

田单将攻狄,往见鲁仲子。仲子曰:"将军攻狄,不能下也。"田单曰:"臣以五里之城,七里之郭,破亡余卒,破万乘之燕,复齐墟。攻狄而不下,何也?"上车弗谢而去。

遂攻狄,三月而不克之也。齐婴儿谣曰:"大冠若箕,修剑拄颐,攻狄不能下,垒枯丘。"田单乃惧,问鲁仲子曰:"先生谓单不能下狄,请闻其说!"鲁仲子曰:"将军之在即墨,坐而织蒉,立则丈插,为士卒倡,曰:'可往矣!宗庙亡矣,云日尚矣,归于何党矣!'当此之时,将军有死之心,而士卒无生之气,闻若言,莫不挥泣奋臂而欲战,此所以破燕也。当今将军东有夜邑之奉,西有菑上之虞,黄金横带而驰乎淄、渑之间,有生之乐,无死之心,所以不胜者也。"田单曰:"单有心,先生志之矣!"明日,乃厉气循城,立于矢石之所,乃援枹鼓之,狄人乃下。

【译解】

田单将攻打狄,去见鲁仲子,鲁仲子道:"将军攻打狄,不能打下的。"田单道:"臣用五里的城,七里的外城,战败的残兵,打破有万辆兵车的燕国,收复齐国的故城。攻打狄不能降伏,是何故呢?"上车不辞谢就去了。

　　田单去攻打狄,三个月不能胜。齐国的孩童歌唱道:"军官的冠帽像簸箕,军官的长剑支下颏,攻打狄人不能降,空守枯丘一堆堆。"田单听了害怕,去问鲁仲子道:"先生说单不能攻下狄,请加以解说!"鲁仲子道:"将军在即墨时,坐时编织草器,立时操持掘土的器具,率领着兵士,道:'可以出战了!宗庙灭亡了,魂魄都失去了,回到什么去处呢!'那时,将军有必死的心,兵士没有贪生的念头,听见这话,都洒泪伸张手臂,一定要出战,这样所以能打破燕国。现在,将军东面有夜邑的供奉,西面有菑上的娱乐,黄金的剑横在腰带上,在淄、渑间驾着车马飞跑,有求生之乐,无敢死之心,所以不能够胜了。"田单道:"单的心,先生懂得了。"第二天,乃激励士气,依近城巡行,站在箭和石子的射程之内,持着鼓椎敲鼓,狄人才降伏。

齐楚构难

齐楚构难,宋请中立,齐急宋,宋许之。子象为楚谓宋王曰:"楚以缓失宋,将法齐之急也。齐以急得宋,后将常急矣。是从齐而攻楚,未必利也。齐战胜楚,势必危宋;不胜,是以弱宋干强楚也。而令两万乘之国,常以急求所欲,国必危矣!"

【译解】

齐国和楚国交兵,宋国中立,齐国威胁宋国,宋国同意襄助齐国。子象替楚对宋王说:"楚国因为和善,失去宋国,便要效法齐国的急迫,结交宋国哩。齐用威胁得宋国的襄助,以后将常常威胁宋国了。所以跟随齐攻打楚,未必有利。齐若战胜楚,势必危及宋国;若不胜,乃是以弱小的宋去干犯强大的楚国。更令两个大国常用威胁,去求他们所需要的,宋国必定危险了!"

荆宣王问群臣

荆宣王问群臣曰:"吾闻北方之畏昭奚恤也,果诚何如?"群臣莫对。江一对曰:"虎求百兽而食之,得狐。狐曰:'子无敢食我也!天地使我长百兽,今子食我,是逆天帝命也。子以我为不信,吾为子先行,子随我后,观百兽之见我而敢不走乎!'虎以为然,故遂与之行。兽见之皆走。虎不知兽畏己而走也,以为畏狐也。今王之地方五千里,带甲百万,而专属之昭奚恤。故北方之畏昭奚恤也,其实畏王之甲兵也,犹百兽之畏虎也。"

【译解】

荆宣王问群臣道:"我听见北方怕昭奚恤,究竟怎样?"群臣都不对答。江一对道:"老虎寻找各种野兽吃,得到一个狐狸。狐狸说:'你不敢吃我的!天帝令我为百兽的首领,现在你吃我,那是违逆天帝的命令。你若不相信我,我在你前面走,你在后面跟随,看那些野兽见了我,敢不逃走吗!'老虎觉得对,就和它一块走,野兽见了都逃走。老虎不晓得兽是怕它自己而逃走,以为它们是怕狐狸哩!现在王的地方五千里,被甲的兵百万,专委托给昭奚恤。所以北方怕昭奚恤,其实乃是怕王的被甲的兵士,和那些野兽怕老虎一样。"

邯郸之难

邯郸之难,昭奚恤谓楚王曰:"王不如无救赵,而以强魏。魏强,其割赵必深矣。赵不能听,则必坚守,是两弊也。"景舍曰:"不然,昭奚恤不知也。夫魏之攻赵也,恐楚之攻其后。今不救赵,赵有亡形,而魏无楚忧,是楚、魏共赵也,害必深矣!何以两弊也!且魏令兵以深割赵,赵见亡形,而有楚之不救己也,必与魏合,而以谋楚。故王不如少出兵以为赵援。赵恃楚劲,必与魏战。魏怒于赵之劲,而见楚救之不足畏也,必不释赵。赵、魏相弊,而齐、秦应楚,则魏可破也。"楚因使景舍起兵救赵,邯郸拔,楚取睢、濊之间。

【译解】

邯郸被魏围时,昭奚恤向楚王道:"王不如不救赵国,反助魏国,令魏国更强盛。魏国强盛后,侵略赵国,必较前更甚。赵不能听从,必定以全力拒守,结果双方困敝。"景舍道:"不对!昭奚恤不懂!魏国攻打赵国,唯恐楚国攻击他的后面。现在不去救赵,赵国形势危殆,魏国不必忧心顾念楚国,乃是楚和魏共打赵国了,赵受害必深,怎样会'两国全困敝'呢?而且魏国用兵侵占赵国的土地,赵国已有危亡之势,虽有楚国,并不去援救它,赵必定和魏联合,图谋楚国了。所以王不如少出点兵,去救赵国。赵倚恃楚国强,必定和魏国争战。魏国恼怒赵国顽强,又看见楚国的救兵不足怕,必定不释去赵国。赵和魏互相困敝,而齐和秦响应楚国,那么,可以打破魏国了。"楚国乃差景舍起兵救赵,赵国的邯郸被破,楚国取了睢、濊间的地。

江乙恶昭奚恤

江乙恶昭奚恤，谓楚王曰："人有以其狗为有执而爱之。其狗尝溺井，其邻人见狗之溺井也，欲入言之。狗恶之，当门而噬之，邻人惮之，遂不得入言。邯郸之难，楚进兵大梁，取矣。昭奚恤取魏之宝器，以臣居魏知之。故昭奚恤常恶臣之见王。"

【译解】

江乙毁谤昭奚恤，向楚王道："有个人以为他的狗善于守门，甚爱它。狗有一次朝井里溺尿，邻人看见狗溺尿在井里，想进去告诉它的主人。狗恨他，迎着门咬他，邻人害怕，不敢进去告诉。邯郸被围时，楚国进兵攻大梁。攻破后，昭奚恤收取魏国的宝器，那时臣住在魏国，知道这事。所以昭奚恤不喜欢臣见王。"

江乙欲恶昭奚恤于楚

　　江乙欲恶昭奚恤于楚，谓楚王曰："下比周，则上危；下分争，则上安。王亦知之乎？愿王勿忘也！且人有好扬人之善者，于王何如？"王曰："此君子也，近之。"江乙曰："有人好扬人之恶者，于王何如？"王曰："此小人也，远之。"江乙曰："然则且有子杀其父，臣弑其主者，而王终已不知者，何也？以王好闻人之美，而恶闻人之恶也。"王曰："善！寡人愿两闻之。"

【译解】

　　江乙想在楚国毁谤昭奚恤，对楚王说道："在下的结党，在上位的就危险；在下的纷争，在上位的就安定。王知道吗？愿王不要忘记！有人爱在王面前称扬别人的善处，王以为他何如呢？"王道："这是君子，亲近他。"江乙道："有人爱在王面前举发别人的过恶，王以为他何如呢？"王道："这是小人，摒弃他。"江乙道："那么，如果有儿子杀父亲，臣子杀人主的事，王始终不知道的了！为何呢？因为王喜欢听人的美德，不喜听人的过恶呀！"王道："好！寡人愿两样都听。"

江乙说于安陵君

江乙说于安陵君曰:"君无咫尺之地,骨肉之亲,处尊位,受厚禄,一国之众,见君莫不敛衽而拜,抚委而服,何以也?"曰:"王过举而已。不然,无以至此。"江乙曰:"以财交者,财尽而交绝;以色交者,华落而爱渝。是以嬖女不敝席,宠臣不避轩。今君擅楚国之势,而无以深自结于王,窃为君危之!"安陵君曰:"然则奈何?""愿君必请从死,以身为殉,如是,必长得重于楚国。"曰:"谨受令!"三年而弗言。江乙复见曰:"臣所为君道,至今未效,君不用臣之计,臣请不敢复见矣!"安陵君曰:"不敢忘先生之言,未得间也。"

于是楚王游于云梦,结驷千乘,旌旗蔽日,野火之起也若云霓,兕虎嗥之声若雷霆,有狂兕牂车,依轮而至。王亲引弓而射,壹发而殪,王抽旃旄而抑兕首,仰天而笑曰:"乐矣,今日之游也!寡人万岁千秋之后,谁与乐此矣?"安陵君泣数行而进曰:"臣入则编席,出则陪乘,大王万岁千秋之后,愿得以身试黄泉,蓐蝼蚁,又何如得此乐而乐之?"王大说,乃封坛为安陵君。君子闻之曰:"江乙可谓善谋,安陵君可谓知时矣。"

【译解】

江乙对安陵君说道:"君没有一点土地,又没有骨肉之亲,可是处在高位,受优厚的俸禄,一国的人见了君,都整理衣衿,躬身下拜,何以至此呢?"道:"王过分地推举我罢了。不然,不能够如此。"江乙道:"用财货结交的,财货尽时,交情断绝;用美色结合的,颜色衰时,爱情改变。所以宠爱的妾,不等卧席破敝,已遭遗弃;宠幸的臣子,不等车子坏时,已被斥退。现在君专有楚国的势力,而不曾更深入地和王交结,我私自替你觉得危险。"安陵君道:"那么怎样办呢?"江乙道:"愿君向王说,愿随王一块死,替王殉葬,这样,必能长久地在楚国保持势力了。"安陵君道:"谨受你的指教。"过了三年,安陵君尚不曾说,江乙又见道:"臣对君说的,至今不曾实行,君不用臣的计策,臣不敢再见了。"安陵君道:"不敢忘却先生的话,因为不曾得空。"

后来,楚王往云梦田猎,连接千辆四乘的马车,旌旗遮没太阳,野火升起,像云和虹一样,野牛、老虎叫的声音,像雷声震动。有一个狂怒的野牛,沿着车轮,朝车子直冲过来。王亲自扳弓射击,一箭就将野牛射死。王抽出曲柄的旗子,竿上装有牛尾的,去按野牛的头,仰起头朝天笑道:"快乐呀,今天的游猎!寡人千万年以后(意思就是死后),和谁这样娱乐呢?"安陵君泪流满面,走向前道:"臣在内和王坐近,出外和王同车,大王千万年之后,臣情愿身自去探试黄泉,替王做蓐垫,避免蚂蚁,这种快乐谁能比得了呢?"王很高兴,乃封坛立他为安陵君(到此刻才封为安陵君,以前称安陵君乃是追谥)。君子听见了道:"江乙可算得善于谋划,安陵君可算得明了时机的了。"

江乙为魏使于楚

江乙为魏使于楚,谓楚王曰:"臣入竟,闻楚之俗,不蔽人之善,不言人之恶,诚有之乎?"王曰:"诚有之。"江乙曰:"然则白公之乱,得无遂乎?诚如是,臣等之罪免矣。"楚王曰:"何也?"江乙曰:"州侯相楚,贵甚矣,而主断,左右俱曰无有,如出一口矣。"

【译解】

江乙替魏国出使于楚国,对楚王道:"臣进楚国的国境,听说楚国的习俗,不隐人的善处,不说人的过恶,真有这事吗?"王道:"真有的。"江乙道:"那么白公的作乱,焉得不成功?如果真这样,臣等的罪过,都可以免去了。"楚王道:"为何呢?"江乙道:"州侯辅相楚国,尊贵极了,而遇事专断,左右之人都说他没有这样,像一个嘴里说出来的似的。"

郢人有狱

郢人有狱,三年不决者,故令请其宅,以卜其罪。客因为之谓昭奚恤曰:"郢人某氏之宅,臣愿之。"昭奚恤曰:"郢人某氏,不当服罪,故其宅不得。"客辞而去。昭奚恤已而悔之,因谓客曰:"奚恤得事公,公何为以故与奚恤?"客曰:"非用故也。"曰:"谓而不得,有悦色,非故如何也。"

【译解】

郢有一人,牵连刑事,三年不曾判决,乃令别人去请求他的住宅(倘使有罪,被诉人的住宅当充公,别人可以请求为己有),以探听他是否有罪。客乃替他去对昭奚恤说道:"郢有某人的住宅,臣想要。"昭奚恤道:"某人不应当判罪,所以他的住宅不可以得。"客乃告辞而去。过了一会儿,昭奚恤心中懊悔,乃对客人道:"奚恤能侍候公,公为何设事刺探我?"客人道:"并没设事刺探呀!"昭奚恤道:"请求住宅,不曾得着,反有喜悦的颜色,怎么不是设事刺探呢?"

城浑出周

城浑出周,三人偶行,南游于楚,至于新城。城浑说其令曰:"郑、魏者,楚之奥国;而秦,楚之强敌也。郑、魏之弱,而楚以上梁应之;宜阳之大也,楚以弱新城围之。蒲反、平阳,相去百里,秦人一夜而袭之,安邑不知;新城、上梁,相去五百里,秦人一夜而袭之,上梁亦不知也。今边邑之所恃者,非江南、泗上也。故楚王何不以新城为主郡也?边邑甚利之。"新城公大说,乃为具驷马乘车,五百金之楚。城浑得之,遂南交于楚,楚王果以新城为主郡。

【译解】
城浑离开周,与两个人一同南行去楚国,到了新城。城浑对新城的令尹道:"郑和魏对于楚是一个弱国,而秦乃是楚的强敌。郑和魏这般弱,而楚国以上梁抵挡他们;宜阳强大,楚国反以弱小的新城去围困它。蒲坂和平阳相离百里,秦国人一夜之间加以袭击,安邑都不知道;新城和上梁相离五百里,秦国人一夜之间袭击到,上梁也不会知道。现在边界的城邑,不像江南、泗上那样稳固了,楚王何不将新城做主要的郡县?边邑甚感便利。"新城的令尹大乐,乃替他借四马的兵车,赠他五百金,作为往楚国的路费。城浑得了这些,乃南行到楚国去活动,楚王果然将新城改为主郡。

韩公叔有齐魏

韩公叔有齐、魏,而太子有楚、秦,以争国。郑申为楚使于韩,矫以新城、阳人予太子。楚王怒,将罪之。对曰:"臣矫予之,以为国也。臣为太子得新城、阳人,以与公叔争国而得之,齐、魏必伐韩。韩氏急,必悬命于楚,又何新城、阳人之敢求?太子不胜,然而不死,今将倒冠而至,又安敢言地?"楚王曰:"善!"乃不罪也。

【译解】

韩公叔有齐和魏的援助,韩太子有楚和秦的援助,二人乃争夺韩国的王位。郑申替楚国出使于韩,假传君命,将新城和阳人给与韩太子。楚王发怒,将要责罚他。郑申对道:"臣假传王命,将地给韩太子,是为的国家。臣助韩太子得有新城、阳人,以便和公叔争韩国的王位,倘使能得着,齐和魏必定要去攻打韩国。韩国急了,必定全靠楚国去援救,又哪敢要求什么新城、阳人?太子若不能胜利,只能侥幸免死,将散着冠冕逃来,又哪敢谈土地的事呢?"楚王道:"好的!"乃不责罚他。

楚王问于范环

楚王问于范环曰:"寡人欲置相于秦,孰可?"对曰:"臣不足以知之。"王曰:"吾相甘茂可乎?"范环对曰:"不可!"王曰:"何也?"曰:"夫史举,上蔡之监门也,大不知事君,小不知处室,以苛廉闻于世,甘茂事之顺焉。故惠王之明,武王之察,张仪之好谮,甘茂事之,取十官而无罪,茂诚贤者也,然而不可相秦。秦之有贤相也,非楚国之利也。且王尝用滑于越,而纳句章,昧之难,越乱,故楚南察濑胡而野江东,计王之功,所以能如此者,越乱而楚治也。今王以用之于越矣,而忘之于秦,臣以为王钜速忘矣!王若欲置相于秦乎?若公孙郝者可。夫公孙郝之于秦王,亲也,少与之同衣,长与之同车,被王衣以听事,真大王之相已!王相之,楚国之大利也。"

【译解】

楚王问范环道:"寡人要立一人做秦王的相国,谁可以呢?"范环对道:"臣不知道。"王道:"我差甘茂去做秦的相国,好吗?"范环道:"不可以。"王道:"为何呢?"范环道:"史举是上蔡的监门,大不知道侍候国君,小不知道处理家室,以苛刻精严闻名,甘茂侍奉他,能够和顺。像惠王之精明,武王之苛察,张仪喜欢说人坏话,甘茂侍奉他们,做过十个官,未曾得罪,茂实在是贤人,但是不能让甘茂做秦的相国。秦国有好相国,不是楚国的利益。而且王曾差召滑往越国任事,而将合稽的句章纳入国境之内,所以楚虽有'唐昧之难',因为越国有内乱,楚国还能取得南面的濑湖,加以治理,边境直接到江东的地方。所以能够如此,是因为越国有内乱啊,王既已对越施用过这计策,对秦反而忘却,臣以为王忘得太快了!王要在秦立一相国吗?像公孙郝就可以。公孙郝对于秦王甚亲近,小时和他共穿衣服,年长和他同坐一车,披着秦王的衣服,治理公事,这真是大王应派的相国!王差他做秦的相国,才是楚国的大利。"

苏秦为赵合从说楚威王

苏秦为赵合从,说楚威王曰:"楚,天下之强国也。大王,天下之贤王也。楚地西有黔中、巫郡,东有夏州、海阳,南有洞庭、苍梧,北有汾陉之塞、郇阳,地方五千里,带甲百万,车千乘,骑万匹,粟支十年,此霸王之资也。夫以楚之强,与大王之贤,天下莫能当也。今乃欲西面而事秦,则诸侯莫不南面而朝于章台之下矣。秦之所害于天下莫如楚,楚强则秦弱,楚弱则秦强,此其势不两立。故为王至计,莫如从亲以孤秦。大王不从亲,秦必起两军,一军出武关,一军下黔中,若此,则鄢、郢动矣。

臣闻治之其未乱,为之其未有也,患至而后忧之,则无及已。故愿大王之早计之!大王诚能听臣,臣请令山东之国,奉四时之献,以承大王之明制,委社稷宗庙,练士厉兵,在大王之所用之。大王诚能听臣之愚计,则韩、魏、齐、燕、赵、卫之妙音美人,必充后宫矣,赵、代良马橐他,必实于外厩。故从合则楚王,横成则秦帝。今释霸王之业,而有事人之名,臣窃为大王不取也!夫秦,虎狼之国也,有吞天下之心。秦,天下之仇雠也,横人皆欲割诸侯之地以事秦。此所谓养仇而奉仇者也。夫为人臣而割其主之地以外交,强虎狼之秦以侵天下,卒有秦患,不顾其祸。夫外挟强秦之威,以内劫其主,以求割地,大逆不忠,无过此者。故从亲,则诸侯割地以事楚;横合,则楚割地以事秦。此两策者,相去远矣!有亿兆之数,两者大王何居焉?故弊邑赵王使臣效愚计,奉明约,在大王命之!"

楚王曰:"寡人之国,西与秦接境,秦有举巴蜀、并汉中之心。秦虎狼之国,不可亲也。而韩、魏迫于秦患,不可与深谋,恐反人以入于秦,故谋未发而国已危矣。寡人自料,以楚当秦,未见胜焉。内与群臣谋,不足恃也。寡人卧不安席,食不甘味,心摇摇而悬旌,而无所终薄。今君欲一天下,安诸侯,存危国,寡人谨奉社稷以从!"

【译解】

苏秦替赵国合从,向楚威王说道:"楚国是天下的强国,大王是天下贤明的国王。楚国的地方:西面有黔中和巫郡,东面有夏州和海阳,南面有洞庭湖和苍梧山,北面有汾、陉之险,以及郇阳。地方五千里,被甲的兵士百万,兵车千辆,战马万匹,粟米可以支持十年,这乃是成霸王业的凭借。以楚国的强大,和大王的贤明,天下都不能抵挡。现在乃要西面侍奉秦国,那诸侯都要西面向章台朝拜了。秦国在天下最引为忧患的莫如楚国。楚国强盛,秦国就衰弱;楚国衰弱,秦国就强盛。两国势不并立。所以替王切实计划,不如合从拒秦,使秦国孤立。大王若不合从拒秦,秦国必定起两路兵,一路兵从武关出来,一路兵沿黔中而下。这一来,鄢、郢就震动了。

臣听说:在事体不曾扰乱之时,先加治理;在事体不曾发生之时,先行预防。祸患已到再忧虑,就来不及了,所以愿大王及早谋划! 大王果然听臣的计谋,臣请令山东诸国,四季进贡,遵从大王的明令法制,将社稷宗庙委属楚国,训练兵士,随大王使用。大王果然能听臣的愚笨的计策,韩、魏、齐、燕、赵、卫等国的声音美妙的美女,必定充满后宫,燕、代的好马和骆驼,必定装满了外面的马房。所以合从成功,楚国就成王业;连横成后,秦国就君临天下。现在释去霸王的事业,反有'侍候别人'的名义,臣私自替大王设想以为不值得哩! 秦国强暴,是'虎狼的国家',有吞并天下的心,秦国乃是天下的仇敌,主张连横的人都想割诸侯的土地,去侍奉秦国,这就是所谓'奉养仇敌'。为人臣的,割自己主上的土地,去外面结交强暴似虎狼的秦国,侵略天下,结果受秦国的祸患。外面挟恃强秦的威力,内里胁迫自己的君主,要求割地,大逆不忠,没有较此更甚的了。所以合从固结,诸侯就割地侍奉楚国;连横成后,楚国就割地侍奉秦国。这两个计策相差万分的远,大王选用哪一个呢? 所以敝国国王差臣来献呈愚陋的计划,遵守大王的约定,随大王怎样命令。"

楚王道:"寡人的国西面和秦国接境,秦国有攻取巴蜀、兼并汉中的心,秦国是虎狼的国家,不可和他亲近。而韩、魏又被秦国胁迫,不可和他们认真谋划,恐怕他们叛逆我,反到秦国告密,计谋未曾发动,国家已经危险了。寡人自己度量,以楚抵挡秦,未见得能胜,内里和群臣计划,又不可靠。寡人睡时不能安贴,食时不辨美味,心中忧愁不定,像悬挂着的旗子一般没有着落。现在君想统一天下,安抚诸侯,保存危国,寡人敬以敝国相从。"

张仪为秦破从连横说楚王

张仪为秦破从连横,说楚王曰:"秦地半天下,兵敌四国,被山带河,四塞以为固;虎贲之士百余万,车千乘,骑万匹,粟如丘山,法令既明,士卒安难乐死,主严以明,将知以武;虽无出兵甲,席卷常山之险,折天下之脊,天下后服者先亡。且夫为从者,无以异于驱群羊而攻猛虎也,夫虎之与羊,不格明矣。今大王不与猛虎而与群羊,窃以为大王之计过矣!

"凡天下强国,非秦而楚,非楚而秦,两国敌侔交争,其势不两立。而大王不与秦,秦下甲兵,据宜阳,韩之上地不通,下河东,取成皋,韩必入臣于秦。韩入臣,魏则从风而动,秦攻楚之西,韩、魏攻其北,社稷岂得无危哉!且夫约从者,聚群弱而攻至强也。夫以弱攻强,不料敌而轻战,国贫而骤举兵,此危亡之术也。臣闻之:'兵不如者,勿与挑战;粟不如者,勿与持久。'夫从人者饰辩虚辞,高主之节行,言其利而不言其害,卒有楚祸,无及为已。是故愿大王之熟计之也!

"秦西有巴蜀,方船积粟,起于汶山,循江而下,至郢三千余里。舫船载卒,一舫载五十人,与三月之粮,下水而浮。一日行三百余里,里数虽多,不费马汗之劳,不至十日而距扞关。扞关惊,则从竟陵已东,尽城守矣,黔中、巫郡非王之有已。秦举甲出之武关,南面而攻,则北地绝。秦兵之攻楚也,危难在三月之内,而楚恃诸侯之救,在半岁之外,此其势不相及也。夫恃弱国之救,而忘强秦之祸,此臣之所以为大王之患也。且大王尝与吴人五战,三胜而亡之,陈卒尽矣,有偏守新城,而居民苦矣。臣闻之:'攻大者易危,而民弊者怨于上。'夫守易危之功,而逆强秦之心,臣窃为大王危之!

"且夫秦之所以不出甲于函谷关十五年以攻诸侯者,阴谋有吞天下之心也。楚尝与秦构难,战于汉中,楚人不胜,通侯执珪死者七十余人,遂亡汉中。楚王大怒,兴师袭秦,战于蓝田,又却。此所谓两虎相搏者也。夫秦、楚相弊,而韩、魏以全制其后,计无过于此者矣,是故愿大王熟计之也!

"秦下兵攻卫、阳晋,必开扃天下之匈,大王悉起兵以攻宋,不至数月而宋可举。举宋而东指,则泗上十二诸侯,尽王之有已。凡天下所信约从亲坚者苏秦,封为武安君而相燕,即阴与燕王谋破齐,共分其地。乃佯有罪,出走入齐,齐王因受而相之。居二年而觉,齐王大怒,车裂苏秦于市。夫以一诈伪反覆之苏秦,而欲经营天下,混一诸侯,其不可成也,亦明矣。

"今秦之与楚也,接境壤界,固形亲之国也。大王诚能听臣,臣请秦太子入质于楚,楚太子入质于秦,请以秦女为大王箕帚之妾,效万家之都,以为汤沐之邑,长为昆弟之国,终身无相攻击。臣以为计无便于此者。故敝邑秦王使使臣献书大王之从车下风,须以决事。"

楚王曰:"楚国僻陋,托东海之上。寡人年幼,不习国家之长计。今上客幸教以明制,寡人闻之,敬以国从。"乃遣使车百乘,献鸡骇之犀、夜光之璧于秦王。

【译解】

张仪替秦国破坏从约,完成连横,去向楚王道:"秦国的土地占有天下的一半,兵力可抵敌四方诸国,背山横河,四境险要,国家巩固;勇力的兵士一百多万,兵车千辆,战马万匹,粟米堆积如山,法令严明,兵士不怕艰难,乐于效死,主上威严明察,将帅聪明勇武;虽不出兵,攻取常山的险隘,如同卷席子一般容易,丝毫无遗,既取常山,又如同折断了天下的脊梁,天下后服从的,必先遭灭亡。而且主张合从的,等于驱赶一群羊去攻击猛虎,羊不敌虎,是很明显的事。现在大王不帮助猛虎,反帮助群羊,窃自以为大王的计策错了!

"大凡天下的强国,不是秦,即是楚,不是楚,即是秦,两国势均力敌,势不两立。大王若不和秦国联合,秦国发兵,占据宜阳,韩国上流的地方就被隔绝,秦兵攻下河东的地方,取成皋,韩王必定进秦为臣。韩臣事秦,魏必立刻效法韩国。秦攻打楚的西面,韩、魏攻打楚的北面,楚国焉得不危险?并且,主张合从的,是聚集一群微弱的,去攻打最强的。以微弱的去攻击强盛的,不度量敌人,轻率地开战,故国家穷困,这样忽然起兵,乃是致危亡的方法。臣听说:'兵力比不过人,不要向人挑战;粮食比不过人,不要和人持久。'主张合从的人,用穿凿的辩论和空虚的话,赞扬人主的节操品行,只说利益,不谈害处,结果楚国有祸患,已不及救了,所以愿大王仔细考虑。

"秦国西面有巴蜀,用两船相并装粟米,从汶山起,沿江而下,到郢有三千多里。合并的船运载士兵,每船可载五十人和三个月的粮食,浮水而下,一天行三百多里,里数虽然多,不费汗马的劳力,不到十天,已到扞关。扞关惊忧后,从竟陵以东,都戒备守城了,黔中和巫郡不是王所有的了。秦国发兵出武关,攻打南面,楚国北面的地方就被断绝。秦兵攻打楚国,楚国在三个月以内遭到危难,而所倚恃的诸侯的救兵,在半年以外才到,所以两国的势力不敌。倚恃弱国的救援,忘去强秦的祸患,这乃是臣替大王所忧虑的事。而且,大王曾和吴国打过五次仗,胜了三次,灭去吴国,楚国的旧兵都死光了,又遍守新得的城池,居民因此困苦。臣听说:'攻打强大之国,容易遭危险;民人困弊,就怨恨在上位的人。'现在保守容易致危的功业,又违逆强秦的心,臣窃自替大王觉得危险啊!

"而且,秦国十五年都不出兵函谷关攻打诸侯,乃是阴谋有吞并天下之心。楚曾和秦构成祸难,在汉中开战,楚国打败,通侯执珪死的有七十多人,遂失去汉中。楚王大怒,起兵袭击秦国,在蓝田开战,又战败,这就是所谓'两个老虎打架'。秦和楚互相困弊,韩和魏用全力控制他们的后方,计谋没有比这个再危险的了,所以愿大王细加考虑。

"秦国发兵攻打卫和晋阳,必关闭'天下的胸口'(卫和晋阳是秦、晋、齐和楚交通的要道,以形势言,好似'天下的胸口')。大王发所有的兵,去攻打宋国,不到几个月,可以取有宋国。取有宋国后,再东向进兵,泗水上十二个国尽属于王了。天下最相信合从的是苏秦,苏秦被封为武安君,做燕国的相国,就和燕王阴谋破齐国,共分齐国的地。于是假装有罪,逃往齐国,齐王乃收留他做相国。过了两年,阴谋发觉,齐王大怒,用车子将苏秦分裂死。以一个奸诈反复的苏秦,而想经营天下,统一诸侯,不能成功,是很明显的事。

"现在秦和楚的国境相接,本是亲近之国。大王果然能听臣之计,臣请令秦国的太子抵押于楚,楚国的太子抵押于秦,将秦王的女儿嫁给大王,侍奉洒扫之事,献万家的都邑,作为汤沐邑(封地以所入的赋税供沐浴的费用),永远为兄弟之国,终身不互相攻击。臣以为计谋没有比这个再便利的。所以敝国秦王差使臣,献画于大王随从的车乘,居于下风,敬等大王决定。"

楚王道:"楚国偏僻鄙陋,依近东海。寡人年幼,不知替国家设长久之计。现在有幸的是,贵客教以明令制度,寡人听后,敬以楚国相从。"乃差使人率领一百辆兵车,将"鸡骇之犀"(通天犀中间有条白纹像线,上面放了米给鸡吃,鸡见了惊退,所以名"鸡骇之犀")和夜光玉璧献给秦王。

魏相翟强死

魏相翟强死,为甘茂谓楚王曰:"魏之几相者,公子劲也。劲也相魏,魏、秦之交必善。秦、魏之交完,则楚轻矣。故王不如与齐约,相甘茂于魏。齐王好高人以名,今为其行人请魏之相,齐必喜。魏氏不听,交恶于齐。齐、魏之交恶,必争事楚。魏氏听,甘茂与樗里疾,贸首之仇也,而魏、秦之交必恶,又交重楚也。"

【译解】

魏国的国相翟强死后,有人替甘茂对楚王说道:"魏国有希望做国相的,是公子劲。公子劲若做国相,魏和秦的邦交必定和好。秦、魏的邦交若完善,楚国的地位就轻了。所以王不如和齐国结约,共助甘茂为魏的国相。齐王以喜欢身居人上著名,现在我们做他聘问的使者,去请求魏国国相之事,齐王必定高兴。可是魏国不听从,齐、魏的邦交必转恶劣,齐、魏必定争着侍奉楚国了。假使魏国听从齐王的建议,令甘茂做国相,而甘茂又和秦相樗里疾是互相要对方首级的仇人,魏和秦的邦交因此恶劣,魏国又将倚重楚国了。"

术视伐楚

术视伐楚,楚令昭鼠以十万军汉中,昭雎胜秦于重丘。苏厉谓宛公昭鼠曰:"王欲昭雎之乘秦也,必分公之兵以益之。秦知公兵之分也,必出汉中。请为公令芈戎谓王曰:'秦兵且出汉中。'则公之兵全矣。"

【译解】
术视率秦兵攻打楚国,楚国派昭鼠领十万兵屯在汉中,昭雎在重丘将秦兵击败。苏厉向宛公昭鼠道:"王想令昭雎乘势攻打秦国,必定要分公的兵,去添补昭雎的兵。秦国知道公的兵被分割,必定要出兵汉中。请允许我为你让芈戎告诉王:'秦国将出兵汉中!'公的兵就可以保全了。"

四国伐楚

四国伐楚，楚令昭雎将以距秦，楚王欲击秦，昭侯不欲。桓臧为昭雎谓楚王曰："雎战胜，三国恶楚之强也，恐秦之变而听楚也，必深攻楚以劲秦。秦王怒于战不胜，必悉起而击楚，是王与秦相罢，而以利三国也。战不胜秦，秦进兵而攻，不如益昭雎之兵，令之示秦必战。秦王恶与楚相弊，而令天下，秦可以少割而收害也。秦、楚之合，而燕、赵、魏不敢不听，三国可定也。"

【译解】

秦、魏、燕、赵四国共打楚国，楚国派昭雎领兵抵拒秦兵，楚王要攻打秦国，昭雎不愿意。桓臧替昭雎对楚王说道："昭雎若战胜秦，燕、赵、魏三国嫉恨楚国太强，又恐怕秦国改变原意，听从楚国，必定加力攻打楚国，以增强秦国。秦王因战败忿怒，必定总动员攻袭楚国，王乃是和秦国互相困敝，使燕、赵、魏三国享利益。楚若战不胜秦，秦必进兵攻击楚。所以不如增加昭雎的兵，令他对秦国表示必定开战。秦王不喜和楚国互相困敝，让天下受利，这样，秦可以割少许地给楚国，免去战争的祸害。秦和楚联合，燕、赵、魏不敢不听从，三国也可以平定了。"

楚怀王拘张仪

楚怀王拘张仪,将欲杀之。靳尚为仪谓楚王曰:"拘张仪,秦王必怒,天下见楚之无秦也,楚必轻矣。"又谓王之幸夫人郑袖曰:"子亦自知且贱于王乎?"郑袖曰:"何也?"尚曰:"张仪者,秦王之忠信有功臣也。今楚拘之,秦王欲出之。秦王有爱女而美,又简择宫中佳玩丽好玩习音者,以欢从之,资之金玉宝器,奉以上庸六县为汤沐邑,欲因张仪内之楚王,楚王必爱。秦女依强秦以为重,挟宝地以为资,势为王妻以临于楚。王惑于虞乐,必厚尊敬亲爱之而忘子。子益贱而日疏矣。"郑袖曰:"愿委之于公,为之奈何?"曰:"子何不急言王,出张子。张子得出,德子无已时,秦女必不来,而秦必重子。子内擅楚之贵,外结秦之交,畜张子以为用。子之子孙,必为楚太子矣,此非布衣之利也。"郑袖遽说楚王出张子。

【译解】

楚怀王拘留张仪,将要杀他,靳尚替张仪去向楚王道:"拘留张仪,秦王必定发怒,天下见楚国失去秦国的援助,楚国的地位就轻了。"又向楚王宠幸的姬妾郑袖道:"你自己也知道将被王贱视了么?"郑袖道:"什么缘故呢?"靳尚道:"张仪是秦王的有功的忠臣,现在楚国将他拘留,秦王想释放他。秦王有个美丽的爱女,又选择官中美貌的女子精于音乐的陪嫁,令他的女儿快乐,并赠送金玉宝器,以上庸的六个县作为汤沐邑,想因张仪进献给楚王。楚王必定爱秦王的女儿,秦王的女儿依附强秦,尊崇自己的地位,挟持宝器土地以为凭借,势必做王的妻,临视楚国。王被娱乐迷惑,必定极端地尊敬亲爱她,忘去了你。你必被贱视,日益疏远了。"郑袖道:"情愿托公料理,怎么办呢?"靳尚道:"你何不快对王说,释放张子(张仪)?张子能放出,感激你不尽,秦王的女儿必不会来,秦国必尊重你。你内里保有楚国的尊贵,外面结交秦国,留张子供你的使用。你的子孙,必做楚国的太子了,这不是平凡的利益。"郑袖立刻去对楚王说,释放张子。

楚襄王为太子之时

楚襄王为太子之时,质于齐。怀王薨,太子辞于齐王而归。齐王隘之:"予我东地五百里,乃归子。子不予我,不得归。"太子曰:"臣有傅,请退而问傅!"傅慎子曰:"献之地!所以为身也,爱地不送死父,不义。臣故曰献之便。"太子入,致命齐王曰:"敬献地五百里!"齐王归楚太子。

太子归,即位为王,齐使车五十乘来取东地于楚。楚王告慎子曰:"齐使来求东地,为之奈何?"慎子曰:"王明日朝群臣,皆令献其计。"上柱国子良入见。王曰:"寡人之得求反,主坟墓、复群臣、归社稷也,以东地五百里许齐。齐令使来求地,为之奈何?"子良曰:"王不可不与也。王身出玉声,许强万乘之齐,而不与,则不信,后不可以约结诸侯。请与而复攻之。与之信,攻之武。臣故曰与之。"子良出,昭常入见。王曰:"齐使来求东地五百里,为之奈何?"昭常曰:"不可与也。万乘者,以地大为万乘。今去东地五百里,是去战国之半也。有万乘之号,而无千乘之用也,不可。臣故曰勿与,常请守之!"昭常出,景鲤入见。王曰:"齐使来求东地五百里,为之奈何?"景鲤曰:"不可与也。虽然,楚不能独守,王身出玉声,许万乘之强齐也,而不与,负不义于天下。楚亦不能独守,臣请西索救于秦。"

景鲤出，慎子入。王以三大夫计告慎子曰："子良见寡人曰：'不可不与也，与而复攻之。'常见寡人曰：'不可与也，常请守之。'鲤见寡人曰：'不可与也。虽然，楚不能独守也，臣请索救于秦！'寡人谁用于三子之计？"慎子对曰："王皆用之。"王艴然作色曰："何谓也？"慎子曰："臣请效其说，而王且见其诚然也。王发上柱国子良车五十乘，而北献地五百里于齐。发子良之明日，遣昭常为大司马，令往守东地。遣昭常之明日，遣景鲤车五十乘，西索救于秦。"王曰："善！"乃遣子良北献地于齐，遣子良之明日，立昭常为大司马，使守东地，又遣景鲤西索救于秦。

子良至齐，齐使人以甲受东地。昭常应齐使曰："我典主东地，且与死生，悉五尺至六十三十余万弊甲钝兵，愿承下尘！"齐王谓子良曰："大夫来献地，今常守之，何如？"子良曰："臣身受命弊邑之王，是常矫也，王攻之！"齐王大兴兵攻东地，伐昭常。未涉疆，秦以五十万临齐右壤，曰："夫隘楚太子弗出，不仁；又欲夺之东地五百里，不义。其缩甲则可，不然，则愿待战！"齐王恐焉，乃请子良南道楚，西使秦，解齐患。士卒不用，东地复全。

【译解】

楚襄王做太子的时候，质押在齐国。楚怀王死，太子向齐王辞别要回国。齐王阻止不许道:"给我楚国东境的地方五百里,乃放你回去,不给我,不能回去。"太子道:"臣有一师傅,让臣下去问他一声。"师傅名慎子的道:"献给他,为了身体,方才爱地。爱土地遂不送死去的父亲,不合于义。臣所以说献给他为是。"太子进去,复命齐王道:"敬献地五百里?"齐王乃让太子回去。

太子回国后,即位为王,齐国派五十辆兵车到楚国,接收东境的土地。楚王告诉慎子道:"齐国派人来要东面的地,怎么办呢?"慎子道:"王明天朝见群臣,令他们都各献计策。"次日,上柱国子良进见。王道:"寡人所以能够回来葬先王,复见群臣,更有社稷,乃是将东面五百里的地方许给了齐国。齐国现在派人来要地,怎么办呢?"子良道:"王不可以不给他。王发话像金玉的声音一般尊贵,又许给拥有万辆兵车的强大齐国,若不给他,就失去信实,以后不能和诸侯结约。请先给他,再攻打他。给他是守信,攻打他是勇武。臣所以说给他。"子良退出,昭常进见。王道:"齐国派人来要东面的五百里地,怎么办呢?"昭常道:"不可以给他,万乘之国,是因为土地大,才叫作万乘之国。现在去掉东面的五百里地,是去了国家的一半,有万乘之国的名号,却没有千乘之国的实用。臣所以说不给他,常请去守东境的土地。"昭常退出,景鲤进见。王道:"齐国派人来要东面的五百里地,怎么办呢?"景鲤道:"不可以给他,但是楚国不能够独守。王说的话像金玉的声音一般尊贵,允许了有万辆兵车的强齐,若不给他,负不义的名于天下。楚国也不能够独守,臣请西面往秦国求救兵。"

景鲤出去,慎子进来,王将三个大夫的计策告诉慎子道:"子良见寡人道:'不可以不给齐国,给他后,再攻打他。'子常见寡人道:'不可以给齐国,常请去守土地。'景鲤见寡人道:'不可以给齐国,但是,楚国不能够独守,臣请往秦国请救兵。'寡人用三人中谁的计策呢?"慎子对道:"王全用。"王发怒变色道:"这是怎么讲?"慎子道:"让臣来解说,王将知道臣所说的是实话。王遣发上柱国子良领五十辆兵车,北面往齐国去献五百里地;遣发子良的第二天,派昭常做大司马,去守东境的地;遣发昭常的第二天,派景鲤以兵车五十辆往秦国求救兵。"王道:"好的!"乃派子良北面往齐国献地。遣发子良的第二天,立昭常做大司马,使他去守东境的地。又派景鲤往西面的秦国求救兵。

子良到了齐国,齐国派人带兵去接收楚国东境的地。昭常向齐国的使者道:"我镇守东境的土地,将和它共死生,尽发老幼的士卒,共有三十多万,破弊的甲胄,迟钝的兵器,都愿承接贵军下首的灰尘。"齐王对子良道:"大夫来献地,现在常来镇守,是何缘故呢?"子良道:"臣亲受敝国国王的命令,必是常假传王命,王攻打他!"齐王大发兵攻打楚国东境的地方,讨伐昭常。未曾过楚的疆界,秦国以五十万兵开到齐国右面的境界,道:"留住楚太子不放,这是不仁;又要夺楚国东境五百里地,这是不义。你收兵还可以,不然,就要等着决战!"齐王害怕,乃请子良南面往楚国去讲和,西面到秦国去声明不攻打楚国。楚国解除了齐国的患难,兵卒不曾用,东境的地都保全了。

苏子谓楚王

苏子谓楚王曰："仁人之于民也，爱之以心，事之以善言；孝子之于亲也，爱之以心，事之以财；忠臣之于君也，必进贤人以辅之。今王之大臣父兄，好伤贤以为资，厚赋敛诸臣百姓，使王见疾于民，非忠臣也。大臣播王之过于百姓，多赂诸侯以王之地，是故退王之所爱，亦非忠臣也，是以国危。臣愿无听群臣之相恶也，慎大臣父兄，用民之所善，节身之嗜欲，以百姓。人臣莫难于无妒而进贤。为主死易，垂沙之事，死者以千数；为主辱易，自令尹以下，事王者以千数。至于无妒而进贤，未见一人也。故明主之察其臣也，必知其无妒而进贤也；贤之事其主也，亦必无妒而进贤。夫进贤之难者，贤者用且使己废，贵且使己贱，故人难之。"

【译解】

苏子对楚王说道："仁慈的人对于百姓，用真心去爱他们，用好话去抚慰他们；孝子对于双亲，用真心去爱他们，用货财去奉养他们；忠臣对于国君，必要推举贤人辅佐他。现在王的大臣和亲戚，喜欢损害贤人，做自己进身之资，向臣下和百姓收重量的赋税，令王被百姓怨恨，这不是忠臣。大臣向百姓播扬王的过失,用王的土地,多多地贿赂诸侯,所以和王所爱的背反,也不是忠臣,所以国家危殆。臣愿王不要听群臣的互相毁谤,不要轻用大臣贵戚,而用百姓所称善的,节制自己的嗜好欲望。因为百姓和人臣最难做到的,就是不嫉妒而推举贤人。替主上效死反而容易,垂沙的事,死的人上千;为主上背负耻辱也很容易,从令尹以下,侍奉王的有上千人;至于不嫉妒而推举贤人的,未见过有一个人。所以明主审察他的臣子,必要知道他们是否不嫉妒,喜欢推举贤人;贤臣侍奉君主,也必不嫉妒,而推举贤人。推举贤人的难处是这样。贤人得用,将使自己废弃。贤人尊贵,将令自己卑贱。所以人以为困难。"

苏秦之楚

苏秦之楚,三日乃得见乎王,谈卒,辞而行。楚王曰:"寡人闻先生若闻古人。今先生乃不远千里而临寡人,曾不肯留,愿闻其说!"对曰:"楚国之食贵于玉,薪贵于桂,谒者难得见如鬼,王难得见如天帝。今令臣食玉炊桂,因鬼见帝。"王曰:"先生就舍,寡人闻命矣!"

【译解】

苏秦到楚国,三天才会见楚王,说完话,辞别要走。楚王道:"寡人闻听先生的大名,像听见古来的贤人一般。现在先生居然不以千里为远,到寡人这里来,乃不肯停留,愿听先生说明意旨。"对道:"楚国的食料比玉还贵,柴比桂花树还贵,传达的使者像鬼一般更难得见着,王像天帝一般更难得会见。现在令臣吃玉炊桂,因小鬼去会见天帝。"王道:"先生且回客馆住,寡人明白先生的意思了!"

张仪之楚贫

张仪之楚,贫,舍人怒而归。张仪曰:"子必以衣冠之敝,故欲归,子待我为子见楚王。"当是之时,南后、郑袖贵于楚,张子见楚王,楚王不说。张子曰:"王无所用臣,臣请北见晋君。"楚王曰:"诺!"张子曰:"王无求于晋国乎?"王曰:"黄金、珠玑、犀象出于楚,寡人无求于晋国。"张子曰:"王徒不好色耳!"王曰:"何也?"张子曰:"彼郑、周之女,粉白墨黑,立于衢间,非知而见之者,以为神。"楚王曰:"楚僻陋之国也,未尝见中国之女如此其美也。寡人之独何为不好色也?"乃资之以珠玉。南后、郑袖闻之大恐,令人谓张子曰:"妾闻将军之晋国,偶有金千斤,进之左右,以供刍秣。"郑袖亦以金五百斤。

张子辞楚王曰:"天下关闭不通,未知见日也。愿王赐之觞!"王曰:"诺!"乃觞之。张子中饮,再拜而请曰:"非有他人于此也,愿王召所便习而觞之!"王曰:"诺!"乃召南后、郑袖而觞之。张子再拜而请曰:"仪有死罪于大王。"王曰:"何也?"曰:"仪行天下遍矣,未尝见人如此其美也!而仪言得美人,是欺王也。"王曰:"子释之,吾固以为天下莫若是两人也。"

【译解】

张仪到楚后穷困，左右亲近的人发怒要回去。张仪道："子必是因衣帽破敝了的缘故要回去，子等待我替子去见楚王。"那时南后和郑袖在楚国极受王的宠幸，张仪去见楚王，楚王不喜欢。张仪道："王不用臣，臣请往北面去见晋君。"楚王道："可以！"张仪道："王对于晋国，没有什么需求的吗？"王道："黄金、珠玑（玑是不圆的珍珠）犀牛角和象牙，都是楚国的出产，寡人对于晋国，没有需求的。"张仪道："王就不好色吗？"王道："什么？"张仪道："那些郑、周的女子，脸上雪白的敷着粉，头发黝黑，站在街市上，不知道的看见了，当作神仙下降。"楚王道："楚国是偏僻鄙陋的国家，未曾见过中国的女子这般美貌！寡人为何独不好色呢？"乃赠张仪珠玉。南后和郑袖听见了，大起恐慌，南后令人对张仪说道："妾听说将军往晋国去，适巧有金千斤，进献给左右，供喂马的费用。"郑袖也赠送了五百斤黄金。

张仪向楚王辞别道："天下隔绝，交通不便，不知何日再见，愿王赐杯酒。"王道："可以！"乃赐他饮酒。张仪饮得半醉，向楚王下拜请求道："此地没有旁人，愿王集所亲幸的人来，赐臣饮酒。"王道："可以！"乃召南后和郑袖来敬张仪酒。张仪向王再三礼拜，告诉王道："仪得罪了大王，应当处死。"王道："为何？"张仪道："仪走遍天下，未曾见过有人这般美貌！而仪所说的替王觅得美人，是欺骗王了。"王道："子不必挂怀，我本来也以为天下没有比这两人再美丽的。"

楚王令昭雎之秦重张仪

楚王令昭雎之秦重张仪，未至，惠王死，武王逐张仪。楚王因收昭雎以取齐。桓臧为雎谓楚王曰："横亲之不合也，仪贵惠王而善雎也。今惠王死，武王立，仪走，公孙郝、甘茂贵。甘茂善魏，公孙郝善韩，二人固不善雎也，必以秦合韩、魏。韩、魏之重仪，仪有秦而雎以楚重之。今仪困秦而雎收楚，韩、魏欲得秦，必善二人者。将收韩、魏轻仪而伐楚，方城必危。王不如复雎，而重仪于韩、魏，仪据楚势，挟魏重，以与秦争。魏不合秦，韩亦不从，则方城无患。"

【译解】

楚王派昭雎往秦国引重张仪，不曾到，秦惠王死了，武王驱逐张仪。楚王乃因此拘捕昭雎，收齐国的心。桓臧替昭雎向楚王说道："连横不曾成功，是因为秦惠王推举张仪，而张仪又和昭雎友善。现在秦惠王死去，秦武王即位，张仪出走，公孙郝和甘茂被重用。甘茂和魏国好，公孙郝和韩国好，两人本不和昭雎友善，必定使秦国和韩、魏联合。韩、魏当初倚重张仪，张仪有秦国的威势，所以昭雎也以楚国去引重他。现在张仪被秦国所困，昭雎被楚国拘捕，韩、魏想得秦国的援助，必定和公孙郝、甘茂二人交护。二人将收韩、魏的心,轻视张仪,攻打楚国,楚国的方城必定危险了。王不如恢复昭雎的地位,引重张仪于韩、魏。张仪据有楚国的势力,挟持魏国的威权,和秦国相争。结果魏不和秦联合,韩也不服从秦,楚国的方城就没有忧患了。"

五国伐秦

五国伐秦,魏欲和,使惠施之楚。楚将入之秦而使行和。杜赫谓昭阳曰:"凡为伐秦者,楚也。今施以魏来,而公入之秦,是明楚之伐,而信魏之和也。公不如无听惠施,而阴使人以请听秦。"昭子曰:"善!"因谓惠施曰:"凡为攻秦者,魏也。今子从楚为和,楚得其利,魏受其怨。子归,吾将使人因魏而和。"惠子反,魏王不说。杜赫谓昭阳曰:"魏为子先战,折兵之半。谒病不听,请和不得。魏折而入齐、秦,子何以救之?东有越累,北无晋,而交未定于齐、秦,是楚孤也。不如速和。"昭子曰:"善!"因令人谒和于魏。

【译解】

齐、楚、韩、赵、魏五国攻打秦国,魏国想求和,差惠施往楚国。楚国将送他进秦国去讲和。杜赫对昭阳道:"联合诸国,讨伐秦国,楚国是首领。现在惠施奉魏国的命令来,而公送他进秦国,这乃是表明是楚国讨伐秦国,而使秦国相信讲和的是魏国。公不如不要睬惠施,而暗地里差人往秦讲和,听从秦国的命令。"昭阳道:"好!"乃向惠施道:"领导攻打秦国的是魏国,现在你随从楚国去求和,楚国得到秦国谅解的利益,魏国被秦国怨恨。你回去,我们将差人因魏国向秦求和。"惠施回去,魏王不高兴。杜赫对昭阳说道:"魏国替你首先作战,毁去军队的一半。倾诉兵力困敝,不听;请求讲和,又不蒙允许。魏若倾向齐和秦,你如何补救呢?楚国东面有越国的患累,北面没有晋国的援助,和齐、秦的邦交尚未完固,楚国乃是孤立无援了,不如疾速讲和。"昭阳道:"好!"乃差人去往魏国,向秦求和。

陈轸告楚之魏

陈轸告楚之魏,张仪恶之于魏王曰:"轸犹善楚,为求地甚力。"左爽谓陈轸曰:"仪善于魏王,魏王甚信之,公虽百说之,犹不听也。公不如以仪之言为资,而得复楚。"陈轸曰:"善!"因使人以仪之言闻于楚,楚王喜,欲复之。

【译解】

陈轸离去楚国,前往魏国。张仪在魏王面前毁谤他道:"陈轸还和楚国好,极力地替楚国求地。"左爽向陈轸道:"张仪受魏王的尊重,魏王很相信他,公虽百般地解说,还是不听你的。公不如把张仪的话传到楚王耳朵里,而得复归楚国。"陈轸道:"好!"乃差人将张仪说的话传到楚国,楚王听了喜欢,果然想令陈轸回去。

魏王遗楚王美人

魏王遗楚王美人，楚王说之。夫人郑袖知王之说新人也，甚爱新人，衣服玩好，择其所喜而为之；宫室卧具，择其所善而为之。爱之甚于王。王曰："妇人所以事夫者，色也，而妒者，其情也。今郑袖知寡人之说新人也，其爱之甚于寡人，此孝子之所以事亲，忠臣之所以事君也！"郑袖知王以己为不妒也，因谓新人曰："王爱子美矣，虽然，恶子之鼻。子为见王，则必掩子鼻。"新人见王，因掩其鼻。王谓郑袖曰："夫新人见寡人，则掩其鼻，何也？"郑袖曰："妾知也……"王曰："虽恶，必言之。"郑袖曰："其似恶闻君王之臭也。"王曰："悍哉！"令劓之，无使逆命。

【译解】

魏王赠送楚王一美貌的女子，楚王很喜欢。夫人郑袖晓得楚王喜欢新人（指楚王新娶的美人），也极爱新人，衣服和装饰品，挑她所喜欢的选置；房间和卧具，挑她所喜欢的装设。爱她比楚王还甚。楚王道："妇人仗美色侍奉她的丈夫，嫉妒乃是常情。现在郑袖晓得寡人喜欢新人，爱新人较寡人还甚，这简直是孝子侍奉双亲，忠臣侍奉君主！"郑袖知道楚王当她不嫉妒了,乃向新人道:"王爱你的美貌,但是,不喜欢你的鼻子。你见了王,必要掩住你的鼻子。"新人见了王,乃掩住她的鼻子。王问郑袖道:"新人看见寡人,为何就将鼻子掩住呢?"郑袖道:"妾知道……"王道:"虽不是好话,必说出来。"郑袖道:"像是怕闻你的臭气吧。"王道:"胆大包天!"令割掉她的鼻子,任何人都不要违逆命令。

译解战国策

庄辛谓楚襄王

庄辛谓楚襄王曰:"君王左州侯,右夏侯,辇从鄢陵君与寿陵君,专淫逸侈靡,不顾国政,郢都必危矣。"襄王曰:"先生老悖乎?将以为楚国祅祥乎?"庄辛曰:"臣诚见其必然者也,非敢以为国祅祥也。君王卒幸四子者不衰,楚国必亡矣。臣请辟于赵,淹留以观之。"庄辛去之赵,留五月,秦果举鄢、郢、巫、上蔡、陈之地,襄王流掩于城阳,于是使人发驺,征庄辛于赵。庄辛曰:"诺!"

庄辛至,襄王曰:"寡人不能用先生之言,今事至于此,为之奈何?"庄辛对曰:"臣闻鄙语曰:'见兔而顾犬,未为晚也;亡羊而补牢,未为迟也。'臣闻昔汤、武以百里昌,桀、纣以天下亡。今楚国虽小,绝长续短,犹以数千里,岂特百里哉?王独不见夫蜻蛉乎?六足四翼,飞翔乎天地之间,俯啄蚊虻而食之,仰承甘露而饮之,自以为无患,与人无争也。不知夫五尺童子,方将调饴胶丝,加己乎四仞之上,而下为蝼蚁食也。蜻蛉其小者也,黄雀因是以。俯噣白粒,仰栖茂树,鼓翅奋翼,自以为无患,与人无争也。不知夫公子王孙,左挟弹,右摄丸,将加己乎十仞之上,以其类为招。昼游乎茂树,夕调乎酸咸,倏忽之间,坠于公子之手。夫雀其小者也,黄鹄因是以。游于江海,淹乎大沼,俯噣鳝鲤,仰啮䔲衡,奋其六翮而凌清风,飘摇乎高翔,自以为无患,与人无争也,不知夫射者方将修其碈卢,治其矰缴,将加己乎百仞之上,被礛磻,引微缴,折清风而抎矣,故昼游乎江河,夕调乎鼎鼐。夫黄鹄其小者也,蔡圣侯之事因是以。南游乎高陂,北陵乎巫山,饮茹溪流,食湘波之鱼,左抱幼妾,右拥嬖女,与之驰骋乎高蔡之中,而不以国家为事,不知夫子发方受命乎宣王,系己以朱丝而见之也。蔡圣侯之事,其小者也,君王之事因是以。左州侯,右夏侯,辇从鄢陵君与寿陵君,饭封禄之粟,而载方府之金,与之驰骋乎云梦之中,而不以天下国家为事,不知夫穰侯方受命乎秦王,填黾塞之内,而投己乎黾塞之外。"襄王闻之,颜色变作,身体战栗,于是乃以执珪而授之为阳陵君,与淮北之地也。

【译解】

庄辛向楚襄王道:"君王左面是州侯,右面是夏侯,辇(国君乘的车)后有鄢陵君和寿陵君相从,这四人专权淫乱,放纵奢侈,不顾国家的政事,楚国必将危险了!"襄王道:"先生老昏了吗?想用妖言惑众吗?"庄辛道:"臣实在见其必定要如此,并不敢妖言惑众。君王继续宠幸此四人,楚国必定要亡了!臣请避往赵国,久留在那里,静观楚国的事变。"庄辛往赵国,居留五月,秦国果然取楚国的鄢、郢、巫、上蔡和陈的地方,楚襄王逃匿到城阳,于是派人骑马做向导,往赵国请庄辛。庄辛答应道:"嗯!"

庄辛既到,楚襄王道:"寡人不听先生的话,现在事已如此,怎么办呢?"庄辛对道:"臣听俗语说过:'看见兔子,再回头指挥猎犬,尚不算晚;失去羊,再修补羊圈,尚不算迟。'臣听说:从前汤、武以百里的地兴起,桀、纣却以天下灭亡。现在楚国虽然小,截断长的,续补短的,尚有几千里地,何止百里?王难道没有见过蜻蜓吗?六双脚,四双翅,飞扬在天空中,低俯啄蚊和苍蝇吃,仰面接露水喝,自以为没有忧患,和人类没有竞争,不知道五尺高的童子,方要铸小铅丸,两头系丝,丝上涂胶,投在四仞(一仞等于七尺)高的空际,去捕捉它,落下来被蚂蚁吃掉。蜻蜓还是小的哩,黄雀低着头啄白米,上面住在茂盛的树林里,用力鼓动双翅,自以为没有祸患,和人类没有竞争。不知道公子贵人,左手拿着弹弓,右手拿着弹丸,将射击它于十仞高的空际,捉住它,去引诱它的同类。白天在茂盛的树林里游散,日暮已受酸咸等五味的烹调,顷刻之间,已坠落在公子的手里。黄雀的事尚小,黄鹄游散于江海,在大水池里久住,低下去啄鳝和鲤,仰起来吃菱和香草,鼓动羽翼,升在清风中,飘摇着高飞,自以为没有祸患,和人类没有竞争,不知道射箭的方要修理箭干和黑弓,制造矰缴(箭上系有生丝的,射后可以将箭收回),将加害它于百仞以上的空际,被石头击中,丝绳牵引,在清风里折转下降,白天在江河间游散,日暮时已被烹调在鼎里(鼎是热食物的器具,以金属物制成,形状像大的香炉,鼒是大的鼎)。黄鹄的事尚小,蔡圣侯的事是这样:南面往高山上游玩,北面登巫山,牵马饮菇溪的水,吃湘江的鱼,左抱年轻的妾,右拥宠幸的女子,和他们在高蔡间驾着马跑,不顾念国家,不知道子发方奉了楚宣王的命令,用赤色的丝绳将他捆去见宣王。蔡圣侯的事尚小,君王的事是这样:左面有州侯,右面有夏侯,鄢陵君和寿陵君随从在辇后,吃所封的俸禄的粟米,载四方进贡于府库的金钱,和他们在云梦驾着马跑,不把天下国家当事,不知道穰侯方奉秦王的命令,黾塞以内布满秦兵,让楚王逃亡于黾塞之外了。"襄王听了,面色改变,身体发抖,于是执着珪玉,封庄辛为阳陵君,用他的计策,收复淮北的地方。

有献不死之药于荆王者

有献不死之药于荆王者,谒者操以入,中射之士问曰:"可食乎?"曰:"可!"因夺而食之。王怒,使人杀中射之士。中射之士使人说王曰:"臣问谒者,谒者曰可食,臣故食之。是臣无罪,而罪在谒者也。且客献不死之药,臣食之而王杀臣,是死药也。王杀无罪之臣,而明人之欺王。"王乃不杀。

【译解】

有人献长生不死的药给荆王,传达使命的人拿了进去,宫中的弓箭手见了问道:"可以吃的吗?"答道:"可以的。"乃夺去吃下。楚王发怒,叫人杀宫中的弓箭手。宫中的弓箭手托人向王说道:"臣(指宫中弓箭手自己)问传达使命的人,他说可以吃,臣所以将药吃去。是臣没有罪过,而犯罪的乃是传达使命的人。并且,客献的是长生不死的药,臣吃了,王杀了臣,那乃是死药了。王杀去没有罪过的臣子,又证明别人欺骗了王。"王乃不杀他。

客说春申君

客说春申君曰:"汤以亳,武王以鄗,皆不过百里,以有天下。今孙子,天下贤人也,君籍之以百里之势,臣窃以为不便,于君何如?"春申君曰:"善!"于是使人谢孙子,孙子去之赵,赵以为上卿。客又说春申君曰:"昔伊尹去夏入殷,殷王而夏亡。管仲去鲁入齐,鲁弱而齐强。夫贤者之所在,其君未尝不尊,国未尝不荣也。今孙子,天下贤人也,君何辞之?"春申君又曰:"善!"于是使人请孙子于赵。

孙子为书谢曰:"疠人怜王,此不恭之语也。虽然,不可不审察也。此为劫弑死亡之主言也。夫人主年少而矜材,无法术以知奸,则大臣主断国私,以禁诛于己也。故弑贤长而立幼弱,废正适而立不义,《春秋》戒之曰:'楚王子围聘于郑,未出境,闻王病,反问疾,遂以冠缨绞王杀之,因自立也。齐崔杼之妻美,庄公通之。崔杼帅其君党而攻。庄公请与分国,崔杼不许;欲自刃于庙,崔杼不许。庄公走出,逾于外墙,射中其股,遂杀之,而立其弟景公。'近代所见,李兑用赵,饿主父于沙丘,百日而杀之;淖齿用齐,擢闵王之筋,悬于其庙梁,宿夕而死。夫厉虽痈肿疱疾,上比前世,未至绞缨射股;下比近代,未至擢筋而饿死也。夫劫弑死亡之主也,心之忧劳,形之困苦,必甚于疠矣。由此观之，疠虽怜王，可也。"因为赋曰："宝珍隋珠，不知佩兮；祎布与丝，不知异兮；闾姝子奢，莫知媒兮；嫫母求之，又甚喜之兮。以瞽为明，以聋为聪，以是为非，以吉为凶。呜呼上天，曷惟其同！《诗》曰：'上天甚神，无自瘵也！'"

【译解】

客向春申君说道："商汤以亳兴起，周武王以鄗兴起，地方都不过百里，结果得有天下。现在孙子是天下的贤人，君给他地方百里做凭借，臣窃自以为对于君不便，君以为何如呢？"春申君道："是！"于是差人去谢绝孙子。孙子乃往赵国，赵国封他做上卿的官职。客又对春申君说道："从前伊尹离去夏往殷，殷兴起而夏灭亡；管仲离去鲁往齐，鲁国削弱而齐国强盛。贤人所在的地方，国君未尝不尊崇，国君未尝不荣显。现在孙子是天下的贤人，君为何谢绝他？"春申君又道："是！"于是差人往赵国去请孙子。

孙子写信谢辞道："'生癞的人哀怜国王。'（这是一句俗语，意思是，被人臣杀死的国君，尚不如生癞的人，所以生癞的人反可怜国王了。）这是一句不恭敬的话，但是不可以不加以审察，这乃是为那些被臣子杀死的国君说的。人主年幼，矜恃自己的才能，没有法术察知奸邪的人，于是大臣专断国政和私事，以禁止他人诛讨。所以废去年长贤明的，反立弱小的，废去嫡出，反立不正当的。《春秋》曾警戒道：'楚王子围往郑国访问,未出国境,听见楚王有病,乃回去探问病,就用帽上的缨络将楚王勒死,自立为王。齐国崔杼的妻长得美丽,齐庄公和她私通,崔杼率领他的家将攻打庄公。庄公请求和他共分齐国,崔杼不允许;想在祖庙里自杀,也不许。庄公逃出,翻外面的墙,大腿上被箭射中,崔杼乃杀了他,立他的兄弟景公。'正如现在所见的,李兑为赵国所用,饿赵主父于沙丘,过了一百天,赵主父卒被饿死,淖齿为齐国所用,抽闵王的筋,悬在庙梁上面,闵王隔了一夜也死了。害癞疮的,虽是身上肿起,由胎里得的病,但是上和古代比,尚不至于被帽缨勒死,被箭射在大腿上;下和近代比,尚不至于被抽筋,被饿死。被人臣杀害的君主,心神的忧劳,形体的困苦,必定比害癞疮还甚了。这样看来,说'生癞的人哀怜国王'也是可以的啊!"因作赋道:"珍宝和隋侯的珠,不知道佩带;皇后的衣服和丝,不知道分别;闾姝(梁王魏翟的美女)、子奢(郑国的美人)般的美人,不知道遣媒迎娶;嫫母(黄帝的妻长得奇丑)来求婚,又很喜欢她。以瞎子为眼光好,以聋子为听觉灵敏;以是为非,以吉为凶。唉!天呀!怎么全世界都同样的如此呢?《诗》说:'天理甚明,世人休要违反,自取祸患!'"

天下合从

天下合从,赵使魏加见楚春申君曰:"君有将乎?"曰:"有矣,仆欲将临武君。"魏加曰:"臣少之时好射,臣愿以射譬之,可乎?"春申君曰:"可!"加曰:"异日者,更羸与魏王处京台之下,仰见飞鸟。更羸谓魏王:'臣为王引弓,虚发而下鸟。'魏王曰:'然则射可至此乎?'更羸曰:'可!'有间,雁从东方来,更羸以虚发而下之。魏王曰:'然则射可至此乎!'更羸曰:'此孽也。'王曰:'先生何以知之?'对曰:'其飞徐而鸣悲。飞徐者,故疮痛也;鸣悲者,久失群也;故疮未息,而惊心未忘也。闻弦音,引而高飞,故疮陨也。'今临武君尝为秦孽,不可为拒秦之将也。"

【译解】

天下诸侯合从拒秦,赵国差魏加去见楚国的春申君道:"君有将帅了吗?"春申君道:"有了!我想派临武君为大将。"魏加道:"臣年幼之时,喜欢射箭,臣用射箭来打比方,可以吗?"春申君道:"可以的!"魏加道:"有一天,更羸和魏王在高台的下面,仰面看见飞鸟。更羸对魏王道:'臣可以替王虚拨弓弦,射下飞鸟。'魏王道:'射箭可以这般神妙啊!'更羸道:

'可以的！'稍停，雁从东方飞来，更羸果然虚拨弓弦，射落了飞鸟。魏王道："射箭可以这般神妙啊！"更羸道："因为这雁有隐痛在身。"魏王道："先生何以知道？"更羸对道：'因为它飞行迟缓，叫声悲切。飞行迟缓，是因为旧时的伤痕痛；叫的声音悲切，是因为长久和其他的雁分散。伤痕尚未平息，惊惧的心尚未忘去，听见弓弦的声音，惊骇高飞，伤口破裂，所以落下来了。'现在临武君曾被秦国打败，心中隐有怕秦的念头，不可以令他做拒秦的将领！"

汗明见春申君

　　汗明见春申君，候问三月，而后得见。谈卒，春申君大说之。汗明欲复谈，春申君曰："仆已知先生，先生大息矣。"汗明憱焉，曰："明愿有问君，而恐固。不审君之圣，孰与尧也？"春申君曰："先生过矣，臣何足以当尧？"汗明曰："然则君料臣孰与舜？"春申君曰："先生即舜也。"汗明曰："不然。臣请为君终言之！君之贤实不如尧，臣之能不及舜。夫以贤舜事圣尧，三年而后乃相知也。今君一时而知臣，是君圣于尧，而臣贤于舜也。"春申君曰："善！"召门吏为汗先生著客籍，五日一见。

　　汗明曰："君亦闻骥乎？夫骥之齿至矣，服盐车而上太行，蹄申膝折，尾湛胕溃，漉汁洒地，白汗交流，中阪迁延，负辕不能上。伯乐遭之，下车攀而哭之，解纻衣以幂之。骥于是俯而喷，仰而鸣，声达于天，若出金石声者，何也？彼见伯乐之知己也。今仆之不肖，陋于州部，堀穴穷巷，沈污鄙俗之日久矣。君独无意湔拔仆也，使得为君高鸣'屈于梁'乎？"

【译解】

　　汗明往见春申君，等候了三个月，方才见着。谈话完毕，春申君大乐，汗明想再谈，春申君道："我已知道先生了，先生可稍休息了。"汗明感觉不安道:"明想问君一句话,又恐怕显得固陋。不知君较尧孰为圣明?"春申君道:"先生言之过甚了,我哪里比得上尧啊!"汗明道:"那么,君看臣比舜怎样?"春申君道:"先生就是舜。"汗明道:"不对!臣请对君说明:君的贤明实在不如尧,臣的才能也不及舜。以贤明的舜事圣明的尧,三年以后,二人才相知。现在,君一刻工夫就知道了臣,是君比尧圣明,而臣比舜贤了。"春申君道:"对!"召看门的人将汗明的名字写在宾客的名簿上,五天一见。

  汗明又向春申君道:"君听过千里马的故事吗?千里马到了可以驾车的年纪,拉着载盐的车上太行山,脚蹄伸展,曲着膝,尾毛被盐汁浸透了,脚趾溃破,渗出的盐汁洒在地上,用力出的汗直流,行在半山坡上不能前进,驾着车杠,不能再上。伯乐遇见了它,下车扳着它哭泣,脱下细麻的衣服,覆在它身上。千里马于是低下头喷气,仰起头来叫,声音传到天空中,像金属和石器发出的声音,为何这样呢?因为它见伯乐是它的知己。现在敝人没才能,穷困于州部,以僻塞的小巷为窟穴,沉没在卑贱的地位,为时很长久了。君独无意亲手洗去我的污点,攘除我的恶运,使我得为君高鸣'在梁受的委屈'吗?"

楚考烈王无子

　　楚考烈王无子，春申君患之，求妇人宜子者进之，甚众，卒无子。赵人李园持其女弟，欲进之楚王，闻其不宜子，恐又无宠。李园求事春申君为舍人，已而谒归，故失期。还谒，春申君问状，对曰："齐王遣使求臣女弟，与其使者饮，故失期。"春申君曰："聘入乎？"对曰："未也。"春申君曰："可得见乎？"曰："可。"于是园乃进其女弟。

　　即幸于春申君，知其有身，园乃与其女弟谋。园女弟承间说春申君曰："楚王之贵幸君，虽兄弟不如。今君相楚王二十余年，而王无子，即百岁后，将更立兄弟。即楚王更立，彼亦各贵其故所亲，君又安得长有宠乎？非徒然也。君用事久，多失礼于王兄弟，兄弟诚立，祸且及身，奈何以保相印、江东之封乎！今妾自知有身矣，而人莫知。妾之幸君未久，诚以君之重而进妾于楚王，王心幸妾，妾赖天而有男，则是君之子为王也，楚国封尽可得，孰与其临不测之罪乎？"春申君大然之，乃出园女弟谨舍，而言之楚王。楚王召之幸之，遂生子男，立为太子，以李园女弟立为王后。楚王贵李园，李园用事。李园既入其女弟为王后，子为太子，恐春申君语泄而益骄，阴养死士，欲杀春申君以灭口，而国人颇有知之者。

春申君相楚二十五年,考烈王病。朱英谓春申君曰:"世有无妄之福,又有无妄之祸。今君处无妄之世,以事无妄之主,安不有无妄之人乎?"春申君曰:"何谓无妄之福?"曰:"君相楚二十余年矣,虽名为相国,实楚王也。五子皆相诸侯,今王疾甚,旦暮且崩,太子衰弱,疾而不起。而君相少主,因而代立当国,如伊尹、周公,王长而反政,不,即遂南面称孤,因而有楚国。此所谓无妄之福也。"春申君曰:"何谓无妄之祸?"曰:"李园不治国,王之舅也。不为兵将,而阴养死士之日久矣!楚王崩,李园必先入,据本议,制断君命,秉权而杀君以灭口。此所谓无妄之祸也。"春申君曰:"何谓无妄之人?"曰:"君先仕臣为郎中,君王崩,李园先入,臣请为君劃其胸杀之。此所谓无妄之人也。"春申君曰:"先生置之,勿复言已!李园软弱人也,仆又善之,又何至此!"朱英恐,乃亡去。

后十七日,楚考烈王崩。李园果先入,置死士,止于棘门之内。春申君后入,止棘门,园死士夹刺春申君,斩其头,投之棘门外。于是使吏尽灭春申君之家。而李园女弟初幸春申君有身而入之王新生子者,遂立为楚幽王也。是岁,秦始皇立九年矣,嫪毐亦为乱于秦,觉,夷三族。而吕不韦废。

【译解】

楚考烈王没有子息,春申君很忧愁,征求许多宜男相的妇女,献与楚王,还是不生子。赵国人李园想将他的妹子献给楚王,又听说她的相貌不宜男,恐怕她不会遭宠幸,乃先往春申君处,请求为舍人。过了些时,李园奉命出外,有请谒的事,故意错过期限回来,进见春申君。春申君问他迟到的缘故。李园对道:"齐王差人来求娶臣的妹子,臣和他的使者饮酒,以致迟到。"春申君道:"已下了聘吗?"对道:"尚不曾。"春申君道:"可以让我见见吗?"道:"可以。"于是李园乃将妹子进献给春申君。

春申君很宠幸李园的妹子。李园知道他妹子有了身孕,乃和她计谋妥当。李园的妹妹乃乘空向春申君说:"楚王宠幸君,甚于他的兄弟。君做楚国的相国已二十余年,而楚王尚没有子息,楚王死后,只能立他的兄弟。楚王新立之后,也只能尊贵自己亲近的人,君又哪能长被宠幸?而且还有更糟的,君任事长久,多得罪王的弟兄,弟兄果然立为王,灾祸将临身,怎能保持相印和江东的封地!现在妾知道自己有孕,旁人都不知道。妾被君宠幸不久,果然以君的贵重将妾进献给楚王,王必定宠幸妾。妾赖天之灵,生一男孩,君的儿子就做楚王了,楚国的地可以尽得,这比身临不测之罪怎样呢?"春申君以为极对,乃将李园的妹送出,住在另一个寓所里,向楚王面前陈说。楚王召李园的妹妹入宫,很加宠幸,生一男孩,后立为太子,以李园的妹妹为王后。楚王贵幸李园,李园掌权。李园既进献他的妹妹为王后,生子为太子,恐怕春申君泄露太子是他的儿子,因此更骄傲,乃暗地里养刺客,想杀掉春申君灭口。

楚国的人也有许多知道这事。

春申君做楚国的相国二十五年,楚考烈王生病,朱英对春申君道:"世间上有不期而至的福,又有不期而至的祸,君现处于事变无常的世间,侍奉反复不定的君主,安得没有意想不到的人呢?"春申君道:"何谓不期而至的福?"朱英道:"君做楚国的相国已历二十余年,虽名分是相国,实际是楚国的国王!五个儿子都做诸侯的相国。现在王病重,早晚将死,太子衰弱,生病不起。而君为年幼君主的相国,因此摄政当国,和伊尹、周公一样,等王长大,再交还国政,不交还就称王,因而全有楚国。这就是不期而至的福。"春申君道:"何谓不期而至的祸呢?"朱英道:"李园不是将相,乃是楚王的舅子。不做兵将,而暗地里养刺客,为时很久了!楚王死后,李园必定先入宫,据有根本的地位,矫楚王的命令,杀你灭口。这就是不期而至的灾祸。"春申君道:"何谓意想不到的人呢?"朱英道:"君先委臣为郎中,等楚王一死,李园先进宫,臣请替君刺穿他的胸口,结果他的性命。臣就是那意想不到的人。"春申君道:"先生将此事搁起,不要再谈了。李园人极软弱,我又和他很好,他何至于此呢?"朱英见春申君不听他的话,心里害怕,乃逃去。

过了十七天,楚考烈王死,李园果然先进宫去,在棘门里面埋伏下刺客。春申君后进宫,经过棘门,李园的刺客两面齐上,刺杀春申君,割下他的头,投出棘门外面。于是派吏人杀尽春申君的家属，而李园的妹子所生的儿子被立为王，这就是楚幽王。那年，秦始皇已在位九年，嫪毐在秦国作乱，发觉后，诛灭三族。不久，吕不韦因此被废。

知伯帅赵韩魏而伐范中行氏

知伯帅赵、韩、魏而伐范中行氏,灭之,休数年,使人请地于韩。韩康子欲勿与,段规谏曰:"不可!夫知伯之为人也,好利而鸷复,来请地不与,必加兵于韩矣!君其与之!与之,彼狃,又将请地于他国,他国不听,必乡之以兵。然则韩可以免于患难,而待事之变。"康子曰:"善。"使使者致万家之邑一于知伯。知伯说,又使人请地于魏。魏宣子欲勿与,赵葭谏曰:"彼请地于韩,韩与之,请地于魏,魏弗与,则是魏内自强而外怒知伯也。然则其错兵于魏必矣,不如与之!"宣子曰:"诺。"因使人致万家之邑一于知伯。知伯说,又使人之赵,请蔡、皋狼之地。赵襄子弗与。知伯因阴结韩、魏,将以伐赵。

赵襄子召张孟谈而告之曰:"夫知伯之为人,阳亲而阴疏,三使韩、魏,而寡人弗与焉,其移兵寡人必矣。今吾安居而可?"张孟谈曰:"夫董阏安于,简主之才臣也。世治晋阳,而尹泽循之,其余政教犹存,君其定居晋阳。"君曰:"诺!"乃使延陵王将车骑先之晋阳,君因从之。至,行城郭,案府库,视仓廪,召张孟谈曰:"吾城郭之完,府库足用,仓廪实矣,无矢奈何?"张孟谈曰:"臣闻董子之治晋阳也,公宫之垣,皆以狄、蒿、苦、楚廥之,其高至丈余,君发而用之。"于是发而试之,其坚则箘簬之劲不能过也。君曰:"足矣,吾铜少,若何?"张孟谈曰:"臣闻董子之治晋阳也,公宫之室,皆以炼铜为柱质,请发而用之,则有余铜矣。"君曰:"善!"号令以定,备守以具。

三国之兵,乘晋阳城,遂战。三月不能拔,因舒军而围之,决晋水而灌之。围晋阳三年,城中巢居而处,悬釜而炊,财食将尽,士卒病羸。襄子谓张孟谈曰:"粮食匮,城力尽,士大夫病,吾不能守矣。欲以城下,何如?"张孟谈曰:"臣闻之:'亡不能存,危不能安,则无为贵知士也。'君释此计,勿复言也!臣请见韩、魏之君。"襄子曰:"诺!"张孟谈于是阴见韩、魏之君曰:"臣闻唇亡则齿寒,今知伯帅二国之君伐赵,赵将亡矣,亡则二君为之次矣。"二君曰:"我知其然。夫知伯为人也,粗中而少亲,我谋未遂而知,则其祸必至,为之奈何?"张孟谈曰:"谋出二君之口,入臣之耳,人莫之知也。"二君即与张孟谈阴约三军,与之期日夜,遣入晋阳。张孟谈以报襄子,襄子再拜之。

张孟谈因朝知伯而出,遇知过辕门之外,知过入见知伯曰:"二主殆将有变。"君曰:"何如?"对曰:"臣遇张孟谈于辕门之外,其志矜,其行高。"知伯曰:"不然。吾与二主约谨矣,破赵三分其地,寡人所亲之,必不欺也。子释之,勿出于口。"知过出见二主,入说知伯曰:"二主色动而意变,必背君。不如令杀之!"知伯曰:"兵箸晋阳三年矣,旦暮当拔之而飨其利,乃有他心?不可,子慎勿复言!"知过曰:"不杀,则遂亲之!"知伯曰："亲之奈何？"知过曰："魏宣子之谋臣曰赵葭，康子之谋臣曰段规，是皆能移其君之计。君其与二君约，破赵，则封二子者各万家之县一。如是，则二主之心可不变，而君得其所欲矣。"知伯曰："破赵而三分其地，又封二子者各万之县一，则吾所得者少，不可！"知过见君之不用也，言之不听，出更其姓为辅氏，遂去不见。

张孟谈闻之，入见襄子曰："臣遇知过于辕门之外，其视有疑臣之心，入见知伯，出更其姓。今暮不击，必后之矣！"襄子曰："诺！"使张孟谈见韩、魏之君，曰夜期，杀守堤之吏，而决水灌知伯军。知伯军救水而乱，韩、魏翼而击之，襄子将卒犯其前，大败知伯军而禽知伯。知伯身死，国亡地分，为天下笑，此贪欲无厌也。夫不听知过，亦所以亡也。知氏尽灭，唯辅氏存焉。

【译解】

知伯率领赵、韩、魏三国的兵去征伐范、中行氏，将范、中行氏灭亡了。休息几年以后，派人到韩国去求土地，韩康子想不给他，段规进谏说："不可！知伯为人好货利，而且很暴虐，来求土地不给他，他必定要用兵来征伐韩国。君主不如给他土地，他必养成习惯，又到别国去求土地，别国如果不听从，知伯必以兵去攻伐，这样韩国就可以免去患难，而静待事态的转变。"康子说："好！"派使者进献一万家的县邑给知伯。知伯很喜悦，又派人到魏国去求土地。魏宣子想不给他，赵葭进谏说："知伯向韩国求土地，韩国就给他万家的县邑。现在来向魏国求土地，魏国不给他，魏国这乃是内自恃强，而外挑怒知伯。这样地做去，知伯必要领兵来攻伐魏国，不如给他土地为是。"宣子说："就这样吧！"遂派使者送一万家的县邑给知伯。知伯很喜悦，又派人到赵国去求蔡、皋狼的土地。赵襄子不给他。知伯因此私下联盟韩、魏，预备去伐赵国。

赵襄子叫张孟谈来告诉他说："知伯的为人，外面同你亲善，而实在是和你疏远，求得了韩、魏的土地，又到赵国来求土地，而我偏不给他，那他的兵必要来打赵国，我们应当怎样地防御呢？"张孟谈说："我想从前的董阏于安，是简主的臣子中极有才具的，他世世治理晋阳的地方，尹泽又依照他的政策去循抚，至今他们的政教还存在，君主不如迁都往晋阳。"赵襄子说："就是这样办！"遂派延陵生率领车骑，先到晋阳去，赵简子也跟着就去。到了晋阳，巡视城郭，检查府库和仓库是否空虚。这些事件都做过了，又叫张孟谈来同他说："我看城郭很完固，府库也足用，仓廪也充实，但是没有箭，怎么办呢？"张孟谈说："臣听说过董子治理晋阳的事，公宫的墙垣，都是用荻、蒿、苫、楚这类的树木来做成，而且都是有一丈多高，君主将它取出来用就行了。"于是将这些荻、蒿、苫、楚取了出来，试试他们的坚硬，虽是菌簬那样的好竹箭，也不能好过他们。简子又问张孟谈说："箭是够了，但是铜也很少，又应当怎么办呢？"张孟谈说:"臣听说董子治理晋阳时,公宫里的房子,都是用炼过的铜做柱子,君主可以将他们取出来用,就有用不完的铜了。"简子说:"好!"号令已经发出,守具已备。

　　三国之兵来到晋阳了,乃和他开战,三个月的工夫,都不能将晋阳城打破。因此将兵散开,将晋阳城包围,又把晋水决开,倒灌晋阳城。这样的包围晋阳三年以后,城中的人都在树上居住,吊着锅煮饭。财食也将要完了,兵卒也疲困了,襄子告诉张孟谈说:"粮食已经要完了,守城的力也尽了,士大夫也病困,不堪辛劳了,我实在不能再保这晋阳城。我想去投降,你看怎么样?"张孟谈说:"臣听说:'国家将要灭亡,而你不能去保存他,国家将要危灭,而你不能去安定他,那何必要尊贵有才智的人呢?'君主你可以放弃这计策,不必再说,让臣去谒见韩、魏的君主。"襄子说:"就这样办吧!"张孟谈于是私自去见韩、魏的君主说:"臣听说:'嘴唇没有了,牙齿就寒冷。'现在知伯率领两国的君主,来伐赵国,赵国将要灭亡了。于是,韩、魏的君主,就要做赵国的第二了!"韩、魏的君主说:"这我们也知道是要这样的。知伯的为人,心粗暴而不仁爱,我们的计谋还没有成功,就会被他识破,那大祸就降临了,怎么办呢?"张孟谈说:"计谋出于君主的嘴里,听到臣的耳朵里,别人是不能知道的。"韩、魏的君主乃同张孟谈私下结约三军的兵士,又同他约好这天的晚上派兵到晋阳去。张孟谈将这些情形,回去报告襄子,襄子对他再三拜谢。

张孟谈去朝见知伯，出来之后，在辕门的外面遇见知过。知过进去见知伯说："韩、魏的君主，恐怕要叛变了。"知伯说："你怎见得如此？"知过说："臣在辕门的外面遇见张孟谈，看见他趾高气扬，行动傲慢，所以知道将要有叛变的事。"知伯说："不是这样！我同韩、魏的君主已经约定，破赵以后，将赵国的土地三家平分。韩、魏的君主，是我所亲善的，必不会欺我的，你不要再这样说。"知过出去见过韩、魏的君主，又进来对知伯说："韩、魏二主的意态颜色，都改变常态了，必将要背叛君主。不如杀掉他们。"知伯说："兵到晋阳城，已经三年，就在这几天便可以将它攻破，得到土地了，偏在这时候变移初心？这是不可能的，你千万不要再这样说吧！"知过说："既不杀他们，那去和他们亲善也行。"知伯说："怎样去亲善呢？"知过说："魏宣子的臣子，有一个名叫赵葭的，韩康子的臣子，有一个名叫段规的，这都是才智之士，能改移君主之心。您不如同韩、魏二主说，破赵以后，就封他这两个臣子，每人得一万家的县邑。这样，那韩、魏君主的心，可以不变，而您也可以得到所希望的了。"知伯说："破赵以后，将赵国的土地三家平分，又封给他们的臣下每人一万家的县邑，那我所得到的，不是太少了吗？这不行！"知过看见知伯不能用他的计策，说的话又不能听从，出来便改姓辅，不姓知，走到别处去，不去再见知伯。

张孟谈听见这件事，就去见襄子说："臣在知伯的辕门外面遇见知过，他看见我，很起疑心，进去见过知伯，出来便改了他的本姓。今天晚上一定要去打知伯,不然一定会失去机会。"襄子说:"就这样办!"乃派张孟谈去见韩、魏的君主,约定在这天晚上,杀掉把守水堤的官吏,用水灌知伯的兵营。知伯的兵因为救水而溃乱,韩、魏的兵又来左右夹攻,襄子又带兵迎面进攻,大败知伯的军队,将知伯捉住。知伯身被杀戮,国被灭亡,地被瓜分,被天下所讥笑,这是因为他贪得无厌啊!但是,不听知过的计谋,也是取亡之道。知氏都被灭绝了,唯独辅氏还在。

晋毕阳之孙

　　晋毕阳之孙豫让,始事范、中行氏而不说,去而就知伯,知伯宠之。及三晋分知氏,赵襄子最怨知伯,而将其头以为饮器。豫让遁逃山中曰:"嗟乎!士为知己者死,女为悦己者容,吾其报知氏之仇矣!"乃变姓名为刑人,入宫涂厕,欲以刺襄子。襄子如厕,心动,执问涂者,则豫让也。刃其扞,曰:"欲为知伯报仇。"左右欲杀之,赵襄子曰:"彼义士也,吾谨避之耳。且知伯已死无后,而其臣至为报仇,此天下之贤人也。"卒释之。

　　豫让又漆身为厉,灭须去眉,自刑以变其容,为乞人而往乞。其妻不识,曰:"状貌不似吾夫,其音何类吾夫之甚也!"又吞炭为哑,变其音。其友谓之曰:"子之道甚难而无功,谓子有志则然矣,谓子知则否。以子之才,而善事襄子,襄子必近幸子;子之得近,而行所欲,此甚易而功必成。"豫让乃笑而应之曰:"是为先知报后知,为故君贼新君。大乱君臣之义者,无此矣!凡吾所谓为此者,以明君臣之义,非从易也。且夫委质而事人,而求弑之,是怀二心以事君也。吾所为难,亦将以愧天下后世人臣怀二心者!"

　　居顷之,襄子当出,豫让伏所当过桥下。襄子至桥而马惊。襄子曰:"此必豫让也。"使人问之,果豫让。于是赵襄子面数豫让曰:"子不尝事范、中行氏乎?知伯灭范、中行氏,而子不为报仇,反委质事知伯。知伯已死,子独何为报仇之深也?"豫让曰:"臣事范、中行氏,范、中行氏以众人遇臣,臣故众人报之;知伯以国士遇臣,臣故国士报之。"襄子乃喟然叹泣曰:"嗟乎豫子!豫子之为知伯,名既成矣!寡人舍子,亦以足矣!子自为计,寡人不舍子。"使兵环之。豫让曰:"臣闻明主不掩人之义,忠臣不爱死以成名。君前已宽舍臣,天下莫不称君之贤。今日之事,臣故伏诛,然愿请君之衣而击之,虽死不恨!非所望也,敢布腹心!'于是襄子义之,乃使使者持衣与豫让。豫让拔剑三跃,呼天击之,曰:"而可以报知伯矣!"遂伏剑而死。死之日,赵国之士闻之,皆为涕泣。

【译解】

晋毕阳的孙子豫让,起先侍奉范、中行氏,不能如意,便到知伯那里去做事,知伯很宠信他。后来三晋瓜分了知氏的土地,赵襄子最恨知伯,将知伯的头做成了饮器。豫让逃到山里去,说:"唉!有志气的人,为他的知己而牺牲性命,女子为爱他的人而修饰。我必定要报知氏的仇啊!"于是改换名姓,假装被刑的人,到宫里去涂刷茅厕,想借此可以刺杀襄子。襄子到茅厕去,忽然心觉得动了,便捉着涂刷茅厕的人查问,知道便是豫让。豫让露出兵器,对着襄子说:"想要替知伯报仇!"

左右的人要杀他,赵襄子说:"这是有义气的人,我谨慎地躲避他就是了。知伯死后,没有后人,他的臣子肯来替他报仇,真是天下的贤人啊!"就将豫让释放了。

豫让又将身上漆得和癞子一般,去掉胡须、眉毛,这样地毁掉自己,改变容貌,假装乞丐去讨饭。他的妻子都不能认识他,说:"这人的相貌不像我的丈夫,但是他的声音,何以很像我的丈夫?"豫让因此又吞炭,改变声音。他的朋友对他说:"你这样的做法,是很难有效的,说你是有志气,可以,但是,你没有才智啊!以你这样的才具,竭尽心意去侍奉襄子,襄子必定亲信你,等这样以后,你再照你原来的计划去做,一定很容易成功的。"豫让笑着说:"你所说的,是为了起先的相知,而去报复后来的相知;为了先前的君主,而去贼害后首的君主。混乱君臣的大义,没有再比这更甚的了!我所以这样去做,是要显明君臣的大义,并不是要去做容易的事。而且,已经做了人家的臣子,又去刺杀他,就是怀着两样心去侍奉君上啊!我所以去向难行道上做,是想羞愧天下和后世的人臣,怀着两样心去侍奉君上的!"

过了几时,襄子将要出巡了,豫让便躲藏在襄子所必然经过的桥下。襄子到了桥边,忽然间所骑的马惊起来,襄子说:"这必是豫让在那里躲藏着。"叫人去查问,果然是豫让。于是赵襄子数说豫让道:"你不是曾经侍奉过范、中行氏吗?知伯灭亡了范、中行氏,你不替他们报仇,反而去侍奉知伯。知伯死后,你何以这样地替知伯报仇呢?"豫让说:"臣侍奉范、中行氏的时候,范、中行氏待我同众人一般,所以臣也同众人一样地报答他们;知伯待我同国士一般,所以我用国士的义气报答他。"襄子很怜惜地叹着气说:"唉!豫让啊!你为知伯报仇,名已成了!我也算对得起你了!你自己打算吧,我不能再放你了。"遂叫兵围住他。豫让说:"臣听说过,明主不掩盖人的忠义,忠臣不爱惜他的生命,成就他的名节。君主以前已经宽恕过我了,天下的人,没有不称说君主的贤明。今天的事,臣子是应当受刑,不过想要得到君主的衣服,给我一击,我虽死,也没有怨恨了。我贸然地这样说,不知能否如愿?"襄子很怜惜他的义气,遂叫人拿衣服给他。豫让拔出剑来,跳了三跳,喊着天说:"啊!我终于可以报答知伯了!"遂即自刎而死。死的这天,赵国的人听见这事,都叹息流泪。

魏文侯借道于赵

魏文侯借道于赵攻中山，赵侯将不许。赵利曰："过矣！魏攻中山而不能取，则魏必罢，罢则赵重。魏拔中山，必不能越赵而有中山矣。是用兵者，魏也；而得地者，赵也。君不如许之。许之大劝，彼将知矣，利之也，必辍。君不如借之道，而示之不得已。"

【译解】

魏文侯到赵国借路，预备去攻伐中山，赵侯想不答应他。赵利进谏说："您不答应他，是不对的！魏国去攻打中山，如不能得胜，魏国必定衰弱，赵国就见重于天下了。假使魏国灭亡了中山，也必不能不经过赵国的道路，就能拥有中山。这样，用兵的乃是魏国，得到中山土地的乃是赵国了。君主不如答应他。但是答应他太积极，他就知道你想利用他，他就不去攻打了。您不如答应借路给他，又告诉他这是因为在邦交上不得已，才答应的。"

赵王封孟尝君以武城

赵王封孟尝君以武城。孟尝君择舍人以为武城吏,而遣之曰:"鄙语岂不曰,借车者驰之,借衣者被之哉?"皆对曰:"有之。"孟尝君曰:"文甚不取也。夫所借衣车者,非亲友,则兄弟也。夫驰亲友之车,被兄弟之衣,文以为不可。今赵王不知文不肖,而封之以武城。愿大夫之往也,毋伐树木,毋发屋室,訾然使赵王悟而知文也。谨使可全而归之。"

【译解】

赵国的君主将武城的地方封给孟尝君。孟尝君乃选择他的舍人中有才能的人,叫他去做武城的官吏,又同他说:"俗话中不是有两句'借人家的车子就驾着跑,借人家的衣服就披在身上'的话吗?"他的舍人都对答说:"是有的。"孟尝君说:"我很不以这句话为然。大凡借来的衣服和车子,不是亲友的,就是兄弟的。所驾的是亲友的车子,所披的是兄弟的衣服,我很以为这是不可以的事。现在,赵国的君主不知道我不好,将武城封给我。你们去做武城的官吏,不要砍伐树木,不要兴发屋室,凡事省量地做,使赵国君主可以知道我的为人。你们必要谨慎去做,将来可以好好地归还他。"

谓赵王曰

谓赵王曰："三晋合而秦弱,三晋离而秦强,此天下之所明也。秦之有燕而伐赵,有赵而伐燕,有梁而伐赵,有赵而伐梁,有楚而伐韩,有韩而伐楚,此天下之所明见也。然山东不能易其路,兵弱也。弱而不能相壹,是何秦之知、山东之愚也!是臣所为山东之忧也。虎将即禽,禽不知虎之即己也,而相斗,两罢而归,其死于虎。故使禽知虎之即己,决不相斗矣。今山东之主不知秦之即己也,而尚相斗,两敝而归其国于秦,知不如禽远矣!愿王熟虑之也!

"今事有可急者,秦之欲伐韩、梁,东窥于周室,甚惟寐亡之。今南攻楚者,恶三晋之大合也。今攻楚,休而复之,已五年矣。攘地千余里。今谓楚王:'苟来举玉趾而见寡人,必与楚为兄弟之国,必为楚攻韩、梁,反楚之故地。'楚王美秦之语,怒韩、梁之不救己,必入于秦。有谋,故杀使之赵,以燕饵赵,而离三晋。今王美秦之言,而欲攻燕,攻燕,食未饱而祸已及矣。楚王入秦,秦、楚为一,东面而攻韩。韩南无楚,北无赵,韩不待伐,割挈马兔而西走,秦与韩为上交,秦祸安移于梁矣。以秦之强,有楚、韩之用,梁不待伐矣,割挈马兔而西走秦,与梁为上交,秦祸案攘于赵矣。以强秦之有韩、梁、楚,与燕之怒,割必深矣。国之举此,臣之所为来。臣故曰:事有可急为者。及楚王之未入也,三晋相亲相坚,出锐师以戍韩、梁西边;楚王闻之,必不入秦,秦必怒而循攻楚,是秦祸不离楚也,便于三晋。若楚王入,秦见三晋之大合而坚也,必不出楚王,即多割,是秦祸不离楚也。有利于三晋,愿王之熟计之也!急!"

赵王因起兵,南戍韩、梁之西边。秦见三晋之坚也,果不出楚王印,而多求地。

【译解】

有人同赵王说:"三晋(韩、魏、赵)能相联合,则秦国衰弱;三晋分开,则秦国强盛,这是天下人都知道的。秦国有了燕国,就去伐赵国;有了赵国,就去伐燕国;有了梁国,就去伐赵国;有了赵国,就去伐梁国;有了楚国,就去伐韩国;有了韩国,就去伐楚国,这也是天下人都知道的。然而山东六国不能改变横秦的道路,不去合从,是因为兵弱,兵弱又不能去联合为一,秦国何以那样的聪明,山东何以这样的愚笨?臣真是为山东忧虑啊!老虎预备去捉小兽了,小兽不知道,尚在那里争斗,两只小兽等到已经疲倦的时候,老虎就来得利。小兽要是知道老虎预备来捉他们,他们是绝不会相争斗的。现在山东的人主,不知道秦国要来灭亡他们,尚在那里互相争斗,等到疲弱的时候,秦国就来收取大利,他们的智识,真是还不及小兽啊!臣希望君主要慎重地加以考虑才是。

"现在的事,有可以急速去做的。秦国想去攻伐韩、梁两国,东边去图谋得取周室,除非睡着了,才能忘记这件事,所以南边去攻打楚国,就是怕三晋联合,才这样做的。现在攻打楚国之后,休养已经五年了,攘夺到的土地,有一千多里。现在同楚王说,你假使肯到秦国来,我必定同你和好得和兄弟一般,必定替你去攻打韩、梁两国,以收复你的土地。楚王给秦国甜蜜的言语所诱惑,又怨恨韩、梁不援救他,必定要到秦国去的。秦国有这样的计谋,所以派了使臣到赵国来,拿燕国来做赵国的诱饵,以离间三晋。赵王现在你也被秦国甜蜜的言语诱惑着了,想要去攻打燕国。臣恐怕攻打燕国还没有'吃饱',大祸已经来了。楚王到了秦国,秦、楚联合成为一国,东面去打韩国。韩国南边没有楚,北边没有赵,以作屏藩,必不等到征伐,已经割地献给秦国,韩王到秦国去,比马兔还要走得快。秦同韩结合为一,秦祸必到了梁国。以秦国的强力,再加以楚、韩两国的兵,梁必不等到征伐,已经割地献给秦国,梁王到秦国去,比马兔还走得快。秦国同梁国结合为一,则秦祸必到赵国来了!以秦国的强力,又加以韩、梁、楚三国的兵,又附以燕国的怨恨,赵国的地必要多被宰割了!国家有这样的事,臣所以急急地到君主这来。臣所以说,事有可以急着去做的。趁着楚王还没有到秦国去以前,三晋赶紧亲善,团结起来,派勇猛的兵卒到韩、梁的西边去驻防。楚王听见了,必不到秦国去。秦国必恼怒,去打楚国,秦祸就不离开楚国,这样,就可以便利三晋了。假使楚王仍到秦国去,秦国看见三晋联合团结了,必不放楚王回去,必要叫楚国多割地,则是秦祸仍旧没有离开楚国,这对于三晋也很有利。希望君主急速地加以考虑!"

赵王因此派兵到韩、梁的西边去驻防,以保护他们的边境。秦国看见三晋这样的团结,果然不放楚王卬回去,而且要求多割地。

苏秦从燕之赵

苏秦从燕之赵,始合从,说赵王曰:"天下之卿相人臣,乃至布衣之士,莫不高贤大王之行义,皆愿奉教陈忠于前之日久矣。虽然,奉阳君妒,大王不得任事,是以外宾客,游谈之士无敢尽忠于前者。今奉阳君捐馆舍,大王乃今然后得与士民相亲,臣故敢献其愚,效愚忠。为大王计,莫若安民无事,请无庸有为也。安民之本,在于择交,择交而得,则民安,择交不得,则民终身不得安。请言外患:齐、秦为两敌,而民不得安;倚秦攻齐,而民不得安;倚齐攻秦,而民不得安。故夫谋人之主,伐人之国,常苦出辞,断绝人之交,愿大王慎无出与口也。

"请屏左右,白言所以异,阴阳而已矣。大王诚能听臣,燕必致毡裘狗马之地,齐必致海隅鱼盐之地,楚必致橘柚云梦之地,韩、魏皆可使致封地汤沐之邑,贵戚父兄皆可以受封侯。夫割地效实,五伯之所以覆军禽将而求也。封侯贵戚,汤、武之所以放杀而争也。今大王垂拱而两有之,是臣之所以为大王愿也。大王与秦,则秦必弱韩、魏;与齐,则齐必弱楚、魏。魏弱则割河外,韩弱则效宜阳。宜阳效则上郡绝,河外割则道不通,楚弱则无援。此三策者,不可不熟计也。夫秦下轵道,则南阳动,劫韩包周,则赵自销铄,据卫取淇,则齐必入朝。秦欲已得行于山东,则必举甲而向赵;秦甲涉河逾漳,据番吾,则兵必战于邯郸之下矣!此臣之所以为大王患也。

"当今之时,山东之建国,莫如赵强。赵地方二千里,带甲数十万,车千乘,骑万匹,粟支十年;西有常山,南有河、漳,东有清河,北有燕国。燕固弱国,不足畏也。且秦之所畏害于天下者,莫如赵。然而秦不敢举兵甲而伐赵者,何也?畏韩、魏之议其后也。然则韩、魏,赵之南蔽也。秦之攻韩、魏也则不然,无有名山大川之限,稍稍蚕食之,傅之国都而止矣。韩、魏不能支秦,必入臣。韩、魏臣于秦,秦无韩、魏之隔,祸中于赵矣。此臣之所以为大王患也。

"臣闻,尧无三夫之分,舜无咫尺之地,以有天下。禹无百人之聚,以王诸侯。汤、武之卒不过三千人,车不过三百乘,立为天子。诚得其道也。是故明主外料其敌国之强弱,内度其士卒之众寡、贤与不肖,不待两军相当,而胜败存亡之机节,固已见于胸中矣,岂掩于众人之言,而以冥冥决事哉!臣窃以天下地图案之:诸侯之地,五倍于秦;料诸侯之卒,十倍于秦。六国并力为一,西面而攻秦,秦破必矣。今见破于秦,西面而事之,见臣于秦。夫破人之与破于人也,臣人之与臣于人也,岂可同日而言之哉!夫横人者,皆欲割诸侯之地以与秦成。与秦成,则高台榭,美宫室,听竽瑟之音,察五味之和,前有轩辕,后有长庭,美人巧笑,卒有秦患,而不与其忧。是故横人日夜务以秦权恐喝诸侯,以求割地,愿大王之熟计之也!

"臣闻，明王绝疑去谗，屏流言之迹，塞朋党之门，故尊主广地强兵之计，臣得陈忠于前矣。故窃本大王计，莫如一韩、魏、齐、楚、燕、赵六国从亲，以傧畔秦。令天下之将相，相与会于洹水之上，通质刑白马以盟之，约曰：秦攻楚，齐、魏各出锐师以佐之，韩绝食道，赵涉河、漳，燕守常山以北；秦攻韩、魏，则楚绝其后，齐出锐师以佐之，赵涉河、漳，燕守云中；秦攻齐，则楚绝其后，韩守成皋，魏塞午道，赵涉河、漳、博关，燕出锐师以佐之；秦攻燕，则赵守常山，楚军武关，齐涉渤海，韩、魏出锐师以佐之；秦攻赵，则韩军宜阳，楚军武关，魏军河外，齐涉渤海，燕出锐师以佐之。诸侯有先背约者，五国共伐之。六国从亲以摈秦，秦必不敢出兵于函谷关以害山东矣！如是则伯业成矣。"

赵王曰："寡人年少，莅国之日浅，未尝得闻社稷之长计。今上客有意存天下，安诸侯，寡人敬以国从！"乃封苏秦为武安君，饰车百乘，黄金千镒，白璧百双，锦绣千纯，以约诸侯。

【译解】

苏秦从燕国到赵国去，开始合从，对赵王说："天下的卿相人臣和布衣的平民，没有不钦佩大王的，都想要到大王面前来，竭尽忠诚，已经很久了。但是因为奉阳君妒忌贤能，大王又不能专任国事，所以外来的宾客，和那些游说之人，没有一个敢到大王这里来尽忠的。现在奉阳君死了，大王才能够同百姓接近，臣所以敢来贡献一点愚忠。臣为大王计议，没有比能够安闲百姓政策再好的，可以不必多有所为啊！安闲百姓的根本，是在于择交。能够得到好的邦交，则百姓可以安闲，不能得到好的邦交，则百姓终身不得安闲。臣请说外国的祸患：齐国和秦国，是两个大敌，百姓是不得安闲的，倚仗秦国去攻齐，百姓不得安闲，倚仗齐国去攻秦，百姓也是不得安闲。所以图谋别人的君主，攻伐别人的国家，常常言辞急疾，断绝人家的邦交，臣希望大王千万不要再说这类的话。

"请回避左右的人，听臣为您讲讲合从与连横的差异。大王如果真能听从臣的计议，燕国必贡献毡裘、狗马和土地，齐国必贡献海隅鱼盐的土地，楚必贡献橘柚云梦的土地，韩、魏也必贡献土地，作为大王的贵戚父兄得以封侯的汤沐之邑。这样的土地，从前五霸不惜牺牲兵卒的性命去争求；能封贵戚做公侯，所以从前汤、武才不惜放杀桀、纣。现在大王不费一丝气力，就可以做到，臣真是非常替大王欣慰。大王同秦结交，秦必去侵略韩、魏；大王同齐国结交，齐必去侵略楚、魏。魏受侵略，必割去河外；韩受侵略，必贡献宜阳。宜阳一经贡献，上郡就被隔绝，河外被割，道路就不通；楚国受了侵略，援助就没有人了。这三条计策，是不可不慎重考虑的。秦国的兵到了轵道，南阳就危急；又劫制韩国，包围周室，赵国必被压迫；秦国占据卫国，取得淇地，齐国必去朝见秦国。秦国在崤山以东能得这样，那他的兵必到赵国来了。秦兵渡过黄河，穿过临漳，占据番吾，则秦兵必来攻打赵国都城邯郸，这是臣非常替大王担忧的。

"现在山东的国家，没有比赵强盛的。地方有二千里大，兵甲有几十万，车子有千辆，马有万匹，粮食够十年的支用；西边有常山，南边有黄河与漳水，东边有清池，北边有燕国。燕是衰弱的国家，是不必怕的。秦国最仇恨的国家，没有胜过赵国的，但是他不敢来打赵国，是什么道理呢？是恐怕韩、魏偷袭他的后面，这样说来，韩、魏乃是赵国南边的屏藩。秦兵去攻打韩、魏，就不是这样了：没有名山大川的限隔，渐渐地去蚕食，就到达他们的国都。韩、魏不能支持，必臣附秦国，韩、魏要是臣附了秦国，秦就没有韩、魏的限隔，那秦国的祸患，就到赵国了，所以臣非常替大王忧虑。

"臣听说过，尧没有三百亩的田地，舜没有咫尺大的土地，而能有天下；禹没有一百人的附从，而能够做诸侯之王；汤、武的兵卒，不过三千人，车子不过三百辆，而能够贵为天子。这是因为能得要道。所以明主外边揣测敌国的强弱，内里审计兵卒的多少，他的好坏强弱，不用等到和敌人开战，胜败存亡的微机，早已了然胸中了，岂能为大众的言语所迷惑，糊里糊涂就把事情定下了呢？臣拿天下的地图来察看，觉得诸侯的土地，比秦国要大五倍；揣测诸侯的兵卒，当然也要比秦国多十倍。六个国家，团结为一，西面去攻打秦国，秦国自然破亡了。现在的诸侯，反而给秦国破亡，西面去侍奉他，臣不知道，去破亡人家,和给人家来破亡,侍奉人家,和人家来侍奉我,岂是可以相提并论的吗?讲连横的人,多是想宰割诸侯的土地,同秦国去求和。同秦国求和,他们就可以高大台榭,粉饰宫室,听竽瑟的声音,辨察五味的调和,前面有轩车,后面有美人住宿的长庭,和美人骄柔嬉戏,可一旦有了秦祸,便不同人主来分忧。所以讲连横的人,日夜地以秦国权威来恐吓诸侯,以求多割土地,臣希望大王加以慎重考虑!

"臣听见说过,明主没有疑忧,不听信谗言,屏去没有依据的言语,绝塞人臣朋党的门户。(大王您就是这样的明主,)所以尊高君主、广大土地、坚强兵力的计划,臣能够贡献给大王。臣替大王计谋,莫如联合韩、魏、齐、楚、燕、赵,亲善得同一国一般,用这样的力量,来抵制秦国,使天下的将相,一齐会合在洹水的地方,一起交换意见,杀白马以结盟誓,说:秦来攻伐楚国,齐、魏就出精锐的兵去援助,韩国断绝秦兵的粮道,赵兵便渡过黄河与漳水,燕国把守常山的北面;秦兵去攻打韩、魏,则楚兵断绝他的后面,齐出精锐的兵去援助,赵兵便渡过黄河与漳水,燕兵把守云中;秦兵攻打齐国,则楚兵断绝他的后面,韩兵把守成皋,魏兵防堵在午道的地方,赵兵便渡过黄河与漳水,驻扎在博关,燕国出精锐的兵去援助;秦兵攻燕,赵兵就把守常山,楚兵驻防在武关的地方,齐兵渡过渤海,韩、魏出精锐的兵去援助;秦兵攻赵,韩兵就驻守宜阳,楚兵驻守武关,魏兵驻守河外,齐兵渡过渤海,燕出精锐的兵去援助。诸侯有首先背叛条约的,五国的兵便一齐去讨伐他。六国(韩、赵、楚、燕、齐、魏)亲善团结去抵制秦国,秦兵必不敢出兵到函谷关以外,来祸害山东了。这样,霸业就可以成功了。"

赵王说:"我因为年纪小,执掌国政的日子又少,没有听过让国家长治久安的计谋。现在贵客有心保卫天下,安定诸侯,我恭敬地以国家听从你!"遂封苏秦做武安君,给他有文彩的车子百辆,黄金千镒,白璧一百只,锦绣千束,去联合诸侯。

张仪为秦连横说赵王

张仪为秦连横,说赵王曰:"弊邑秦王使臣敢献书于大王御史。大王收率天下以傧秦,秦兵不敢出函谷关十五年矣。大王之威,行于天下山东。弊邑恐惧慑伏,缮甲厉兵,饰车骑,习驰射,力田积粟,守四封之内,愁居慑处,不敢动摇,唯大王有意督过之也。今秦以大王之力,西举巴蜀,并汉中,东收两周而西迁九鼎,守白马之津,秦虽辟远,然而心忿悁含怒之日久矣。今宣君有微甲钝兵,军于渑池,愿渡河逾漳,据番吾,迎战邯郸之下,愿以甲子之日合战,以正殷纣之事,敬使臣先以闻于左右。

"凡大王之所信以为从者,恃苏秦之计,荧惑诸侯,以是为非,以非为是。欲反覆齐国而不能,自令车裂于齐之市。夫天下之不可一亦明矣。今楚与秦为昆弟之国,而韩、魏称为东蕃之臣,齐献鱼盐之地,此断赵之右臂也。夫断右臂而求与人斗,失其党而孤居,求欲无危,岂可得哉?今秦发三将军,一军塞午道,告齐使,兴师渡清河,军于邯郸之东;一军军于成皋,驱韩、魏而军于河外;一军军于渑池,约曰:'四国为一以攻赵,破赵而四分其地。'是故不敢匿意隐情,先以闻于左右。臣切为大王计,莫如与秦遇于渑池,面相见而身相结也。臣请案兵无攻,愿大王之定计!"

赵王曰:"先王之时,奉阳君相,专权擅势,蔽晦先王,独断官事。寡人宫居,属于师傅,不能与国谋。先王弃群臣,寡人年少,奉祠祭之日浅,私心固窃疑焉。以为一从不事秦,非国之长利也。乃且愿变心易虑,剖地谢前过以事秦,方将约车趋行,而适闻使者之明诏。"于是乃以车三百乘,入朝渑池,割河间以事秦。

【译解】

张仪因为要替秦国造成连横,遂去对赵王说:"敝邑秦王,叫臣来贸然地上书给大王的御史。大王领率天下的诸侯,来抵制秦国,秦兵不敢到函谷关以外,已经十五年了。大王的威权,也行遍天下山东了。弊邑非常惧怕,整顿兵器,训练兵士,修饰车骑,练习骑射,疾力地耕种,堆积粮食,保守四面边境。这样的困愁恐惧,不敢妄动,是想大王能够来督责我们的过失。现在,秦国因为大王的威力,西边得到巴蜀,兼并汉中,东边收服东周、西周,迁移他的九鼎,以保守白马地方的河口。秦国虽是僻远固陋,但是心中怨恨恼怒,日子已经很久了。现在,秦王有敝顿的甲兵,驻扎在渑池,将要渡过黄河和漳水,占据番吾,到邯郸城下来,想也在甲子的日子,同赵兵交战,学武王伐纣的故事,恭敬地叫臣先来告诉大王左右的人。

"大王所以听从合从的道理,是倚恃苏秦的计谋。苏秦的计谋,能够诱惑诸侯,颠倒是非。但是苏秦想反覆齐国,没有达到,反而自己被车子分尸在齐国的朝市。这样说来,天下是绝不能联合为一的了。眼下,楚国和秦国,已经联盟成为兄弟一般的国家,韩、魏也投诚称臣,齐国又进献出产鱼盐的地,则是如同割断赵国的右臂。哪能有割断右臂的人,还可以争斗的?没有襄助,势单力孤,还想没有危险,这怎么可能呢?秦国已派出三员大将,各领一军:一军去堵塞午道,告诉齐国,叫他出兵渡过清河,驻扎在邯郸的东边;一军驻扎在成皋,督着韩、魏的兵,驻扎在河外;一军驻扎在渑池。我们的盟约说:四国团结为一,去攻打赵国;破赵以后,四国瓜分赵国的土地。臣因此不敢将这情形隐瞒,先告诉大王左右的人。臣私下替大王设计,不如同秦王在渑池的地方会见,会见之后,就可以交换意见,联络感情。臣请秦兵暂时停止进攻,希望大王急速地决定方针!"

赵王说:"先王的时候,奉阳君为宰相,专权跋扈,蒙混先王,独揽大权。寡人住在深宫里面受老师的管教,不能干预国政。先王遗弃群臣,离开人间,寡人年纪又小,主政的日子又少,但是心里常常疑虑,以为合从不去侍奉秦国,不是治国的长久之计,便预备改变计划,割些土地给秦国去,以谢从前的过失。正在预备车马,准备到秦国去,而使者奉着秦王的诏令,也在这时到赵国来了。"于是赵王率领三百辆车子,到渑池去朝见秦王,割河间的土地,献给了秦国。

武灵王平昼闲居

武灵王平昼闲居,肥义侍坐曰:"王虑世事之变,权甲兵之用,念简、襄之迹,计胡、狄之利乎?"王曰:"嗣立不忘先德,君之道也;错质务明主之长,臣之论也。是以贤君静而有道民便事之教,动有明古先世之功;为人臣者,穷有弟长辞让之节,通有补民益主之业。此两者君臣之分也。今吾欲继襄主之业,启胡、翟之乡,而卒世不见也。敌弱者,用力少而功多,可以无尽百姓之劳,而享往古之勋。夫有高世之功者,必负遗俗之累;有独知之虑者,必被庶人之恐。今吾将胡服骑射以教百姓,而世必议寡人矣。"肥义曰:"臣闻之:'疑事无功,疑行无名。'今王即定负遗俗之虑,殆毋顾天下之议矣。夫论至德者,不和于俗;成大功者,不谋于众。昔舜舞有苗,而禹袒入裸国,非以养欲而乐志也,欲以论德而要功也。愚者暗于成事,智者见于未萌,王其遂行之!"王曰:"寡人非疑胡服也,吾恐天下笑之。狂夫之乐,知者哀焉;愚者之笑,贤者戚焉。世有顺我者,则胡服之功未可知也。虽驱世以笑我,胡地中山,吾必有之。"

王遂胡服。使王孙绁告公子成曰:"寡人胡服,且将以朝,亦欲叔之服之也。家听于亲,国听于君,古今之公行也;子不反亲,臣不逆主,先王之通谊也。今寡人作教易服,而叔不服,吾恐天下议之也。夫制国有常,而利民为本,从政有经,而令行为上。故明德在于论贱,行政在于信贵。今胡服之意,非以养欲而乐志也,事有所出,功有所止,事成功立,然后德且见也。今寡人恐叔逆从政之经,以辅公叔之议。且寡人闻之,事利国者行无邪,因贵戚者名不累,故寡人愿募公叔之义,以成胡服之功,使继谒之叔,请服焉!"

公子成再拜曰:"臣固闻王之胡服也,不佞寝疾,不能趋走,是以不先进。王今命之,臣固敢竭其愚忠!臣闻之:中国者,聪明睿知之所居也,万物财用之所聚也,贤圣之所教也,仁义之所施也,诗书礼乐之所用也,异敏技艺之所试也,远方之所观赴也,蛮夷之所义行也。今王释此而袭远方之服,变古之教,易古之道,逆人之心,畔学者,离中国,臣愿大王图之!"

使者报王。王曰:"吾固闻叔之病也。"即之公叔成家,自请之,曰:"夫服者,所以便用也;礼者,所以便事也。是以圣人观其乡而顺宜,因其事而制礼,所以利其民而厚其国也。被发文身,错臂左衽,瓯越之民也;黑齿雕题,鳀冠秫缝,大吴之国也。礼服不同,其便一也。是以乡异而用变,事异而礼易。是故圣人苟可以利其民,不一其用,果可以便其事,不同其礼。儒者一师而礼异,中国同俗而教离,又况山谷之便乎!故去就之变,知者不能一;远近之服,贤圣不能同。穷乡多异,曲学多辨,不知而不疑,异于己而不非者,公于求善也。今卿之所言者,俗也;吾之所言者,所以制俗也。今吾国东有河、薄洛之水,与齐、中山同之,而无舟楫之用。自常山以至代、上党,东有燕、东胡之境,西有楼烦、秦、韩之边,而无骑射之备,故寡人且聚舟楫之用,求水居之民,以守河、薄洛之水,变服骑射,以备其参胡、楼烦、秦、韩之边。且昔者简主不塞晋阳,以及上党,而襄王兼戎取代,以攘诸胡,此愚知之所明也。先时中山负齐之强兵,侵掠吾地,系累吾民,引水围鄗,非社稷之神灵,即鄗几不守,先王忿之,其怨未能报也。今骑射之服,近可以备上党之形,远可以报中山之怨;而叔也顺中国之俗,以逆简、襄之意,恶变服之名,而忘国事之耻,非寡人所望于子!"公子成再拜稽首曰:"臣愚不达于王之议,敢道世俗之间。今欲断简、襄之意,以顺先王之志,臣敢不听令!"再拜,乃赐胡服。

【译解】

　　武灵王在没有事的时候,肥义陪着他坐在旁边,说:"大王你曾想到世事的变化,甲兵的用处,和先王简子、襄子的遗迹,同那胡、狄之人的利益吗?"武灵王说:"嗣立的君主,不忘记从前君主的功德,这是为人君的道理;交互参证,以显明人主的长处,这是人臣的议论。所以贤明的君主,在闲居的时候指导人民,便于事业的教化;在有所作为的时候,便显明古代先王的功业。做人臣的,在穷困时候,有长幼辞让的礼节;显达的时候辅助百姓,利益君上的功业。这两者就是君上和人臣的职分。现今我想继续襄主的事业,开发胡翟的土地,但是一生都不能成功啊！敌国衰弱的,用兵比较少,而得到的功利却多,不用劳苦百姓的力量,就可以办到前古的功业。凡有高过世人的功勋,必有遗弃世俗的恶名;有高超思想,必引起众人的忧惧。现在我想用胡人的衣服骑射来教导百姓,但是世俗的人必定要议论我。"肥义说:"臣听说过:'事情有疑惑,必没有成功的希望;行动有疑惑,必没有美名。'如果这种超越世俗的计虑已然胸有成竹了,大王就不必顾虑天下的议论！大凡讲论至德的人,绝不同于世俗;建立大功的人,绝不同众人去计谋。从前舜在有苗的地方跳舞,大禹裸体到裸国去,这并不是纵养情欲,快乐意志,是讲论道德,求大功勋啊！愚笨的人,对于已成事的尚且糊涂;聪明的人,在事件没有发生以前,已经明白了。大王就照这样去做吧！"武灵王说:"我并不是对于胡服有所怀疑,是恐怕天下人讪笑我。狂人的快乐,有智之人替他哀悯;愚笨的人笑,贤能的人替他忧愁。世间的人,有肯顺从我的,胡服的功业,是不可限量的啊！虽然举世都来讪笑,我对于胡人的中山,也绝不能放弃。"

武灵王乃改穿胡人的衣服。派王孙绁去告诉公子成说:"寡人穿了胡服,预备朝见群臣了,并且很想你也和我一样。在家里听从父母,在国里听从君主,古今都是这样的道理。子不能违背父母,臣不能违背君主,先王的道理,是正确的通途。现在寡人已经改穿胡服,你仍不改穿胡服,我恐怕天下人必要议论的。国家的常法,是以利益人民为根本。政治的根本,在于政令能够畅通于下,遵行无犯。要想显明盛德,必使卑贱的人,都能明白;要想政治能行,必使高贵的人,能够遵从。现在改穿胡服,并不是想放纵情欲,快乐意志,是有所作为,想有所成功啊!事能成功,功能建立,盛德就可以外见。寡人恐怕你不遵从,所以不厌其烦地同你商量。并且,寡人听说过,事有利益国家,必没有不好的行为;凭借贵戚,得到成功,绝没有不好的名誉。所以寡人想借你的名义,成就胡服的功业,因此派绁来请托你,请你改穿胡服。"

公子成再拜着说:"臣已经知道大王改穿胡服了,但是臣因为有病,不能行动,所以不能去进谏。现在大王有命令来,臣因此敢竭尽一点愚忠!臣听说过,中国是聪明才智的居所,万物财用的聚集,贤圣所教化,仁义所施行,诗书礼乐所制用,不同凡响的技能的用武之地,都在这里;并且,这里也是远方的观瞻,蛮夷的仪则。现在大王忽然放弃一切,去穿胡服,改变古时的教道,违逆人心,离开文化的中国,臣希望大王要慎加考虑!"

王孙绁回去报告武灵王。王说:"我早晓得他不会赞成的。"遂自己到公叔成家里去,对他说:"大凡衣服,是因为便于使用;礼法,是因为便于行事。所以圣人观察乡情,以顺合他的风俗,因循事情,然后制定礼法,这样,才能福利人民,有益国家。截断头发,刻画身体,用丹青来错画臂膀,衣服的大衽是在左边,这是瓯越人民的风俗;将牙齿染黑,用颜色来涂抹头额,用大鲇的皮做帽子,针绒极为粗疏,这是大吴的国家。他们礼服虽不相同,但是便利却是一样的。所以乡情不一样,风俗也自然两样了;事情不同,礼法也自然改变。是以圣人只要可以利益人民,绝不使他们的工作相同;只要可以便利行事,绝不使他们的礼法相同。儒者师法相同,而学到的礼制两样;中国风俗相同,而圣人的教化不同。这样说来,何况山谷的便利呢?所以去就的变化,虽是智者也不能一概而论,远近的服饰,圣贤也不能使他同一。穷乡的风俗多奇异,邪曲的学说多好辩,但是不知道的时候,不去怀疑,同自己两样,不去非毁,这是存着大公无私的心,想去求美善啊!现在你所说的,是俗见,我所说的,是要用来变革风俗的。我们国家,东边有黄河和薄洛的水道,同齐国、中山共有着,但是我们没有船;从常山到代、上党,东边是燕、东胡的边境,西边是楼烦、秦、韩的边境,我们又没有骑射的防备。所以寡人想要造船,招募会游泳的百姓,来防守黄河与薄洛的水道;改穿胡服,训练骑射,来防守燕、东胡和秦、韩、楼烦的边境。从前,简主不堵塞晋阳及上党的险要,襄主兼并戎狄,取得代地,去攻伐胡人,这是愚人也明白为什么的。先前,中山依恃齐国的强盛,用兵来侵略我的土地,俘虏我们的人民,决引河水,来围灌鄗城。如果不是因为社稷的保佑,鄗城就不能保守。先王对这事,非常气愤,但是至今还没有去报复。现在改穿胡服,近可以完备上党的险要,远可以报复中山的怨恨。你偏要顺着中国的风俗,违背简主、襄主的意志,厌恶改变服饰的名誉,忘记了国家的耻辱,寡人对于你的希望,不是这样的!"公子成再拜着说:"臣愚笨得很,不能知道大王的计谋,只知称道世俗的言论。现今大王想继承简主、襄主的意志,以顺合先王的心愿,臣敢不听从命令!"又再拜,武灵王遂赐给他胡服。

赵惠文王三十年

赵惠文王三十年,相都平君田单问赵奢曰:"吾非不说将军之兵法也,所以不服者,独将军之用众。用众者,使民不得耕作,粮食挽赁不可给也,此坐而自破之道也,非单之所为也。单闻之:帝王之兵,所用者不过三万,而天下服矣。今将军必负十万、二十万之众乃用之,此单之所不服也。"马服曰:"君非徒不达于兵也,又不明其时势。夫吴干之剑,肉试则断牛马,金试则截盘匜;薄之柱上而击之,则折为三,质之石上而击之,则碎为百。今以三万之众,而应强国之兵,是薄柱击石之类也。且夫吴干之剑材,难夫毋脊之厚,而锋不入;无脾之薄,而刃不断。兼有是两者,无钩、缳、镡、蒙须之便,操其刃而刺,则未入而手断。君无十万二十万之众,而为此钩、缳、镡、蒙须之便,而徒以三万行于天下,君焉能乎?且古者四海之内,分为万国,城虽大,不过三百丈者;人虽众,不过三千家者;而以集兵三万,距此奚难哉?今取古之为万国者,分以为战国七,能具数十万之兵,旷日持久,数岁,即君之齐已。齐以二十万之众攻荆,五年乃罢;赵以二十万之众攻中山,五年乃归。今者齐、韩相方,而国围攻焉,岂有敢曰,我其以三万救是者乎哉?今千丈之城、万家之邑相望也,而索以三万之众围千丈之城,不存其一角,而野战不足用也。君将以此何之?"都平君喟然大息曰:"单不至也!"

【译解】

赵惠文王三十年,相国都平君田单问赵奢道:"我并不是不喜欢将军的兵法,我所不佩服的,就是将军用极多的兵。募用极多的兵,使百姓不能从事耕种,粮食运输都不能够供给,这乃是坐而自破的道理,这是单不做的。单听说:帝王的兵,所用不过三万,天下就降服了。现在将军必定要有十万二十万兵才用,这乃是单所不佩服的!"赵奢道:"你非但不懂用兵的方法,又不明了时势。譬如用吴国的干将宝剑割肉,就能斩断牛马;切金属物,就能砍断盘和匜器。但是,若靠近柱子力击,剑就折成三段;就近石头力击,剑就碎为百片。现在以三万兵去对付强国的兵,这乃是靠近柱子力击石头啊!并且,吴国的干将宝剑材料难得,没有剑脊之厚,则剑条不入;没有近剑口处的薄,则剑口不会折断。即便兼有这两桩,但若没有剑头的环、剑柄、剑口和剑绳的便利,持着剑去刺,剑锋未曾刺进,手已经断了。君没有十万、二十万的兵,却想要剑有着环、柄、剑口和剑绳的便利,只想用三万兵横行天下,君怎能成功呢?并且,古时天下分为万国,城虽然大,没有大过三百丈的;人虽然多,没有多过三千家的;用平时集结的军队三万,横行天下,有何难哉?现在,古时的万国已分为七国,用几十万兵,旷日持久,几年之后,齐国就不存在了(指齐国被燕昭王攻破的事)。齐国用二十万兵攻打荆,五年方才完毕;赵国以二十万兵攻打中山,五年方才回来。现在齐和韩势力平均,但是战争时,尚且要用全国的兵力去围攻,谁敢说:我用三万兵去救应吧!现在,十丈高的城、万家多的县邑互相望见,用三万兵去围千丈高的城,不过只能围住它的一个城角,野战的兵远远不够用啊!你预备用这点兵干什么呢?"都平君叹息道:"单的见解不如你啊!"

秦攻赵于长平

秦攻赵于长平,大破之,引兵而归。因使人索六城于赵而讲。赵计未定,楼缓新从秦来,赵王与楼缓计之,曰:"与秦城何如?不与何如?"楼缓辞让曰:"此非人臣之所能知也。"王曰:"虽然,试言公之私!"楼缓曰:"王亦闻夫公甫文伯母乎?公甫文伯官于鲁,病死,妇人为之自杀于房中者二八。其母闻之,不肯哭也。相室曰:'焉有子死而不哭者乎?'其母曰:'孔子,贤人也,逐于鲁,是人不随。今死而妇人为死者十六人。若是者,其于长者薄,而于妇人厚。'故从母言之,为贤母也;从妇言之,必不免为妒妇也。故其言一也,言者异则人心变矣。今臣新从秦来,而言勿与,则非计也;言与之,则恐王以臣之为秦也,故不敢对。使臣得为王计之,不如予之。"王曰:"诺!"

虞卿闻之,入见王,王以楼缓言告之。虞卿曰:"此饰说也。"王曰:"何谓也?"虞卿曰:"秦之攻赵也,倦而归乎?王以其力尚能进,爱王而不攻乎?"王曰:"秦之攻我也,不遗余力矣!必以倦而归也。"虞卿曰:"秦以其力攻其所不能取,倦而归,王又以其力之所不能攻以资之,是助秦自攻也。来年秦复攻王,王无以救矣。"

王又以虞卿之言告楼缓。楼缓曰:"虞卿能尽知秦力之所至乎？诚知秦力之不至，此弹丸之地，犹不予也。令秦来年复攻，王得无割其内而媾乎？"王曰："诚听子割矣，子能必来年秦之不复攻我乎？"楼缓对曰："此非臣之所敢任也。昔者三晋之交于秦，相善也。今秦释韩、魏而独攻王，王之所以事秦，必不如韩、魏也。今臣为足下解负亲之攻，启关通敝，齐交韩、魏，至来年而王独不取于秦，王之所以事秦者，必在韩、魏之后也。此非臣之所敢任也。"

王以楼缓之言告。虞卿曰："楼缓言不媾，来年秦复攻王，得无更割其内而媾。今媾，楼缓又不能必秦之不复攻也。虽割何益？来年复攻，又割其力之所不能取，而媾也，此自尽之术也，不如无媾。秦虽善攻，不能取六城；赵虽不能守，而不至失六城。秦倦而归，兵必罢，我以五城收天下以攻罢秦，是我失之于天下，而取偿于秦也，吾国尚利。孰与坐而割地自弱以强秦？今楼缓曰：'秦善韩、魏而攻赵者，必王之事秦不如韩、魏也。'是使王岁以六城事秦也，即坐而地尽矣！来年秦复求割地，王将予之乎？不与，则是弃前贵而挑秦祸也；与之，则无地而给之。语曰：'强者善攻，而弱者不能自守。'今坐而听秦，秦兵不敝而多得地，是强秦而弱赵也。以益愈强之秦而割愈弱之赵，其计固不止矣。且秦虎狼之国也，无礼义之心。其求无已，而王之地有尽，以有尽之地，给无已之求，其势必无赵矣。故曰，此饰说也。王必勿与！"王曰："诺！"

楼缓闻之，入见于王，王又以虞卿言告之。楼缓曰："不然！虞卿得其一，未知其二也。夫秦、赵构难，而天下皆说，何也？曰：'我将因强而乘弱。'今赵兵困于秦，天下之贺战者，则必尽在于秦矣，故不若亟割地求和，以疑天下，慰秦心。不然，天下将因秦之怒，秦、赵之敝而瓜分之，赵且亡，何秦之图？王以此断之，勿复计也！"

虞卿闻之，又入见王曰："危矣，楼子之为秦也！夫赵兵困于秦，又割地为和，是愈疑天下，而何慰秦心哉？是不亦大示天下弱乎？且臣曰勿予者，非固勿予而已也。秦索六城于王，王以五城赂齐；齐、秦之深仇也，得王五城，并力而西击秦也；齐之听王，不待辞之毕也。是王失于齐而取偿于秦，一举结三国之亲，而与秦易道也。"赵王曰："善！"因发虞卿东见齐王，与之谋秦。虞卿未反，秦之使者已在赵矣，楼缓闻之，逃去。

【译解】

秦攻赵于长平，大破赵军，领兵而回，乃命人向赵国去求六个城讲和。赵国计划未定，楼缓新从秦国来，赵王和楼缓商议道："给秦国城，结果怎样？不给秦国城，结果怎样？"楼缓辞让道："这不是人臣所知道的。"王道："但是，试说你的见解。"楼缓道："王曾听过公甫文伯母亲的事吗？公甫文伯在鲁国做官，生病死了，妇人因此在房中自杀的共有十六人。公甫文伯的母亲听见了，不肯哭泣。傅姆道：'哪有儿子死了不哭的？'母亲道：'孔子是贤人，被鲁国放逐，他不去跟随他。现在他死了,妇人寻死的共有十六人,这是因为他对于长者薄,而对待妇人厚。'这话从母亲说出来,这母亲是贤母;若从妻子说出来,这妻子就是嫉妒的女人。所以话虽然是一样,说的人不同,人心就变了。现在臣新从秦国来,而说'不给秦地',这不是好计策;说'给秦国地',又恐怕王以为臣是为秦国,所以不敢对答。臣若能替王计划,不如将地给秦国。"王道:"嗯!"

虞卿听见了,进去见王,王把楼缓的话告诉他。虞卿道:"这乃是掩人耳目的话。"王道:"这是怎么讲呢?"虞卿道:"秦国攻打赵国,是因为疲倦而归吗? 或者,他的力量尚能前进,因为爱王而不进攻吗?"王道:"秦国攻打我国,不遗余力啊!必定是疲倦而归。"虞卿道:"秦国用力攻打他所不能取的,疲倦而归,王又以他力不能攻下的城送给他,这乃是帮助秦攻打自己。明年秦再攻打王,王就无法救自己了。"

王又将虞卿的话告诉楼缓,楼缓道:"虞卿能够真的知道秦国的力量所及吗? 果然知道秦国的力量不够,这弹丸般小的地,尚不给他,等秦国明年再来攻打,王不是要割内地和他讲和了吗?"王道:"果然照着你的话,割地给秦,你能担保秦国明年不再攻打我们吗?"楼缓对道:"这不是我所敢担保的。从前三晋和秦国的邦交很好,现在秦国舍去韩、魏,独攻打王,王事秦必定不及韩、魏了。现在臣替足下解除因辜负亲秦而受的攻打,开启关塞,流通货币,和韩、魏一样去交结秦国;到了明年,王若独不为秦所释,那就是王之事秦必定不如韩、魏。

这不是臣所敢担保的。"

王将楼缓的话告诉虞卿,虞卿道:"楼缓说:'不讲和,明年秦国再来攻打,王要割让内地去讲和吗?'现在讲和,楼缓又不能担保秦国不再来攻打,虽割地给秦,有何益处? 明年秦再进攻,又将他力量取不到的割让给他,和他讲和。此乃是自趋灭亡的方法,不如不讲和。秦虽然善攻,不能取六城;赵虽然难守,也不至于失去六个城。秦战罢而归,兵必疲倦,我用五城收合天下,攻打疲倦的秦国,这样,我国失地于天下,还可以取偿于秦国,我尚有利益。这比坐着割地给秦国,削弱自己,增强秦国,怎样呢? 现在楼缓说:'秦国和韩、魏好,而攻打赵,必定是因为王之事秦不如韩、魏。'这乃是令王每年送六个城给秦国啊,坐着而地已丧失完了! 明年秦国再来要求割地,王预备还给他吗? 若不给他,那前功就尽弃,更挑惹秦国的祸;若给他,又没有地可给。俗语说:'强的善于进攻,弱的不能自守。'现在坐着听从秦国,秦国的兵不困敝,而得着许多地,这乃是:增强秦国,削弱赵国。补益更强的秦国,削小更弱的赵国,割地是没有止时的了。并且,秦国是像虎狼一般横暴的国家,没有礼义的心,他的需索无穷,而王的地有竭尽的时候。以有竭尽的地,去满足无穷的需索,赵国势必灭亡了! 所以说,这是楼缓掩人耳目的话,王必定不要给秦地!"王道:"是的。"

楼缓听见了,进去见王,王又将虞卿的话告诉他。楼缓道:"不对!虞卿只知其一,不知其二。秦、赵二国开战,天下都喜悦,是何缘故呢?都说:'我因强的去侵凌弱的。'现在赵兵为秦所困,天下庆贺胜利的,必定都在秦国了。所以不如急速割地求和,以疑惑天下,安慰秦的心。不然,天下将要乘秦怒、赵国困敝之时,联合瓜分赵国。赵国将亡,还图谋什么秦国?王以这个来决断,不要想来想去了!"

虞卿听见了,又进去见王道:"危险呀!楼子这般帮秦国!赵兵为秦国所困,又割地去求和,这是更使天下疑心,怎么会安慰秦国的心呢?这不是向天下示弱吗?并且,臣说不给秦地,并不是光说不给地。秦向王要六城,王以五个城贿赂齐国,齐国是秦国的深仇,得着王的五个城,合力向西击秦。齐国马上就会听从王的,不必等话说完。如此,王虽失地给齐,可以取偿取秦,一举而结三国的亲,和秦国互换了形势。"赵王道:"好的!"乃派虞卿东面去见齐王,图谋秦国。虞卿尚未回来,秦国的使者已经到赵国来了,楼缓听见,吓得逃走了。

秦围赵之邯郸

秦围赵之邯郸。魏安釐王使将军晋鄙救赵,畏秦,止于荡阴,不进。魏王使客将军新垣衍间入邯郸,因平原君谓赵王曰:"秦所以急围赵者,前与齐闵王争强为帝,已而复归帝,以齐故。今齐闵王已益弱,方今唯秦雄天下,此非必贪邯郸,其意欲求为帝。赵诚发使尊秦昭王为帝,秦必喜,罢兵去。"平原君犹豫,未有所决。

此时鲁仲连适游赵,会秦围赵。闻魏将欲令赵尊秦为帝,乃见平原君曰:"事将奈何矣?"平原君曰:"胜也何敢言事?百万之众折于外,今又内围邯郸而不能去。魏王使将军辛垣衍令赵帝秦,今其人在是,胜也何敢言事?"鲁连曰:"始吾以君为天下之贤公子也,吾乃今然后知君非天下之贤公子也。梁客辛垣衍安在?吾请为君责而归之!"平原君曰:"胜请召而见之于先生!"平原君遂见辛垣衍曰:"东国有鲁连先生,其人在此,胜请为绍介而见之于将军!"辛垣衍曰:"吾闻鲁连先生,齐国之高士也! 衍,人臣也,使事有职,吾不愿见鲁仲连先生也。"平原君曰:"胜已泄之矣。"辛垣衍许诺。

鲁连见辛垣衍而无言。辛垣衍曰:"吾视居此围城之中者,皆有求于平原君者也。今吾视先生之玉貌,非有求于平原君者,曷为久居此围城之中而不去也?"鲁连曰:"世以鲍焦无从容而死者,皆非也。今众人不知,则为一身。彼秦者,弃礼义而上首功之国也,权使其士,虏使其民,彼则肆然而为帝,过而遂正于天下,则连有赴东海而死矣,吾不忍为之民也!所为见将军者,欲以助赵也。"辛垣衍曰:"先生助之奈何?"鲁连曰:"吾将使梁及燕助之,齐、楚则固助之矣。"辛垣衍曰:"燕则吾请以从矣,若乃梁,则吾乃梁人也,先生恶能使梁助之耶?"鲁连曰:"梁未睹秦称帝之害故也,使梁睹秦称帝之害,则必助赵矣。"辛垣衍曰:"秦称帝之害,将奈何?"鲁仲连曰:"昔齐威王尝为仁义矣,率天下诸侯而朝周,周贫且微,诸侯莫朝,而齐独朝之。居岁余,周烈王崩,诸侯皆吊,齐后往。周怒,赴于齐曰:'天崩地坼,天子下席,东藩之臣田婴齐后至,则斫之!'威王勃然怒曰:'叱嗟,而母婢也!'卒为天下笑。故生则朝周,死则叱之,诚不忍其求也。彼天子固然,其无足怪。"辛垣衍曰:"先生独未见夫仆乎?十人而从一人者,宁力不胜、智不若耶?畏之也。"鲁仲连曰:"然梁之比于秦,若仆耶?"辛垣衍曰:"然!"鲁仲连曰:"然吾将使秦王烹醢梁王!"辛垣衍怏然不悦曰:"嘻!亦太甚矣,先生之言也!先生又恶能使秦王烹醢梁王?"鲁仲连曰:"固也,待吾言之!昔者鬼侯、鄂侯、文王,纣之三公也。鬼侯有子而好,故入之于纣,纣以为恶,醢鬼侯。鄂侯争之急,辨之疾,故脯鄂侯。文王闻之,喟然而叹,故拘之于牖里之库,百日而欲令之死。曷为与人俱称帝王,卒就脯醢之地也？齐闵王将之鲁，夷维子执策而从，谓鲁人曰：'子将何以待吾君？'鲁人曰：'吾将以十太牢待子之君。'维子曰：'子安取礼而来待吾君？彼吾君者，天子也，天子巡狩，诸侯辟舍，纳于筦键，摄衽抱几，视膳于堂下，天子已食，退而听朝也。'鲁人投其籥，不果纳，不得入于鲁。将之薛，假涂于邹。当是时，邹君死，闵王欲入吊，夷维子谓邹之孤曰：'天子吊，主人必将倍殡柩，设北面于南方，然后天子南面吊也。'邹之群臣曰：'必若此，吾将伏剑而死！'故不敢入于邹；邹、鲁之臣，生则不得事养，死则不得饭含，然且欲行天子之礼于邹、鲁之臣，不果纳。今秦万乘之国，梁亦万乘之国，具据万乘之国，交有称王之名，睹其一战而胜，欲从而帝之，是使三晋之大臣，不如邹、鲁之仆妾也。且秦无已而帝，则且变易诸侯之大臣，彼将夺其所谓不肖，而予其所谓贤，夺其所憎，而与其所爱；彼又将使其子女谗妾，为诸侯妃姬，处梁之宫，梁王安得晏然而已乎？而将军又何以得故宠乎？"于是辛垣衍起，再拜谢曰："始以先生为庸人，吾乃今日而知先王为天下之士也！吾请去，不敢复言帝秦！"秦将闻之，为却军五十里，适会魏公子无忌夺晋鄙军以救赵击秦，秦军引而去。

于是平原君欲封鲁仲连，鲁仲连辞让者三，终不肯受。平原君乃置酒，酒酣，起前以千金为鲁仲连寿。鲁连笑曰："所贵于天下之士者，为人排患、释难、解纷乱而无所取也；即有所取者，是商贾之人也，仲连不忍为也！"遂辞平原君而去，终身不复见。

【译解】

　　秦国围困赵国的邯郸,魏安釐王派将军晋鄙去救赵国。晋鄙畏惧秦国,停在荡阴不前进。魏王派客将军辛垣衍乘间到邯郸,因平原君去对赵王说道:"秦急围困赵,是因为前曾同齐闵王争强为帝,后来因为齐的缘故,退去帝号。现在齐国较闵王时更弱,独有秦国称雄于天下,这不仅是贪图邯郸,更是想称帝啊!赵国如果派使者去尊秦昭王为帝,秦王必定喜悦,将兵退去了。"平原君疑惑未定。

　　此时鲁仲连到赵国,适逢秦国攻赵,听说魏国预备令赵尊秦为帝,乃去见平原君道:"事情怎么样了?"平原君道:"胜哪里敢谈这事?百万的兵已战败于外,现在又到国内来围邯郸,兵不撤去。魏王派将军辛垣衍来令赵国尊秦为帝,现在此人尚在这里。胜哪里敢谈这事?"鲁仲连道:"我本来以为你是天下的贤公子,现在我才知道你并不是的!魏国来的客人辛垣衍在何处?让我替你将他责备回去。"平原君道:"让我召他来见先生。"平原君乃去见辛垣衍道:"东国有个鲁仲连先生,此人现在此地,让胜来介绍,和将军相见。"辛垣衍道:"我听说鲁仲连先生是齐国的高士,衍是人臣,出使有公事,我不愿意去见鲁仲连先生。"平原君道:"胜已和他说了。"辛垣衍方才答应。

鲁仲连会见辛垣衍，并不说话。辛垣衍道："我看住在这个围城中的，都是有求于平原君的。现在我看先生的玉貌，不是来求平原君的，先生为何久住在这围城中不去呢？"鲁仲连道："世人以为鲍焦是不懂得自宽而死的，这是不对的。现在众人不知道我的意思，自然为自己设想，离去这围城了。秦国是舍弃礼义、崇尚功劳的国家，用权变去使用他的士人，把百姓当奴隶一般使用。如果秦王肆无忌惮地当上了帝，甚至于使他的威力普及天下，那连只有投东海而死了，我不忍做他的百姓！我所以来见将军，是想帮助赵国。"辛垣衍道："先生怎样帮助赵国呢？"鲁仲连道："我预备使梁和燕帮助赵国，齐、楚本已帮助赵了。"辛垣衍道："燕国我假定他相从，至于梁，我乃是梁人，先生怎能使梁助赵呢？"鲁仲连道："梁不曾见到秦称帝的害处，假使梁见到，他必定要帮助赵了。"辛垣衍道："秦称帝的害处，又是怎样呢？"鲁仲连道："从前齐威王曾行仁义，率领天下诸侯去朝周。周既穷又弱，诸侯都不肯去朝，齐独自去朝。过了一年多，周烈王死了，诸侯都去吊丧，齐国却最后到。周发怒，赴告齐国道：'天崩地裂，天子下席，东方的臣子田婴齐后到，将他斩去！'齐威王大怒道：'呸！你母亲是个贱婢！'结果被天下所笑。所以周天子在时，带人去朝见，死后又呵叱他，实在是经不起这种苛求。天子尚且如此，何况其他人呢？"辛垣衍道："先生独不曾见过仆人吗？十人跟从一人，哪里是因为力量和智慧差呢？是因为畏惧主人啊！"鲁仲连道："那么梁对于秦,是和仆人对于主人一样吗?"辛垣衍道:"是的!"鲁仲连道:"那我要叫秦王烹煮梁王,将他切成肉酱!"辛垣衍不高兴道:"唉!先生这话也太过分了!先生又哪里能叫秦王烹煮梁王,把他切成肉酱?"鲁仲连道:"所以说嘛!你听我说:从前鬼侯、鄂侯和文王,是纣的三公。鬼侯有个女儿很美貌,将他送给纣,纣以为她并不美貌,乃将鬼侯切成肉酱;鄂侯极力替他辩护,纣乃将鄂侯杀死,把他的肉做成肉脯;文王听见了叹息,于是又将文王拘禁在牖里的库里,百日后想杀死他。怎么会和人都称帝王,结果却被人切成肉酱,做成肉脯的呢?齐闵王将到鲁国去,夷维子拿着马鞭跟随着,向鲁国人说道:'你们预备怎样款待我国的国君呢?'鲁国人道:'我们预备用十只牛款待你们的国君。'夷维子道:'你们从何处学来这礼节来款待我国的国君?我国的国君乃是天子!天子巡狩时,诸侯都避开正朝,住在外面,缴纳钥匙,揭起衣襟,抱着几案,在堂下侍候天子进膳;天子食罢,诸侯才退下听朝。'鲁国人听了,将钥匙收下,不让进去。齐闵王遂不能进鲁国,将由邹往薛去。那时邹君死了,闵王要去吊丧,夷维子对邹君的后人道:'天子来吊,主人必须将灵柩由北面移向南面,然后天子南面吊丧。'邹的君臣道:'必定要这样,我们情愿伏剑而死!'闵王不敢进邹。邹、鲁的臣子,生时不得事养,死后不得含敛,但是,若有人要邹、鲁的臣子对之行天子之礼,尚且不能做到。现在,秦是万乘之国,梁也是万乘之国,都据有万乘之国,都称王号,看秦一战而胜,就随从着秦,尊秦为帝,这乃是三晋的大臣,不如邹、鲁的仆婢了!并且,秦王如果真的做了帝,那时必定调换诸侯的大臣,他(指秦王)必要将他所谓'坏人'拿下,给他所谓的'贤人';他又要使他的子女和好谗害人的妃妾做诸侯的妃子,住在梁的宫里,梁王就能平安无事了吗?而将军你又怎能保住你原来的宠幸呢?"于是辛垣衍起来,再拜道谢道:"我本来以为先生是平凡的人。今天方才知道先生是天下的贤士啊!我请退去,不敢再说尊秦为帝。"秦国的将官听见了,将军队退后五十里。适巧魏公子无忌夺去晋鄙的军队,来救赵国,攻击秦兵,秦兵乃退。

于是平原君要封鲁仲连,鲁仲连一连辞让了三次,终不肯受。平原君乃设酒筵款待他。酒饮得快乐时,平原君站起身来,送千金给鲁仲连,替他上寿。鲁仲连笑道:"天下的贤士所看重的,是替人排除患难,解去纷乱,不取酬报。若取酬报,那乃是做生意的人,仲连不忍做这事。"乃辞别平原君而去,终身不再露面。

为齐献书赵王

　　为齐献书赵王,曰:"臣一见,而能令王坐而天下致名实。而臣窃怪王之不试见臣,而穷臣也。群臣必多以臣为不能者,故王重见臣也。以臣为不能者非他,欲用王之兵,成其私者也。非然,则交有所偏者也;非然,则知不足者也;非然,则欲以天下之重恐王,而取行于王者也。臣以齐循事王,王能亡燕,能亡韩、魏,能攻秦,能孤秦。臣以为齐致尊名于王,天下孰敢不致尊名于王?臣以齐致地于王,天下孰敢不致地于王?臣以齐为王求名于燕及韩、魏,孰敢辞之?臣之能也,其前可见已。齐先重王,故天下尽重王;无齐,天下必尽轻王也。秦之强,以无齐之故重王,燕、魏自以无齐故重王,今王无齐,独安得无重天下?故劝王无齐者,非知不足也,则不忠者也;非然,则欲用王之兵,成其私者也;非然,则欲轻王以天下之重,取行于王者也;非然,则位尊而能卑者也。愿王之熟虑无齐之利害也!"

【译解】

　　有人替齐国上书给赵王道:"臣一见王,就能使王坐享天下的名实,而臣窃怪王不试召见臣,令臣穷困。群臣必多以为臣无能,所以王不见臣。以为臣无能,没有别的缘故,就是因为想用王的兵去完成他的私利,不然就是因为交情有所偏,不然就是因为智力不足,不然就是想以天下的重任恐吓王,使王照他们的话去做。臣以齐循事王,王就能灭燕国,能灭韩、魏,能攻打秦国,能使秦国孤立。臣以为齐送尊名给王,天下谁敢不送尊名给王?臣以齐国送地给王,天下谁敢不送地给王?臣以齐替王去向燕和韩、魏求名,谁敢推辞?臣的本事,以上可以看出了。齐先尊重王,所以天下全尊重王;若没有齐国,天下必都轻视王了。秦国这般强,因为没有齐国的援助,所以才尊重王;燕和魏因为没有齐国的援助,所以也尊重王。现在王若没有齐国的援助,怎能受到天下诸国的尊重呢?所以劝王和齐国绝交的,不是因为智力不足,就是不忠心,不然就是想用王的兵去完成他的私利,不然就是想用天下的重任来恐吓王,令王实行他的计划,不然就是因为自己的位置高而没有才能。愿王仔细考虑没有齐国辅助的利害。"

虞卿请赵王

虞卿请赵王曰:"人之情,宁朝人乎? 宁朝于人也?"赵王曰:"人亦宁朝人耳,何故宁朝于人?"虞卿曰:"夫魏为从主,而违者范痤也。今王能以百里之地,若万户之都,请杀范痤于魏。范痤死,则从事可移于赵。"赵王曰:"善!"乃使人以百里之地,请杀范痤于魏。

魏王许诺,使司徒执范痤,而未杀也。范痤献书魏王曰:"臣闻赵王以百里之地,请杀痤之身。夫杀无罪范痤,痤薄故也,而得百里之地,大利也。臣窃为大王美之! 虽然,而有一焉,百里之地不可得,而死者不可复生也,则主必为天下笑矣。臣窃以为与其以死人市,不若以生人市使也。"又遗其后相信陵君书曰:"夫赵、魏,敌战之国也。赵王以咫尺之书来,而魏王轻为之杀无罪之痤,痤虽不肖,故魏之免相望也,尝以魏之故,得罪于赵。夫国内无用臣,外虽得地,势不能守。然今能守魏者,莫如君矣。王听赵杀痤之后,强秦袭赵之欲,倍赵之割,则君将何以止之? 此君之累也!"信陵君曰:"善!"遽言之王而出之。

【译解】

虞卿对赵王说道:"人的情,情愿受别人朝见呢? 还是情愿去朝见别人呢?"赵王道:"人自然要受别人的朝见了,怎么会情愿去朝见别人呢?"虞卿道:"魏是约从的首领,违逆魏国的是范痤。现在王若能以百里的地,万家的都邑,去请求魏国杀掉范痤,范痤若死,合从的首领就是赵国了。"赵王道:"好的!"乃使人以百里的地去请魏国杀掉范痤。

魏王答应,派司徒去捉范痤。尚未杀掉他,范痤上书给魏王道:"臣听说,赵王以百里的地来请杀痤。杀没有罪过的范痤,这是一件很小的事;得着百里的地,这是很大的好处,臣窃自替大王觉得这事很好。但是,还有一层,恐怕百里的地不能够得着,而死者不可复生,那主上必定要被天下所笑了!臣以为,与其用死人取利,不如用活人求利。"又写信给信陵君道:"赵和魏是势力相等的国家,赵王以尺寸的书信来,魏王就轻易地杀掉没有罪的痤。痤虽然不好,曾经做过魏国的相室,以魏国的缘故得罪了赵国。国内不能用臣,外虽得地,势必不能保守。现在能够守魏的,无人能及君。王如果听了赵的话,杀了痤之后,强秦遵照赵国的办法,而欲杀君,割让之地比赵国大一倍,君预备怎样阻止他呢?这乃是君的患累啊!"信陵君道:"你说得对!"立刻去对魏王说,将范痤释放了。

客见赵王

客见赵王曰:"臣闻王之使人买马也,有之乎?"王曰:"有之。""何故至今不遣?"王曰:"未得相马之工也。"对曰:"王何不遣建信君乎?"王曰:"建信君有国事,又不知相马。"曰:"王何不遣纪姬乎?"王曰:"纪姬,妇人也,不知相马。"对曰:"买马而善,何补于国?"王曰:"无补于国。""买马而恶,何危于国?"王曰:"无危于国。"对曰:"然则买马善而若恶,皆无危补于国;然而王之买马也,必将待工。今治天下,举错非也,国家为虚戾,而社稷不血食,然而王不待工,而与建信君何也?"赵王未之应也。客曰:"燕郭之法,有所谓柔痈者,王知之乎?"王曰:"未之闻也。""所谓柔痈者,便辟左右之近者,及夫人优爱孺子也。此皆能乘王之醉昏,而求所欲于王者也。是能得之乎内,则大臣为之柱法于外矣。故日月晖于外,其贼在于内。谨备其所憎,而祸在于所爱。"

【译解】

客人去见赵王道:"臣听说王差人去买马,有这事吗?"王道:"有的。"客人道:"为何至今尚不差人去呢?"王道:"因为未曾得着精于相马的人。"客人道:"王何不差建信侯去呢?"

王道："建信侯有公事,他又不知相马。"客人道："王何不差纪姬去呢?"王道："纪姬是妇人,她不知道相马。"客人道："买到好马,对于国家有何益处?"王道："对于国家没有益处。"客人道："买到坏马,对于国家有何危险?"王道："对于国家没有危险。"客人道："买到好马或坏马,对于国家没有益处,也没有危险,但是,王买马时,必定要等待精于相马的人。现在治理天下,举措失当,国家衰落,成为荒野,社稷都要亡了,不能更享血食,但是,王却不等待善治国家的人,将政权委给建信君,这是为何呢?"赵王尚不曾回答,客人又问道:"郭偃的法,有叫作'柔痈'的,王知道吗?"王道:"不曾听见过。"客人道:"'柔痈'乃是指左右亲幸的臣子,夫人和受宠爱的幼子,这些人都能乘王昏醉时向王求他们所需要的。这些人若能在里面得手,大臣就在外面贪赃枉法了。所以,日月的外面有光圈,里面就有毛病了。谨防所憎恨的,但是祸患反出于所爱的。"

秦攻魏取宁邑

秦攻魏,取宁邑,诸侯皆贺,赵王使往贺,三反不得通。赵王忧之,谓左右曰:"以秦之强,得宁邑以制齐、赵。诸侯皆贺,吾往贺而独不得通,此必加兵我,为之奈何!"左右曰:"使者三往不得通者,必所使者非其人也。曰谅毅者,辩士也,大王可试使之!"

谅毅亲受命而往,至秦,献书秦王曰:"大王广地宁邑,诸侯皆贺,敝邑寡君,亦窃嘉之,不敢宁居,使下臣奉其币物,三至王廷,而使不得通。使若无罪,愿大王无绝其欢;若使有罪,愿得请之。"秦王使使者报曰:"吾所使赵国者,小大皆听吾言,则受书币;若不从吾言,则使者归矣。"谅毅对曰:"下臣之来,固愿承大国之意也,岂敢有难?大王若有以令之,请奉而西行之,无所敢疑。"

于是秦王乃见使者曰:"赵豹、平原君数欺弄寡人,赵能杀此二人,则可。若不能杀,请今率诸侯受命邯郸城下。"谅毅曰:"赵豹、平原君,亲寡君之母弟也,犹大王之有叶阳、泾阳君也。大王以孝治闻于天下,衣服使之便于体,膳啖使之嗛于口,未尝不分于叶阳、泾阳君。叶阳君、泾阳君之车马衣服,无非大王之服御者。臣闻之:'有覆巢毁卵,而凤皇不翔;刳胎焚夭,而麒麟不至。'今使臣受大王之令,以还报敝邑之君,畏惧不敢不行,无乃伤叶阳君、泾阳君之心乎!"秦王曰:"诺!勿使从政。"谅毅曰:"敝邑之君,有母弟不能教诲,以恶大国。请黜之,勿使与政事,以称大国。"秦王乃喜,受其弊而厚遇之。

【译解】

秦攻打魏,占领宁邑,诸侯都去庆贺,赵王也派使者去道贺,往返三次,不能通见。赵王忧愁,对左右的臣子说道:"以秦国之强盛,得着宁邑,控制齐、赵。诸侯都往道贺,我去道贺,独不能通见,这必定是要来攻打我国了,怎么办呢?"左右的臣子道:"使者去了三次,不能通见,必定是因为所使非其人。谅毅是明辨之士,大王可试差他去。"

谅毅受命而往,到秦国上书给秦王道:"大王推广国境至宁邑,诸侯都来道贺,敝国的国君也窃自幸慰,不敢宁居,差下臣持着币物,三次来到王的朝廷,使者都不能通见。使者若无罪,愿大王不要绝他的欢心;使者若有罪,愿请王答复。"秦王命使者回答道:"我要求赵国的,大小之事,若都能听我的话,就接受你们的书币;若不听我的话,使者就回去吧!"谅毅对道:"下臣此次来,本愿奉承大国的意思,哪里敢和大王为难?大王若有命令,请奉承西行,不敢疑虑。"

秦王乃接见使者道:"赵豹和平原君几番欺弄寡人,赵若能杀这两个人,就算了;若不能杀这两个人,寡人现在就要率领诸侯,到邯郸城下相见!"谅毅道:"赵豹和平原君是寡君的亲兄弟,就和大王有叶阳君同泾阳君一样。大王以孝友治国,名闻天下,衣服适于身体的,饮食适于口味的,未尝不分给叶阳君和泾阳君。叶阳君和泾阳君的车马衣服,全和大王的相同。臣听说:'倾覆鸟巢,毁坏鸟蛋,凤凰就不飞来;开剖兽胎,焚烧小兽,麒麟就不到来。'现在,使臣受了大王的命令,回报敝国,敝国的国君畏惧,不敢不从命,这不就伤了叶阳君和泾阳君的心吗?"秦王道:"也是!那叫他们不要理政吧!"谅毅道:"敝国国君有同母兄弟,不能教诲他们,得罪了大国。请贬黜他们,使他们不再理政,以称合大国的意思。"秦王听了高兴,收下书币,优待使者。

秦召春平侯

秦召春平侯,因留之。世钧为之谓文信侯曰:"春平侯者,赵王之所甚爱也,而郎中甚妒之。故相与谋曰:'春平侯入秦,秦必留之,故谋而入之秦。'今君留之,是空绝赵,而郎中之计中也。故君不如遣春平侯而留平都侯。春平侯者言行于赵王,必厚割赵以事君,而赎平都侯。"文信侯曰:"善!"因与接意而遣之。

【译解】

秦国将春平侯召去,留住不放。世钧替春平侯去对文信侯说道:"春平侯是赵王最爱幸的,可是郎中嫉妒他。所以与人计划道:'春平侯到秦国去,秦国必将他留住不放。'所以设计将春平侯送进秦国。现在君将他留下,这乃是空绝赵国,而中了郎中的计!所以君不如放了春平侯,留下平都侯。春平侯被赵王信用,必定厚割赵国以事君,将平都侯赎回。"文信侯道:"好的!"乃放春平侯回去。

赵太后新用事

赵太后新用事，秦急攻之。赵氏求救于齐，齐曰："必以长安君为质，兵乃出。"太后不肯，大臣强谏。太后明谓左右："有复言令长安君为质者，老妇必唾其面。"

左师触龙言愿见太后。太后盛气而揖之。入而徐趋，至而自谢曰："老臣病足，曾不能疾走，不得见久矣。窃自恕，而恐太后玉体之有所郄也，故愿望见太后。"太后曰："老妇恃辇而行。"曰："日食饮得无衰乎？"曰："恃鬻耳。"曰："老臣今者，殊不欲食。乃自强步，日三四里，少益耆食，和于身也。"太后曰："老妇不能。"太后之色少解。

左师公曰："老臣贱息舒祺最少，不肖。而臣衰，窃爱怜之，愿令得补黑衣之数，以卫王官，没死以闻！"太后曰："敬诺！年几何矣？"对曰："十五岁矣。虽少，愿及未填沟壑而托之！"太后曰："丈夫亦爱怜其少子乎？"对曰："甚于妇人。"太后笑曰："妇人异甚！"对曰："老臣窃以为媪之爱燕后贤于长安君。"曰："君过矣，不若长安君之甚。"左师公曰："父母之爱子，则为之计深远。媪之送燕后也，持其踵为之泣，念悲其远也，亦哀之矣。已行，非弗思也，祭祀必祝之，祝曰：'必勿使反！'岂非计久长有子孙相继为王也哉！"太后曰："然。"左师公曰:"今三世以前,至于赵之为赵,赵主之子孙侯者,其继有在者乎?"曰:"无有。"曰:"微独赵,诸侯有在者乎?"曰:"老妇不闻也。""此其近者祸及身,远者及其子孙。岂人主之子孙,则必不善哉?位尊而无功,奉厚而无劳,而挟重器多也。今媪尊长安君之位,而封之以膏腴之地,多予之重器,而不及今令有功于国。一旦山陵崩,长安君何以自托于赵?老臣以媪为长安君计短也,故以为其爱不若燕后。"太后曰:"诺!恣君之所使之!"于是为长安君约车百乘,质于齐,齐兵乃出。

子义闻之曰:"人主之子也,骨肉之亲也,犹不能恃无功之尊,无劳之奉,而守金玉之重也,而况人臣乎?"

【译解】

赵太后新掌理国政,秦急去攻打赵,赵国向齐国求救。齐国道:"必须以长安君做抵押,方才发兵。"赵太后不肯,大臣都极力地谏诤。太后对左右的人明说道:"有人再说'令长安君做抵押'的,老妇必将唾沫唾在他的脸上!"

左师触龙愿见太后,太后盛气等待他。触龙慢慢地走进,到太后面前谢罪道:"老臣脚有毛病,不能走快,长久不曾见太后了。窃自宽恕自己,又恐怕太后的玉体欠安,所以希望见太后一面。"太后道:"老妇靠坐辇走。"触龙道:"每天的饮食不曾减少吗?"太后道:"吃粥。"触龙道:"老臣现在都不大想吃东西。能勉强走动,每天走三四里路,食欲可以稍增,这对于身体很有益处的。"太后道:"老妇不能如此。"太后此时的面色稍现和气。

触龙道:"老臣的孩子名舒祺的,年纪最小,没有才能。臣已衰老,很爱惜他,愿令他补一黑衣卫队之职,卫护王宫,昧死以闻!"太后道:"可以!有几岁了?"对道:"十五岁了。虽然小,愿及臣未死之前,托给太后。"太后道:"男子也爱他的小儿子吗?"对道:"比妇人还甚。"太后笑道:"妇人更厉害啊!"对道:"老臣窃以为太后爱燕后较长安君为甚。"太后道:"你错了!远不如长安君。"触龙道:"父母爱子女,总替他设长远之计。太后送燕后时,持着她的脚踵哭,悲伤她远嫁在外,也很可悲的。她既去后,太后并不是不想念她,但祭祀时必定祝告道:'千万不要回到赵国啊!'这岂不是替她计划长远,想她的子孙,相继做燕王吗?"太后道:"是的!"触龙道:"现在三世以前,直到始有赵国时,赵主的子孙相继为侯的,现在尚有存在的吗?"太后道:"没有。"道:"岂但是赵国,诸侯的子孙有三世相继为侯的吗?"太后道:"老妇不曾听见。"触龙道:"这些都是近的祸及本身,远的祸及子孙。哪里是人主的子孙都不好?因为位置高而没有功勋,供奉厚而不出劳力,挟有金玉宝器太多了。现在太后尊崇长安君的位分,封他膏腴的地,多给他金玉宝器,而不趁此时令他替国家立功。一旦山陵崩坏(指太后去世),长安君何以自托于赵呢?老臣以为太后不曾替长安君设长远之计,所以以为太后爱他不如爱燕后。"太后道:"好吧!

随你怎样支使他吧!"于是替长安君装备好兵车百辆,往齐国作抵押,齐兵才出来。

子义听见这事,道:"人主之子,骨肉之亲,尚且不能倚恃着无功的尊位,不劳而获的供奉,守住金玉重器,何况人臣呢?"

知伯索地于魏桓子

知伯索地于魏桓子,魏桓子弗予。任章曰:"何故弗予?"桓子曰:"无故索地,故弗予。"任章曰:"无故索地,邻国必恐,重欲无厌,天下必惧。君予之地,知伯必骄。骄而轻敌,邻国惧而相亲。以相亲之兵,待轻敌之国,知氏之命不长矣!《周书》曰:'将欲败之,必姑辅之;将欲取之,必姑与之。'君不如与之,以骄知伯。君何释以天下图知氏,而独以吾国为知氏质乎?"君曰:"善!"乃与之万家之邑一。知伯大说,因索蔡、皋梁于赵,赵弗与,因围晋阳,韩、魏反于外,赵氏应之于内,知氏遂亡。韩、赵相难,韩索兵于魏曰:"愿得借师以伐赵。"魏文侯曰:"寡人与赵兄弟,不敢从。"赵又索兵以攻韩,文侯曰:"寡人与韩兄弟,不敢从。"二国不得兵,怒而反。已乃知文侯以讲于己也,皆朝魏。

【译解】

知伯向魏子要土地,魏桓子不肯给,任章道:"为何不给他呢?"魏桓子道:"无故来要地,所以不给他。"任章道:"无故向人要地,邻国必定害怕;欲望无穷,不知满足,天下必定恐惧。你给他地,知伯必定骄傲。骄傲而轻视敌人,邻国因恐惧而互相亲睦。以互相亲睦的兵,对待轻视敌人的国,知氏的寿命不会长了。《周书》上说道:'将要败坏它,必要姑且辅助它;将要取有它,必要姑且赠给它。'你不如给知伯地,使他骄傲。你何必将和天下共图知伯的机会舍去,而反让我国为知氏利用呢?"魏桓子道:"好!"乃将一万家的一个大县邑给了知伯。知伯大乐,因向赵国去要蔡、皋梁,赵国不肯给,知伯乃出兵围困晋阳。韩、魏在外面反叛知伯,赵国在内里接应,乃将知氏亡了。后来韩、赵互相争执,韩向魏借兵道:"想借兵去讨伐赵国。"魏文侯道:"寡人和赵是兄弟之国,不敢从命。"赵又向魏借兵,去攻打韩国,魏文侯道:"寡人和韩是兄弟之国,不敢从命。"韩、赵二国借不到兵,都发怒。后来二国一接头,才知道魏文侯在中间替他们讲和,于是都往朝事魏国。

乐羊为魏将

乐羊为魏将而攻中山,其子在中山,中山之君烹其子而遗之羹,乐羊坐于幕下而啜之,尽一杯。文侯谓睹师赞曰:"乐羊以我之故,食其子之肉。"赞对曰:"其子之肉尚食之,其谁不食?"乐羊既罢中山,文侯赏其功,而疑其心。

【译解】

乐羊做魏国的将官,去攻打中山。他的儿子那时在中山,中山之君乃将乐羊的儿子煮死,治成肉羹,送给乐羊。乐羊坐在帐幕下,将一杯肉羹都吃完了。魏文侯对睹师赞说道:"乐羊因为我的缘故,吃他儿子的肉。"睹师赞道:"他的儿子的肉,他尚且吃,别人他谁不吃呢?"乐羊既将中山攻下,魏文侯赏他的功劳,可是疑惑他的心了。

文侯与虞人期猎

文侯与虞人期猎。是日,饮酒乐,天雨,文侯将出,左右曰:"今日饮酒乐,天又雨,公将焉之?"文侯曰:"吾与虞人期猎,虽乐,岂可不一会期哉?"乃往,身自罢之。魏于是乎始强。

【译解】

魏文侯和掌理山林的人约定日期去打猎。到了那天,魏文侯饮酒很快乐,天又下雨。魏文侯将要出去,左右的臣子道:"今天饮酒很快乐,天又下雨,公预备到何处去?"文侯道:"我曾和掌理山林的人约定今天去打猎,虽然饮酒很快乐,怎能不去和他一会呢?"乃亲自去会掌理山林的人,取消打猎的事。魏国从此就强盛了。

魏武侯与诸大夫浮于西河

魏武侯与诸大夫浮于西河,称曰:"河山之险,岂不亦信固哉?"王钟侍王,曰:"此晋国之所以强也,若善修之,则霸王之业具矣。"吴起对曰:"吾君之言,危国之道也,而子又附之,是重危也。"武侯忿然曰:"子之言有说乎?"吴起对曰:"河山之险,信不足保也,是伯王之业,不从此也。昔者三苗之居,左有彭蠡之波,右有洞庭之水,文山在其南,而衡山在其北。恃此险也,为政不善,而禹放逐之。夫夏桀之国,左天门之阴,而右天谿之阳,庐、睪在其北,伊、洛出其南。有此险也,然为政不善,而汤伐之。殷纣之国,左孟门而右漳、釜,前带河,后被山。有此险也,然为政不善,而武王伐之。且君亲从臣而胜降城,城非不高也,人民非不众也,然而可得并者,政恶故也。从是观之,地形险阻,奚足以霸王矣!"武侯曰:"善!吾乃今日闻圣人之言也。西河之政,专委之子矣!"

【译解】

魏武侯和大夫们乘船游于西河,称赞道:"山河的险要,岂不实在是坚固吗?"王钟在武侯的旁边,因道:"晋国曾经强盛,就是因为有这些险要,若再加好好的修治,霸王的事业就可以成功了。"吴起对道:"我君的话,能让国家危险,而你又附从着他,更使国家危险了!"武侯发怒道:"你这话有何理由吗?"吴起对道:"河山的险要,不足以保守国家;霸王的事业,也不能因河山的险要而成功!从前三苗的地方,左面有彭蠡湖,右面有洞庭湖,文山在南面,衡山在北面,倚恃着这些险要,而不好好地治理政事,禹将他们驱逐出国境。夏桀的国,左面是天门的南面,右面是天豀的北面,北面有庐、睪,南面有伊水和洛水,有这些险要,然而不好好地治理政事,汤乃讨伐桀,将夏灭亡。殷纣的国,左面是孟门,右面是漳水和釜水,前面横当着河,后面背靠着山,有这些险要,然而不好好地治理政事,周武王乃讨伐纣,将殷灭亡。并且,君亲自和臣征胜降服的城,这些城并不是不高,人民并不是不众多,然而能够兼并他们,就是因为他们国里的政治腐败的缘故。这样看来,地势虽然险要,何足以成功霸王的事业呢?"武侯道:"好!我今天才听到圣人的话。西河的事务,专委托给你了!"

苏子为赵合从说魏

苏子为赵合从，说魏王曰："大王之地，南有鸿沟、陈、汝南，有许、鄢、昆阳、邵陵、舞阳、新郪，东有淮、颍、沂、黄、煮枣、海盐、无疏，西有长城之界，北有河外、卷、衍、酸枣，地方千里。地名虽小，然而庐田庑舍，曾无所刍牧牛马之地；人民之众，车马之多，日夜行不休已，无以异于三军之众。臣窃料之，大王之国，不下于楚。然横人谋王，外交强虎狼之秦，以侵天下，卒有国患，不被其祸。夫挟强秦之势，以内劫其主，罪无过此者。且魏，天下之强国也，大王，天下之贤主也。今乃有意西面而事秦，称东藩，筑帝宫，受冠带，祠春秋，臣窃为大王愧之！

"臣闻越王勾践以散卒三千禽夫差于干遂，武王卒三千人，革车三百乘，斩纣于牧之野，岂其士卒众哉，诚能振其威也！今窃闻大王之卒，武力二十余万，苍头二千万，奋击二十万，厮徒十万，车六百乘，骑五千匹，此其过越王、勾践、武王远矣！今乃劫于辟臣之说，而欲臣事秦。夫事秦必割地效质，故兵未用而国已亏矣。凡群臣之言事秦者，皆奸臣，非忠臣也。夫为人臣，割其主之地以求外交，偷取一旦之功而不顾其后，破公家而成私门，外挟强秦之势，以内劫其主，以求割地，愿大王之熟察之也！

"《周书》曰:'绵绵不绝,缦缦奈何;毫毛不拔,将成斧柯。前虑不定,后有大患,将奈之何。'大王诚能听臣,六国从亲,专心并力,则必无强秦之患。故敝邑赵王使使臣献愚计,奉明约,在大王诏之!"

魏王曰:"寡人不肖,未尝得闻明教。今主君以赵王之诏诏之,敬以国从!"

【译解】

苏秦替赵国谋合从,乃去向魏襄王说道:"大王的地,南面有鸿沟、陈、汝南、许、鄢、昆阳、邵陵、舞阳和新郪,东面有淮河、颍水、沂水、外黄、煮枣、海盐和无疏,西面有长城为界,北面有河外、卷、衍和酸枣,地方共有千里。地名虽然小,然而都是房屋田地,少有能作牧马放牛的地方。人民和车马之众多,日夜都走不完,和三军的众多没有分别。臣窃自计算,大王的国,不见得不及楚国。然而那些主张连横的人替王设计,令王去和像虎狼一般强暴的秦国结交,侵略天下。一旦国内有祸患,那些主张连横的人反免于祸,倚挟着强秦的势力,对内去胁迫自己的主上,罪恶没有甚过这个的了!并且,魏国是天下的强国,大王是天下贤明的君主,现在反有意向西服事秦国,自称为东方的臣属,替秦王建筑行宫,受秦国赐的冠帽衣带,春秋二季纳贡,供秦国祭祠,臣窃自替大王觉得惭愧。

"臣听说:越王勾践以三千散乱的兵在干遂将夫差捉获,

周武王以三千兵和三百辆皮制的兵车,在牧野将纣杀死,他们的兵哪里多呢?实在是因为他们能够振发他们的威风。现在,听说大王的兵,武卒有二十万,头戴青巾的兵有二十万,能奋力击敌的兵有二十万,做杂事的有十万,兵车有六百辆,战马有五千匹,这较越王勾践和周武王强得多了,为什么反被群臣胁迫,要去臣事秦国呢?若臣事秦国,必要先割地给秦,送王子进秦作抵押,尚不曾用兵,国已受亏损了。群臣凡是主张臣事秦国的,都是奸臣,不是忠臣。做人臣子的,割让主上的土地,去和他国结交,偷取一天的功劳,而不顾后来的祸患,破坏公家,来获得私人的利益,外面倚挟着强秦的势力,里面胁迫自己的主上,要求割地,请大王仔细加以考察!

"《周书》上说道:'牵连着不断绝,蔓延开了怎样呢?像毫毛一般细的萌芽不拔去,将长成斧头的柄子。先不考虑定当,后来必有大祸患,将怎样呢?'大王果然能听臣的话,六国合从相亲,专心一力,就没有强秦的祸患了。所以敝邑赵王差使臣来献呈愚陋的计划,奉守明定的条约,随大王的命令。"

魏王道:"寡人没有才能,未曾听过贤明的教训。现在主君以赵王的命令来见告,敬以魏国相从。"

张仪为秦连横

张仪为秦连横,说魏王曰:"魏地方不至千里,卒不过三十万人。地四平,诸侯四通,条达辐凑,无有名山大川之阻。从郑至梁,不过百里。从陈至梁二百余里,马驰人趋,不待倦而至梁。南与楚境,西与韩境,北与赵境,东与齐境,卒戍四方。守亭障者参列,粟粮漕庾,不下十万。魏之地势,故战场也。魏南与楚而不与齐,则齐攻其东;东与齐而不与赵,则赵攻其北;不合于韩,则韩攻其西;不亲于楚,则楚攻其南。此所谓四分五裂之道也。

"且夫诸侯之为从者,以安社稷、尊主、强兵、显名也。合从者,一天下,约为兄弟,刑白马以盟于洹水之上,以相坚也。夫亲昆弟同父母,尚有争钱财,而欲恃诈伪反复苏秦之余谋,其不可以成亦明矣。

"大王不事秦,秦下兵攻河外,拔卷、衍、酸枣,劫卫取晋阳,则赵不南;赵不南,则魏不北;魏不北,则从道绝;从国绝,则大王之国欲求无危,不可得也。秦挟韩而攻魏,韩劫于秦,不敢不听,秦、韩为一国,魏之亡可立而须也,此臣之所以为大王患也。为大王计,莫如事秦,事秦则楚、韩必不敢动。无楚、韩之患,则大王高枕而卧,国必无忧矣。

"且夫秦之所欲弱，莫如楚，而能弱楚者，莫若魏。楚虽有富大之名，其实空虚，其卒虽众，多言而轻走易北，不敢坚战；魏之兵南面而伐，胜楚必矣。夫亏楚而益魏，攻楚而适秦，内嫁祸安国，此善事也。大王不听臣，秦甲出而东，虽欲事秦，而不可得也。

"且夫从人多奋辞而寡可信，说一诸侯之王，出而乘其车，约一国而反，成而封侯之基，是故天下之游士，莫不日夜搤腕，瞋目切齿，以言从之便，以说人主。人主览其辞，牵其说，恶得无眩哉？臣闻积羽沉舟，群轻折轴，众口铄金，故愿大王之熟计之也！"

魏王曰："寡人蠢愚，前计失之。请称东藩，筑帝宫，受冠带，祠春秋，效河外。"

【译解】

张仪替秦国谋连横，去向魏哀王说道："魏国的地方不满千里，兵士不过三十万人，四面都是平坦之地，和诸国相通，像车辐齐聚在车毂上面一般，又没有出名的大山和河流做阻隔。从郑到梁，不过一百里。从陈到梁，只有二百多里，人马奔走，不等到困倦已到了梁。魏国南面和楚国接境，西面和韩国接境，北面和赵国接境，东面和齐国接境，四面都须兵卒戍守，境界上险要处，建筑的堡垒互相排列，输米的运河和屯米粮的仓，在十万所以上。魏国的地势，原来是战场，魏国若南面和楚国联合,而不和齐国联合,齐国就攻打魏的东面;若东面和齐国联合,而不和赵国联合,赵国就攻打魏的北面;若不和韩国联合,韩国就攻打魏国的西面;不合楚国相亲,楚国就攻打魏国的南面。这是所谓四分五裂的形势啊!

"而且,诸侯谋合从的,是想使社稷安宁,主上尊贵,兵力强盛,声名显扬,所以合从要联合天下诸国,约为兄弟,在洹水上杀白马立誓,使互相坚信。但是,自己同胞的亲兄弟,尚且有争财之事,现在反想倚恃反复不定的苏秦残剩的计谋,不能成功,是很明显的了。

"大王若不臣事秦国,秦国出兵攻打河外,将卷、衍和酸枣占领,胁迫卫,取有阳晋,赵国就不能南下;赵国不能南下,魏国就不能北上;魏国不能北上,合从之道就绝了;合从之道绝后,那大王的国,虽求他不危险,终不能够了。秦挟持着韩攻打魏,韩被秦所胁迫,就不敢不听从。秦、韩联合为一国,魏国的灭亡可以站着等待了。这乃是臣替大王所忧患的啊!替大王设计,不如侍奉秦国。侍奉秦国,楚和韩就不敢妄动;没有楚和韩的忧患,大王就可以垫高着枕头睡觉,国必定没有忧患了。

"并且,秦所忌恨的国,意欲削弱的,莫甚于楚国;而能够削弱楚国的,莫过于魏国。楚国虽有强大富足之名,其实内里空虚;他的兵卒虽多,然而容易打败逃走,不敢拼命打仗。魏国的兵南面去打楚国,必能战胜楚国。亏损楚国,来补益魏国,攻打楚国,使秦国满意,将祸患移给他人,使自己的国家安宁,这乃是很好的事情。大王若不听臣的话,秦出兵向东,那时虽要臣事秦国,也不可能了!

"而且,主张合从的人,多半说大话,而少有可以相信的。说服一个诸侯,出来就可以乘坐国王赐的车子;约成一个国去反对秦国,就可以受到封侯的赏赐。所以,天下游说的士人,莫不日夜把持着手腕,瞪着眼睛,咬牙切齿,说合从的利益,去游说人主。人主听见这些话,被他牵绁住,怎能不迷惑呢?臣听说:堆积羽毛,可以沉没船;许多轻的东西,可以折断车轴;人嘴多了,可以销镕金子。愿大王仔细计划!"

魏王道:"寡人愚蠢,以前的计划错了!请魏做秦东方的臣属,为秦王建筑行宫,受秦赐的冠带,春秋二季进贡,供秦国的祭祀,割让河外的地方给秦。"

苏秦拘于魏

苏秦拘于魏,欲走而之韩,魏氏闭关而不通,齐使苏厉为之谓魏王曰:"齐请以宋地封泾阳君,而秦不受也。夫秦非不利,有齐而得宋地也,然其所以不受者,不信齐王与苏秦也。今秦见齐、魏之不合,如此其甚也,则齐必不欺秦,而秦信齐矣。齐、秦合,而泾阳君有宋地,则非魏之利也。故王不如复东苏秦,秦必疑齐而不听也。夫齐、秦不合,天下无忧,伐齐成,则地广矣。"

【译解】
苏秦被魏国拘禁,想出走到韩国,魏国紧闭关塞,不让他通行。齐国叫苏厉替苏秦去向魏王说道:"齐国请求将宋地封给泾阳君,而秦国不接受。秦国并不是不贪图得着齐国的援助和宋地,然而他不肯接受,就是因为不相信齐王和苏秦。现在,秦国看见齐和魏这般不和睦,那齐国必不去欺骗秦国,而秦国也必相信齐国了。齐、秦二国联合,泾阳君又得有宋地,这不是魏国的利益啊!所以,王不如让苏秦往齐国去,秦国必疑惑齐国,不理齐国了。齐和秦不能联合,天下就没有忧患。攻打齐国若成功,魏国的土地就可以扩大了。"

张仪走之魏

张仪走之魏,魏将迎之。张丑谏于王,欲勿内,不得于王。张丑退,复谏于王曰:"王亦闻老妾事其主妇者乎?子长色衰,重嫁而已。今臣之事王,若老妾之事其主妇者。"魏王因不纳张仪。

【译解】

张仪出走到魏国,魏国将迎接他。张丑谏魏王,想令魏王不要让张仪进魏国,魏王不听。张丑退下后,再谏王道:"王曾听过老妾怎样侍候她的主妇吗?儿子大了,自己的容貌不如先了,改嫁就是了。现在臣侍候大王,也和老妾侍候她的主妇一样!"魏王乃不许张仪进魏国。

张仪以秦相魏

张仪以秦相魏,齐、楚怒而欲攻魏。雍沮谓张子曰:"魏之所以相公者,以公相则国家安,而百姓无患。今公相而魏受兵,是魏计过也。齐、楚攻魏,公必危矣!"张子曰:"然则奈何!"雍沮曰:"请令齐、楚解攻。"雍沮谓齐、楚之君曰:"王亦闻张仪之约秦王乎?曰:'王若相仪于魏,齐、楚恶仪,必攻魏。魏战而胜,是齐、楚之兵折,而仪固得魏矣。若不胜魏,魏必事秦,以持其国,必割地以赂王;若欲复攻,其敝不足以应秦。'此仪之所以与秦王阴相结也。今仪相魏而攻之,是使仪之计当与秦也,非所以穷仪之道也。"齐、楚之王曰:"善!"乃遽解攻于魏。

【译解】

张仪仗秦国的势力去做魏国的相国,齐、楚二国发怒,要攻打魏国。雍沮去对张仪说道:"魏国令你做相国,是因为你做了相国后,国家可以安宁,百姓可以没有忧患。现在你做了相国,魏国就遭兵祸,这乃是魏国的计划错了。齐和楚若攻打魏国,你的位置必定危险了。"张仪道:"那么怎样呢?"雍沮道:"请令齐、楚停止攻打魏国。"雍沮乃去对齐、楚二国的国君道:"王曾听见张仪怎样和秦王结约吗?张仪向秦王道:'王若使我做魏国的相国,齐、楚因为恨我,必去攻打魏国。魏若战胜,齐、楚的兵力就被破坏,我就能长久地做魏国的相国了。魏若战败,必去臣事秦国,以保持他的国家,魏国必定割让土地给王;若想再攻打秦国,又困弊不能抵挡。'这乃是张仪和秦王暗地里结的约。现在张仪做魏国的相国,齐、楚就去攻打魏,这乃是使张仪的计策实行于秦,并不是窘张仪的法子啊!"齐、楚二国的国君都说:"对的!"乃停止攻打魏国。

魏王将相张仪

魏王将相张仪，犀首弗利，故令人谓韩公叔曰："张仪以合秦、魏矣，其言曰：'魏攻南阳，秦攻三川，韩氏必亡。'且魏王所以贵张子者，欲得地，则韩之南阳举矣！子盍少委焉，以为衍功？则秦、魏之交可废矣。如此，则魏必图秦而弃仪，收韩而相衍。"公叔以为信，因而委之，犀首以为功，果相魏。

【译解】

魏王将要使张仪做相国，犀首因为这事对于他不利，所以叫人去对韩公叔说道："张仪已经联合秦、魏二国，他说：'魏攻打南阳，秦攻打三川，韩国必定灭亡。'并且，魏王贵重张仪，是想得地，所以韩国的南阳必定要被魏国占领了！你何不少割让南阳的地给魏国，以为公孙衍的功劳？这样，秦、魏的协定就可废去了。这样一来，魏国必去图谋秦国，弃去张仪，交结韩国，令公孙衍做相国了。"韩公叔以为这话对，乃割让南阳给魏。犀首拿这事当公孙衍的功劳，公孙衍果然做了魏国的相国。

公孙衍为魏将

公孙衍为魏将,与其相田需不善。季子为衍谓梁王曰:"王独不见夫服牛骖骥乎?不可以行百步。今王以衍为可使将,故用之也,而听相之计,是服牛骖骥也。牛马俱死,而不能成其功,王之国必伤矣!愿王察之!"

【译解】

公孙衍做魏国的将官,和魏国的相国田需感情不好。季子替公孙去对魏王说道:"王不曾见过驾车的将牛夹在马的中间的吗?一百步都走不到。现在,王以为公孙衍可以做将官,所以用他做大将,可是又听相国的话,这乃是将牛夹在马的中间来驾车子啊!牛马都死了,然而不能够成功。王的国必要受伤了,希望王加以考察!"

犀首田盼欲得齐魏之兵

犀首、田盼欲得齐、魏之兵以伐赵,梁君与田侯不欲。犀首曰:"请国出五万人,不过五月而赵破。"田盼曰:"夫轻用其兵者,其国易危;易用其计者,其身易穷。公今言破赵大易,恐有后咎。"犀首曰:"公之不慧也!夫二君者,固已不欲矣,今公又言有难以惧之,是赵不伐,而二士之谋困也。且公直言易,而事已去矣。夫难构而兵结,田侯、梁君见其危,又安敢释卒不我予乎?"田盼曰:"善!"遂劝两君听犀首,犀首、田盼遂得齐、魏之兵。兵未出境,梁君、田侯恐其至而战败也,悉起兵从之,大败赵氏。

【译解】

犀首和田盼想借齐、魏的兵,去攻打赵国,齐王和魏王不赞成。犀首道:"请国家发五万兵,不过五个月,就可以打破赵国。"田盼道:"轻易用兵的,国家容易危亡;轻易用计的,自身容易受困。你现在将攻破赵国说得太容易,恐怕有后患啊!"犀首道:"你真不聪明!齐、魏二国的国君本来已经不愿意出兵了,现在你又说难,去使他们恐惧。这一来,不能攻打赵国,我二人的计谋也要失败了。你姑且直说容易,这事自然能成功。等到真正宣战动兵,齐王和魏王看见战事危险,又哪敢不发兵给我们呢?"田盼道:"对的!"乃去劝齐王和魏王听从犀首,田盼才借到齐、魏的兵。兵尚不曾开出国境,齐王和魏王恐怕兵被打败,乃调发所有的兵为后应,大败赵国的兵。

史举非犀首于王

史举非犀首于王，犀首欲穷之，谓张仪曰："请令王让先生以国，王为尧、舜矣；而先生弗受，亦许由也。衍请因令王致万户邑于先生！"张仪说，因令史举数见犀首，王闻之而弗任也。史举不辞而去。

【译解】

史举在魏王面前毁谤犀首，犀首想使史举为难，便去对张仪说道："请令魏王将国让给先生，王就是尧、舜了；先生不接受，先生便是许由了。我便去劝王将万家的县邑送给先生。"张仪听了高兴，乃令史举常去见犀首。魏王听见了，因此不信任史举。史举不和魏王告辞而去。

楚王攻梁南

楚王攻梁南,韩氏因围蔷。成恢为犀首谓韩王曰:"疾攻蔷,楚师必进矣。魏不能支,交臂而听楚,韩氏必危。故王不如释蔷,魏无韩患,必与楚战。战而不胜,大梁不能守,而又况存蔷乎?若战而胜,兵罢敝,大王之攻蔷易矣。"

【译解】

楚王攻打魏国的南部,韩国乘势围困蔷。成恢替犀首去对韩王说道:"疾速攻打蔷,楚国的兵必乘势进攻魏国。魏国不能支持,必定叉着手去听从楚国。楚、韩二国联合,韩国就危险了,所以,王不如舍去蔷。魏国没有韩国的忧患,必和楚国交战。战败后,连大梁都守不住,怎能保存蔷呢?魏若战胜楚国,兵力必定疲弊,大王再去攻打蔷,也就容易了。"

魏惠王死

魏惠王死，葬有日矣。天大雨雪，至于牛目，坏城郭，且为栈道而葬。群臣多谏太子者，曰："雪甚如此而丧行，民必甚病之，官费又恐不给。请弛期更日！"太子曰："为人子，而以民劳与官费用之故，而不行先生之丧，不义也。子勿复言！"群臣皆不敢言，而以告犀首。犀首曰："吾未有以言之也，是其唯惠公乎？请告惠公。"惠公曰："诺！"驾而见太子曰："葬有日矣。"太子曰："然。"惠公曰："昔王季历葬于楚山之尾，滦水啮其墓，见棺之前和。文王曰：'嘻！先君必欲一见群臣百姓也夫！故使滦水见之。'于是出而为之张于朝，百姓皆见之，三日而后更葬。此文王之义也。今葬有日矣，而雪甚，及牛目，难以行。太子为及日之故，得毋嫌于欲亟葬乎？愿太子更日！先王必欲少留，而扶社稷、安黔首也，故使雪甚。因弛期而更为日，此文王之义也！若此而弗为，意者羞法文王乎？"太子曰："甚善！敬弛期，更择日。"

惠子非徒行其说也，又令魏太子未葬其先王，而因又说文王之义。说文王之义，以示天下，岂小功也哉！

【译解】

魏惠王死后，下葬的日期已定。天下大雪，齐到牛的眼睛,城墙都被压坏。魏太子预备沿山上险要处驾木筑道路送葬。群臣多去谏太子道:"雪下得这般大,再去送殡,百姓必感觉困苦,公家的费用又恐怕不够。请缓期,改日下葬。"太子道:"做人子的,因为百姓劳苦和公家费用不足的缘故,就不办先王的丧事,这不合于义。你们不必再讲!"群臣都不敢再讲,去告诉犀首。犀首道:"我不能去说,只有惠公能去谏止吧?请去告诉惠公。"惠公听了道:"嗯!"乃驾着车子去见太子道:"已经定好日期下葬了?"太子道:"是的。"惠公道:"从前,王季历葬在楚山的末端,坟墓被水渍坏,棺材前面的木头都露出来了。文王道:'唉!先君必是想见一见群臣和百姓,所以使水渍坏坟墓,露出棺材前面的木头。于是将棺木掘起,张起帐幕来,接见百姓,百姓都看见,过了三天才改葬。这是文王之义。现在,下葬的日期已定,而下大雪,齐到牛的眼睛,难以行走。太子仍要那天下葬,不是稍嫌急促了吗?愿太子改一个日期!先王必是想等待些时,扶持社稷,安定百姓,所以使雪下得这般大,以便缓期,改日下葬,这乃是文王之义啊!若不照这样做,岂是以效法文王为可羞吗?"太子道:"这话说得很对!请缓期,择日下葬。"

惠公非但能使他的话能够实行,令太子缓期葬惠王,并且趁此时解说文王之义。解说文王之义,明示天下,哪里是小功呢!

魏惠王起境内众

魏惠王起境内众,将太子申而攻齐。客谓公子理之傅曰:"何不令公子泣王太后,止太子之行?事成则树德,不成则为王矣。太子年少,不习于兵。田盼宿将也,而孙子善用兵。战必不胜,不胜必禽。公子争之于王,王听公子,公子必封;不听公子,太子必败。败,公子必立,立,必为王也。"

【译解】

魏惠王调发国内的兵众,派太子申为将官,去攻打齐国。客人向公子理的师傅说道:"何不令公子去向王太后哭,阻止太子领兵攻打齐国?事情成后,公子就对太子施了恩德;若不成,公子就可以做王了。太子年纪轻,不熟习用兵的法子,齐国的田盼是老将,孙子是善于用兵的。此次战事,魏国必不能胜;魏国不胜,太子必被擒获。公子在王面前谏诤:王若听从公子,公子就可以受封;王若不听从公子,太子必被打败。太子被打败后,公子必定立为太子,立为太子后,就可以做王了。"

田需贵于魏王

田需贵于魏王,惠子曰:"子必善左右。今夫杨,横树之则生,倒树之则生,折而树之又生。然使十人树杨,一人拔之,则无生杨矣。故以十人之众,树易生之物,然而不胜一人者,何也?树之难而去之易也。今子虽自树于王,而欲去子者众,则子必危矣!"

田需死,昭鱼谓苏代曰:"田需死,吾恐张仪、薛公、犀首之有一人相魏者。"代曰:"然则相者以谁,而君便之也?"昭鱼曰:"吾欲太子之自相也。"代曰:"请为君北见梁王,必相之矣。"昭鱼曰:"奈何?"代曰:"君其为梁王,代请说君!"昭鱼曰:"奈何?"对曰:"代也从楚来,昭鱼甚忧。代曰:'君何忧?'曰:'田需死,吾恐张仪、薛公、犀首有一人相魏者。'代曰:'勿忧也!梁王长主也,必不相张仪。张仪相魏,必右秦而左魏;薛公相魏,必右齐而左魏;犀首相魏,必右韩而左魏。梁王长主也,必不使相也。'代曰:'莫如太子之自相。是三人皆以太子为非固相也,皆将务以其国事魏,而欲丞相之玺。以魏之强,而持三万乘之国辅之,魏必安矣。故曰,不如太子自相也。'"

遂北见梁王,以此语告之,太子果自相。

【译解】

田需受魏王宠幸,惠子对田需道:"你必须好好地待王左右的人。杨树横着栽可以活,倒着栽可以活,折断了栽又可以活,然而使十个人种杨,一个人拔,杨树就没有活的了。以十个人这般多,去种容易活的杨树,然而不能胜过一个,这是什么缘故呢?因为种起来难,而毁坏却容易啊!现在,你虽将你树立在王的面前,但是要毁坏你的人多,你必定危险了。"

田需死后,昭鱼对苏代说道:"田需死后,我恐怕张仪、薛公和犀首中,有一人要做魏国的相国哩。"苏代道:"那么谁做相国,对于君有益呢?"昭鱼道:"我想太子自己做相国。"苏代道:"我请替你北面去见魏王,太子必能做相国了。"昭鱼道:"你怎样说呢?"苏代道:"假定你是魏王,让我来对你说。"昭鱼道:"怎么说?"苏代道:"我从楚国来时,昭鱼很忧愁。我问道:'你为何忧愁?'昭鱼道:'田需死了,我恐怕张仪、薛公和犀首三人中,有一人将做魏国的相国。'我道:'不必忧愁!魏王是长者,必不令张仪做魏国的相国。张仪若做魏国的相国,必定亲近秦国,疏远魏国;薛公若做魏国的相国,必定亲近齐国,疏远魏国;犀首若做魏国的相国,必定亲近韩国,疏远魏国。魏王是长者,必不使他们做相国的。'我说:'不如令太子自己做相国。太子自己做相国,这三人都以为太子不会永远做相国,都要极力地以他们的国来服事魏国,想得着魏国的相印。以魏国这般强盛,又有三个拥有万乘兵车的大国来辅助,魏国必定安定了。所以说:不如令太子自己做相国。'"

苏代乃往北面去见魏王,将这话告诉他,魏太子果然自己做相国。

秦楚攻魏

秦、楚攻魏,围皮氏。为魏谓楚王曰:"秦、楚胜魏,魏王之恐也见亡矣,必合于秦。王何不倍秦而与魏王?魏王喜,必内太子。秦恐失楚,必效城地于王,王虽复与之攻魏可也。"楚王曰:"善!"乃倍秦而与魏,魏内太子于楚。秦恐,许楚城地,欲与之复攻魏。樗里疾怒,欲与魏攻楚,恐魏之以太子在楚不肯也。为疾谓楚王曰:"外臣疾使臣谒之,曰:'敝邑之王,欲效城地,而为魏太子之尚在楚也,是以未敢。王出魏质,臣请效之,而复固秦、楚之交,以疾攻魏。'"楚王曰:"诺!"乃出魏太子。秦因合魏以攻楚。

【译解】

秦和楚攻打魏国,围困皮氏。有人替魏国去对楚王说道:"秦和楚战胜魏国,魏王恐怕国家灭亡,必和秦国联合。王何不背叛秦国,联合魏国。魏王高兴,必送太子进楚作抵押。秦恐怕失去楚国,必将城地割让给你,王虽再和秦攻打魏,也可以呀!"楚王道:"是的!"乃背叛秦国,和魏国联合。魏国将太子送进楚国作抵押,秦国害怕,许让城地给楚国,想和楚国再攻打魏国。樗里疾发怒,要和魏国攻打楚国,又恐怕魏国因为本国的太子抵押在楚国,不肯去攻打楚国。有人替樗里疾去向楚王说道:"外臣疾差臣(客人自称)来进谒道:'敝邑的王想将城地献给大王,因为魏国的太子尚在楚国,所以不敢这样。王请送出魏国抵押的太子,奏请将地献给大王,重结秦、楚的邦交,疾速去攻打魏国。'"楚王道:"好!"乃将魏国的太子送出。秦国乃和魏国联合,共同攻打楚国。

庞葱与太子质于邯郸

庞葱与太子质于邯郸,谓魏王曰:"今一人言市有虎,王信之乎?"王曰:"否!""二人言市有虎,王信之乎?"王曰:"寡人疑之矣。""三人言市有虎,王信之乎?"王曰:"寡人信之矣。"庞葱曰:"夫市之无虎明矣,然而三人言而成虎。今邯郸去大梁也远于市,而议臣者过于三人矣。愿王察之矣!"王曰:"寡人自为知。"于是辞行,而谗言先至。后太子罢质,果不得见。

【译解】

庞葱将和太子往邯郸作抵押,去向魏王辞行道:"现在有一个人,说街市上有老虎,王相信吗?"王道:"不相信!"庞葱道:"有两个人说街市上有老虎,王相信吗?"王道:"寡人有些疑惑了。"庞葱道:"有三个人都说街市上有老虎,王相信吗?"王道:"寡人相信。"庞葱道:"街市上明明没有老虎,然而三个人就说成有老虎。现在,邯郸离大梁较街市为远,而议论臣的人,不止三个人啊!希望王加以考察!"王道:"寡人不会相信旁人的话。"于是,庞葱和太子辞行往赵国去,毁谤的话已经先到了。后来,太子做完人质回来,庞葱果然没能再和魏君相见。

梁王魏婴觞诸侯

梁王魏婴觞诸侯于范台。酒酣,请鲁君举觞。鲁君兴,避席择言曰:"昔者帝女令仪狄作酒而美,进之禹。禹饮而甘之,遂疏仪狄,绝旨酒,曰:'后世必有以酒亡其国者!'齐桓公夜半不嗛,易牙乃煎、熬、燔、炙,和调五味而进之。桓公食之而饱,至旦不觉,曰:'后世必有以味亡其国者!'晋文公得南之威,三日不听朝,遂推南之威而远之,曰:'后世必有以色亡其国者!'楚王登强台而望崩山,左江而右湖,以临彷徨,其乐忘死,遂盟强台而弗登,曰:'后世必有以高台陂池亡其国者!'今主君之尊,仪狄之酒也;主君之味,易牙之调也;左白台而右闾须,南威之美也;前夹林而后兰台,强台之乐也。有一于此,足以亡其国。今主君兼此四者,可无戒与!"梁王称善相属。

【译解】

魏王婴在范台请诸侯饮酒。酒吃得高兴时,请鲁君干一杯。鲁君乃站起身来,避开坐席,择取吉言,道:"从前帝尧的女儿命仪狄制酒,味道极好,送给禹。禹饮了酒,觉得味道好,乃疏远仪狄,戒绝甜酒,道:'后世必定有因为好饮酒而亡了国家的!'齐桓公半夜里感觉不快,易牙乃烹、煮、烧、烤,调和五味,送给齐桓公吃。齐桓公吃饱了,直到天明都不觉得饿,道:'后世必定有因为考究滋味而亡国的!'晋文公得着南威,三天不上朝,乃将南威推开,和她疏远,道:'后世必定有因为好女色而亡国的!'楚王登上强台,眺望崩山,左面是江,右面是湖,前面是方湟,快乐忘死,乃发誓不再登强台,道:'后世必定有因为好修高台深池而亡国的!'现在,主君的酒杯内是仪狄的酒;主君的菜是易牙的烹调;左面有白台,右面有闾须,是南威般的美人;前面有夹林,后面有兰台,是强台一般的快乐。这四件内有一样,都足以亡人之国,主君兼有这四样,可不警戒吗?"梁王听了,道:"你说得对!你说得对!"

秦赵约而伐魏

秦、赵约而伐魏,魏王患之。芒卯曰:"王勿忧也!臣请发张倚使,谓赵王曰:'夫邺,寡人固形弗有也。今大王收秦而攻魏,寡人请以邺事大王!'"赵王喜,召相国而命之曰:"魏王请以邺事寡人,使寡人绝秦。"相国曰:"收秦攻魏,利不过邺。今不用兵而得邺,请许魏!"张倚因谓赵王曰:"敝邑之吏效城者,已在邺矣。大王且何以报魏?"赵王因令闭关绝秦,秦、赵大恶。芒卯应赵使曰:"敝邑所以事大王者,为完邺也。今郊邺者,使者之罪也,卯不知也。"赵王恐魏承秦之怒,遽割五城以合于魏而支秦。

【译解】

秦国联合赵国去攻打魏国,魏王以为忧患。芒卯道:"王不必忧愁!臣请派张倚出去。"乃差张倚去对赵王说道:"邺是寡人形势上不能保有的。现在,大王既然联合秦国来攻打魏国,寡人请将邺献给大王!"赵王听了高兴,乃召相国来,命令他道:"魏王请求将邺献给寡人,请寡人和秦国绝交。"相国道:"联合秦国去攻打魏国,所得的利益,不过是占领邺。现在,不用兵而能够得着邺,请允许魏国吧!"张倚然后乃对赵王道:

"敝国来献城的,已经在邺了。大王预备怎样回报魏国呢?"赵王乃令紧闭关塞,和秦国绝交,秦、赵二国因之彼此仇恨。然后,芒卯回答来接收城池的赵国使者道:"敝国服事大王,是因为要保全邺。现在献邺给赵,乃是使者的罪过,卯并不知道。"赵王恐怕魏国趁秦国发怒时联合秦国来攻打赵国,乃立刻割让五个城给魏国,和魏国联合起来,抵拒秦国。

秦败魏于华

秦败魏于华,魏王且入朝于秦。周䜣谓王曰:"宋人有学者,三年反而名其母。其母曰:'子学三年,反而名我者,何也?'其子曰:'吾所贤者,无过尧、舜,尧、舜名;吾所大者,无大天地,天地名。今母贤不过尧、舜,母大不过天地,是以名母也。'其母曰:'子之于学者,将尽行之乎?愿子之有以易名母也!子之于学也,将有所不行乎?愿子之且以名母为后也!'今王之事秦,尚有可以易入朝者乎?愿王之有以易之,而以入朝为后!"魏王曰:"子患寡人入而不出邪?许绾为我祝曰:'入而不出,请殉寡人以头。'"周䜣对曰:"如臣之贱也,今人有谓臣曰:'入不测之渊而必出,不出,请以一鼠首为女殉者!'臣必不为也。今秦,不可知之国也,犹不测之渊也;而许绾之首,犹鼠首也。内王于不可知之秦,而殉王以鼠首,臣窃为王不取也!且无梁,孰与无河内急?"王曰:"梁急。""无梁,孰与无身急?"王曰:"身急。"曰:"以三者,身,上也;河内,其下也,秦未索其下,而王效其上,可乎?"

王尚未听也。支期曰:"王视楚王!楚王入秦,王以三乘先之。楚王不入,楚、魏为一,尚足以捍秦。"王乃止。王谓支期曰:"吾始已诺于应侯矣,今不行者,欺之矣。"支期曰:"王勿忧也,臣使长信侯请无内王,王待臣也!"

支期说于长信侯曰:"王命召相国。"长信侯曰:"王何以臣为?"支期曰:"臣不知也,王急召君。"长信侯曰:"吾内王于秦者,宁以为秦邪?吾以为魏也。"支期曰:"君无为魏计,君其自为计!且安死乎?安生乎?安穷乎?安贵乎?君其先自为计,后为魏计!"长信侯曰:"楼公将入矣,臣今从。"支期曰:"王急召君,君不行,血溅君襟矣!"长信侯行,支期随其后。且见王,支期先入,谓王曰:"伪病者乎,而见之,臣已恐之矣。"长信侯入见王,王曰:"病甚奈何,吾始已诺于应侯矣!意虽道死,行乎!"长信侯曰:"王毋行矣!臣能得之于应侯,愿王无忧!"

【译解】

秦国在华阳将魏国打败,魏王预备进秦为臣,朝见秦王。周䜣向魏王道:"宋国有一个人,出外求学,过了三年回来后,喊他母亲的名字。母亲道:'你求学三年,回来后叫我的名字,是何缘故呢?'宋人道:'我所知道的贤人,没有贤过尧、舜的,然而人都唤尧、舜;我所知道的最大的物件,没有大过天地的,然而人都唤天地。母亲贤能不能过尧、舜,伟大不能过天地,所以我叫母亲的名字了。'母亲道:'你对于你所学的,全都要做吗?愿你换个方法称呼我,不要再叫我的名字。你对于你所学的,还有不愿做的吗?愿你暂缓叫我的名字。'大王服事秦国,有什么别的方法,可以代替进秦朝见吗?愿王改用别的方法,暂缓进秦去朝见。"魏王道:"你怕我进秦后出不来吗?许绾对我祝告道:'您进秦后若出不来,请将我的头替您殉葬!'"周䜣对道:"像臣这般卑贱,假使有人对臣说:'到深不可测的水里去,你必定可以出来,若出不来,请用一个老鼠的头替你殉葬。'臣必定不照这样做。现在,秦国是不可推测的国,像深不可测的水一样,而许绾的头,和老鼠的头一样。将王送进不可推测的秦国,而用一个老鼠头替您殉葬,臣窃自替王觉得不值啊!并且,没有梁,较没有河内,哪个更急迫?"王道:"没有梁更急迫。"周䜣道:"没有梁,较没有王本身,哪个更急迫?"王曰:"没有身更急迫。"周䜣道:"这三样中,以王的身为最要紧,河内最不紧要。秦尚不来讨最不紧要的河内,王已将最紧的身体送去,可以吗?"

王尚不曾听周䜣的意见,支期道:"王看楚王再行动!楚王若进秦国,王用三辆兵车赶先进秦国去;楚王若不进秦,楚、魏联合为一,尚能抵拒秦国。"王乃不进秦国。王对支期说道:"我先已答应应侯,现在若不进秦,乃是欺诈他了。"支期道:"王不必忧愁,臣去令长信侯让应侯不让王进秦国,请王等待臣!"

支期乃去向长信侯说道:"王命臣来召相国去。"长信侯道:"王召臣去做什么?"支期道:"臣不知道,王召你快去!"长信侯道:"我送王进秦国去,哪里是为秦国,我是为魏国啊!"支期道:"你就不要替魏国打算了,你先替自己打算吧!你预备死呢?还是活呢?预备穷困呢?还是富贵呢?你先替自己打算吧,不要再替魏国打算了!"长信侯道:"楼公要进来了,我随他一齐进去。"支期道:"魏王紧急召你,你不走,血要溅在你的衣襟上了!"长信侯乃去见魏王,支期跟在他的后面。将要见王时,支期先进去,对王说道:"王假装生病,臣已经恐吓过他了。"长信侯进来见王,王道:"寡人病重,但又能怎样呢?我先已经答应了应侯,虽死在半路上,还是要走的!"长信侯道:"王不必去了!臣能令应侯免召您进秦国去,愿王不必忧愁!"

华军之战

华军之战,魏不胜秦。明年,将使段干崇割地而讲。孙臣谓魏王曰:"魏不以败之上割,可谓善用不胜矣;而秦不以胜之上割,可谓不能用胜矣。今处期年乃欲割,是群臣之私,而王不知也。且夫欲玺者,段干子也,王因使之割地;欲地者,秦也,而王因使之受玺。夫欲玺者制地,而欲地者制玺,其势必无魏矣!且夫奸臣固皆欲以地事秦。以地事秦,譬犹抱薪而救火也,薪不尽,则火不止。今王之地有尽,而秦之求无穷,是薪火之说也!"魏王曰:"善!虽然,吾已许秦矣,不可以革也。"对曰:"王独不见夫博者之用枭邪?欲食则食,欲握则握。今君劫于群臣而许秦,因曰不可革,何用智之不若枭也!"魏王曰:"善!"乃案其行。

【译解】

华阳那次战事,魏国被秦国打败。第二年,预备使段干崇割地和秦国讲和。孙臣向魏王道:"魏国不在战败的时节割地,可谓善于战败的了;秦国不趁战胜的时节要求割地,可谓没有战胜的了。现在过了一年,乃要割地给秦国,这乃是群臣为私,而王并不知道啊!并且,想受秦封,得到官印的,是段干崇,而王命他去割地;要土地的是秦国,而王使秦国给段干崇官印。想要官印的掌制土地,想要土地的掌制官印,这个形势,魏国就不存在了!而且,奸臣都想以土地去侍奉秦国,以土地去侍奉秦国,譬如抱着柴去救火,柴不完,火不会止。现在,王的地有竭尽的时候,而秦的需求没有穷尽,这就和抱着柴去救火一样!"魏王道:"是的!但是我已经允许了秦国,不能更改了。"孙臣对道:"王就不曾见过赌博的用枭吗?要合食其余的子,就合食其余的子;要不行棋,就不行棋。现在君受群臣胁迫,允许秦国,就说:'不可以更改。'怎么王的聪明尚不如赌博的用枭呢!"魏王道:"对的!"乃不再命段干崇往秦国去割地讲和。

齐欲伐魏

齐欲伐魏,魏使人谓淳于髡曰:"齐欲伐魏,能解魏患,唯先生也。敝邑有宝璧二双,文马二驷,请致之先生!"淳于髡曰:"诺!"入说齐王曰:"楚,齐之仇敌也;魏,齐之与国也。夫伐与国,使仇敌制其余敝,名丑而实危,为王弗取也!"齐王曰:"善!"乃不伐魏。客谓齐王曰:"淳于髡言不伐魏者,受魏之璧、马也。"王以谓淳于髡曰:"闻先生受魏之璧、马,有诸?"曰:"有之。""然则先生之为寡人计之何如?"淳于髡曰:"伐魏之事便,魏虽刺髡,于王何益?若诚不便,魏虽封髡,于王何损?且夫王无伐与国之诽,魏无见亡之危,百姓无被兵之患,髡有璧、马之宝,于王何伤乎?"

【译解】

齐国要攻打魏国,魏国叫人去对淳于髡说道:"齐国预备攻打魏国,能够解除魏国的祸患的,只有先生。敝国有宝贵的玉璧两只,画文彩的马两匹,请送给先生。"淳于髡道:"嗯!"乃进去见齐王道:"楚国是齐国的仇敌,魏国是齐国的同盟国。攻打同盟国,使仇敌乘我国困敝时攻打我国,义名上丑恶,实际上危险,替王很不值啊!"齐王道:"是的!"乃不攻打魏国。

有人对齐王说道:"淳于髡说不攻打魏国,是因为受了魏国的玉璧和马啊!"齐王乃问淳于髡道:"听说先生受了魏国的玉璧和马,有这事吗?"淳于髡道:"有!"齐王道:"那么,先生替寡人怎么打算呢?"淳于髡道:"攻打魏国的事若便,魏虽然刺杀髡,对于王有何益处?攻打魏国的事果然不便于齐,那虽加封髡,对于王有何妨碍呢?并且,王没有攻打同盟国不好的议论,魏国没有被灭亡的危险,百姓不遭兵灾的忧患,髡也得到玉璧和马的宝贝,对于王又有何损伤呢?"

魏将与秦攻韩

魏将与秦攻韩,朱己谓魏王曰:"秦与戎、翟同俗,有虎狼之心,贪戾好利而无信,不识礼义德行,苟有利焉,不顾亲戚兄弟,若禽兽耳!此天下之所同知也,非所施厚积德也。故太后,母也,而以忧死;穰侯,舅也,功莫大焉,而竟逐之;两弟无罪,而再夺之国。此于其亲戚兄弟若此,而又况于仇雠之敌国也。今大王与秦伐韩,而益近秦,臣甚或之。而王弗识也,则不明矣;群臣知之,而莫以此谏,则不忠矣。

"今夫韩氏以一女子承一弱主,内有大乱,外安能支强秦、魏之兵,王以为不破乎?韩亡,秦尽有郑地,与大梁邻,王以为安乎?王欲得故地,而今负强秦之祸也,王以为利乎?

"秦非无事之国也,韩亡之后,必且便事;便事,必就易与利;就易与利,必不伐楚与赵矣!是何也?夫越山逾河,绝韩之上党而攻强赵,则是复阏与之事也,秦必不为也。若道河内,倍邺、朝歌,绝漳、滏之水,而以与赵兵决胜于邯郸之郊,是受知伯之祸也,秦又不敢。伐楚,道涉山谷,行三十里,而攻危隘之塞,所行者甚远,而所攻者甚难,秦又弗为也。若道河外,背大梁,而右上蔡、召陵,以与楚兵决于陈郊,秦又不敢也。故曰,秦必不伐楚与赵矣,又不攻卫与齐矣。韩亡之后,出兵之日,非魏无攻矣!

"秦故有怀地、刑丘、安城埂津,而以之临河内,河内之共、汲莫不危矣!秦有郑地,得垣雍,决荥泽而水大梁,大梁必亡矣!王之使者大过矣,乃恶安陵氏于秦,秦之欲许之久矣!然而秦之叶阳、昆阳与舞阳、高陵邻,听使者之恶也,随安陵氏而欲亡之。秦绕舞阳之北,以东临许,则南国必危矣!南国虽无危,则魏国岂得安哉?且夫憎韩不受安陵氏,可也,夫不患秦之不爱南国,非也。

"异日者,秦乃在河西,晋国之去梁也,千里有余,河山以兰之,有周、韩而间之。从林军以至于今,秦十攻魏,五入国中,边城尽拔。文台堕,垂都焚,林木伐,麋鹿尽,而国继以围。又长驱梁北,东至陶、卫之郊,北至乎阚,所亡乎秦者,山北、河外、河内,大县数百,名都数十。秦乃在河西,晋国之去大梁也尚千里,而祸若是矣,又况于使秦无韩而有郑地,无河山以兰之,无周、韩以间之,去大梁百里,祸必百此矣!

"异日者从之不成矣,楚、魏疑而韩不可得而约也。今韩受兵三年矣,秦挠之以讲,韩知亡,犹弗听,投质于赵,而请为天下雁行顿刃。以臣之观之,则楚、赵必与之攻矣。此何也?则皆知秦之无穷也,非尽亡天下之兵而臣海内之民,必不休矣!是故臣愿以从事乎王。王速受楚、赵之约,而挟韩、魏之质,以存韩为务。因求故地于韩,韩必效之,如此,则士民不劳而故地得,其功多于与秦共伐韩,然而无与强秦邻之祸。

"夫存韩、安魏而利天下,此亦王之大时已。通韩之上党于共、莫,使道已通,因而关之,出入者赋之,是魏重质韩以其上党也。共有其赋,足以富国,韩必德魏、爱魏、重魏、畏魏,韩必不敢反魏。韩是魏之县也!魏得韩以为县,则卫、大梁、河外必安矣!今不存韩,则二周必危,安陵必易,楚、赵大破,卫、齐甚畏,天下之西乡而驰秦,入朝为臣之日不久。"

【译解】
魏国预备和秦国攻打韩国,无忌向魏王道:"秦国和戎翟的风俗相同,有虎狼的心,贪利暴戾,没有信誉,不识礼义德行,若有利可图,就不顾亲戚兄弟,像禽兽一样。这乃是天下所共晓得的,并不施恩惠、积德行。所以太后是母亲,但是忧愁而死;穰侯是舅,功劳最大,但是反被驱逐;两个兄弟没有罪过,但是竟被夺去治国的权柄。他对于亲戚兄弟尚且这样,何况仇敌的国家呢?现在,大王和秦国攻打韩国,更和秦国亲近,臣甚疑惑!但是王尚不知道,王就不明察了;群臣都知道,而不谏止王,群臣就不忠心了。

"现在,韩国以一个女子辅佐一个弱小的君主,国内大乱,外面怎能支持强大的秦、魏的兵,王以为韩不会被打破吗?韩国亡后,秦国占有所有的郑地,和大梁接境,王以为这样安稳吗?王想得着旧地,然而现在担负强秦的祸患,王以为这事有利益吗?秦不是喜欢和平的国家,韩亡之后,秦国必要更兴事端;更兴事端,必定选容易和有利益的做;选容易和有利益的事做,必定不去攻打楚和赵了!这是何缘故呢?越过山,渡过河,隔绝韩国的上党,去攻打强大的赵国,这又和阏与那次战事一样了,秦必定不这样做的。若经过河内,背向邺和朝歌,绝断漳水和滏水,和赵兵在邯郸的郊外一决胜负,这又要受知伯的祸了,秦又不敢。若攻打楚国,经过涉谷,走三千里路,攻打黾隘的要塞,所行的路甚远,而所攻打的又甚难,秦又不肯做的。若经过河外,背朝着大梁,右面向着上蔡和召陵,和楚兵在陈的郊外决一胜负,秦又不敢。所以说,秦必定不会攻打楚和赵了,又不会攻打卫和齐了。韩国灭亡之后,秦国出兵的日子,只有攻打魏国的了!

"秦本来有怀地刑丘之城和垝津,进逼河内,河内的共和汲都危险了。秦得有郑地和垣雍,决荣泽的水灌大梁,大梁必定要亡了,王的使者错误太甚了,甚至于以安陵氏去得罪秦国。秦国久已要占领许,然而秦国的叶阳、昆阳和舞阳接境,因憎恨使者,将灭亡安陵氏,随后就灭亡许。秦国绕舞阳的北面,往东进逼许,南国就危险了。南国虽不危险,魏国哪里能安宁呢?并且,憎恨韩国,绝去安陵氏,这还可以;不以秦国不爱南国为忧患,就错了。

"从前,秦国不过在河西,晋国离开梁有上千里路,有河山遮隔,有周和韩在中间。自从林那次战事到如今,秦攻打魏国十次,五次打进魏国,魏国边境的城尽被占领。文台被毁坏,垂都被焚烧,树林被斫去,麋鹿都死尽,国家接着被围困。秦军长驱直入,到梁的北部,东面到陶、卫的郊野,北面到阚,魏国丧失给秦国的,有华山以北和河外河内的地,大县邑几百个,出名的都市有几十个。秦在河西,晋国离大梁尚有千里,然而祸患尚且这般深;秦若没有韩国而有郑地,没有河山作遮隔,没有周、韩在中间,只离大梁百里,祸患必较此甚过百倍了。

"如果这样的话,那时虽要合从,也不成功了,楚、魏都怀疑,韩国也不能结约了。现在韩国被攻打,已经三年了,秦国要屈服韩国,令他割地求和。韩国晓得要灭亡了,还是不肯听从,送王子到赵国作抵押,请和天下诸国以次前进,和秦交战。照臣看来,楚、赵必定要和韩共同攻打秦国了。这是为何呢?因为都知道秦国的欲望无穷,不尽灭亡天下的兵,使海内的人民臣服,必定不肯罢休的,所以臣劝王合从。王疾速和楚、赵结约,挟持着韩、魏的抵押品,以保存韩国为急务。因此向韩去讨还旧地,韩必定将地献出,这样,人民并不劳困,而旧地可以得有,这个功劳比和秦国一齐去攻打韩国要多,然而可以免去强秦的祸患。

"保存韩国,安定魏国,而使天下受利,这也是王的大好的时机啊!将韩的上党通到共、莫,使道既已通行,乃沿路稽查行人,出进的都加以捐款,这样一来,魏国得着韩国的上党做抵押品,和韩国共收赋税,足以令国家富足了。韩国必定感激魏国,爱戴魏国,倚重魏国,惧怕魏国,韩国必定不敢违反魏国,韩国乃是魏国的郡县了。魏国得有韩国为郡县,那卫、大梁和河外就必定安定了。现在,不去保存韩国,东周和西周必定要危险,安陵必定要变为秦国所有。秦国大破楚、赵,卫和齐很怕秦国,天下的诸侯西面往秦国朝见秦王做臣子,这日期就不远了!"

或献书秦王

或献书秦王曰①:"昔窃闻大王之谋出事于梁,谋恐不出于计矣,愿大王之熟计之也!梁者,山东之要也。有蛇于此,击其尾,其首救;击其首,其尾救;击其中身,首尾皆救。今梁王,天下之中身也,秦攻梁者,是示天下要断山东之脊也,是山东首尾皆救中身之时也。山东见亡必恐,恐必大合,山东尚强,臣见秦之必大忧,可立而待也。臣窃为大王计,不如南出。事于南方,其兵弱,天下必能救,地可广大,国可富,兵可强,主可尊。王不闻汤之伐桀乎?试之弱密须氏,以为武教,得密须氏,而汤之服桀矣。今秦国与山东为仇,不先以弱为武教,兵必大挫,国必大忧。"秦果南攻蓝田、鄢、郢。

【译解】

有人上书给秦王道:"臣窃听说大王计划出兵于梁,这计谋恐怕是错了,愿大王仔细加以考虑。梁是山东的要害。有条蛇在此地,打它的尾巴,它的头就来救;打它的头,它的尾巴就去救;打它身体的中段,它的头和尾巴都去救。现在,梁是

---

① 编者按:此处原文有阙文,故以"或"字代称。后文同。

天下的身体的中部,秦攻打梁,乃是明示天下截断山东的脊梁啊!那山东的头和尾巴那时必定都要去救它身体的中部了。山东看见要灭亡,必定害怕;山东诸国害怕,必定要联合一致;山东诸国强盛,臣看秦国极大的忧患可以站着等到了。臣窃自替大王计划,不如南面出兵于南方的楚国,楚国的兵力微弱,天下必不能去救。秦国的地方可以推广,国家可以富足,兵力可以强盛,主上可以尊贵。王不曾听过汤攻打桀吗?先试试弱小的密须氏,以整饬军旅,打破密须氏后,汤就将桀征服了。现在,秦国和山东诸国做仇敌,若不先试试弱小的国家,以整饬军旅,兵必定要大败,国家必定要有很大的忧患!"秦果然往南面去攻打蓝田和鄢郢。

八年或谓魏王

八年，或谓魏王曰："昔曹恃齐而轻晋，齐伐厘、莒而晋人亡曹；缯恃齐以悍越，齐和子乱而越人亡缯；郑恃魏以轻韩，伐榆关而韩氏亡郑；原恃秦、翟以轻晋，秦、翟年谷大凶而晋人亡原；中山恃齐、魏以轻赵，齐、魏伐楚而赵亡中山。此五国所以亡者，皆其所恃也。非独此五国为然而已也，天下之亡国皆然矣。夫国之所以不可恃者多，其变不可胜数也。或以政教不修，上下不辑，而不可恃者；或有诸侯邻国之虞，而不可恃者；或以年谷不登，稸积竭尽，而不可恃者；或化于利，比于患，臣以此知国之不可必恃也。今王恃楚之强，而信春申君之言，以是质秦，而久不可知，即春申君有变，是王独受秦患也！即王有万乘之国，而以一人之心为命也！臣以此为不完，愿王之熟计之也！"

【译解】

八年有人对魏王道："从前曹侍恃着齐而轻视晋和齐，攻打厘和莒，晋人灭去曹；缯倚恃着齐，忤逆越国，齐国有和子之乱，越人乃灭亡缯；郑倚恃着魏，轻视韩国，攻打榆关，韩国乃灭亡郑；原倚恃着秦国和戎翟，轻视晋国，秦国和戎翟的年成荒,晋人乃趁此灭亡原;中山倚恃着齐、魏,轻视赵国,齐、魏去攻打楚国,赵乃灭亡中山。这五个国被灭亡,都是因为有所倚恃。非独这五个国如此,天下的亡国都是如此！国不可以倚恃的地方极多,变化不可胜数。或因政教不修,上下不一致,不可以倚恃的;或有诸侯邻国的祸患,不可以倚恃的;或者因为年成不好,积旧竭尽,不可以倚恃的;有的化为利益,有的接近祸患,臣所以知道他国是不可以倚恃的。现在王倚恃楚国的强盛,相信春申君的话,因此和秦国对敌,而久不可以知道,等到春申君有变,王就独受秦国的祸患了！王有拥有万辆兵车的大国,而以一个人的心为命！臣以为这计划不完善,愿王仔细加以考虑！"

魏王问张旄

魏王问张旄曰:"吾欲与秦攻韩,何如?"张旄对曰:"韩且坐而胥亡乎?且割而从天下乎?"王曰:"韩且割而从天下。"张旄曰:"韩怨魏乎?怨秦乎?"王曰:"怨魏。"张旄曰:"韩强秦乎?强魏乎?"王曰:"强秦。"张旄曰:"韩且割而从其所强,与所不怨乎?且割而从其所不强,与其所怨乎?"王曰:"韩将割而从其所强,与其所不怨。"张旄曰:"攻韩之事,王自知矣。"

【译解】

魏王问张旄道:"我想和秦国去攻打韩国,你以为何如呢?"张旄对道:"韩国预备坐着等待灭亡吗?还是预备割地从天下呢?"魏王道:"韩将割地从天下。"张旄道:"韩怨恨魏呢?还是怨恨秦呢?"魏王道:"怨恨魏国。"张旄道:"韩国以为秦国强呢?还是以为魏国强呢?"王道:"以为秦国强。"张旄道:"韩将割地从他畏惧的强国,联合他不怨恨的国呢?还是割地从他轻视的不强的国家,联合他怨恨的国呢?"魏王道:"韩将割地从他畏惧的强国,联合他不怨恨的国。"张旄道:"攻打韩的事,王自己可以知道了。"

秦攻韩之管

秦攻韩之管，魏王发兵救之。昭忌曰："夫秦强国也，而韩、魏壤梁；不出攻则已，若出攻，非于韩也，必魏也。今幸而于韩，此魏之福也。王若救之，夫解攻者，必韩之管也；致攻者，必魏之梁也。"魏王不听，曰："若不因救韩，韩怨魏，西合于秦，秦、韩为一，则魏危。"遂救之。秦果释管而攻魏，魏王大恐，谓昭忌曰："不用子之计而祸至，为之奈何？"昭忌乃为之见秦王曰："臣闻明主之听也，不以挟私为政，是参行也。愿大王无攻魏，听臣也！"秦王曰："何也？"昭忌曰："山东之从，时合时离，何也哉？"秦王曰："不识也。"曰："天下之合也，以王之不必也；其离也，以王之必也。今攻韩之管，国危矣，未卒而移兵于梁，合天下之从，无精于此者矣！以为秦之求索，必不可支也。故为王计者，不如制赵。秦已制赵，则燕不敢不事秦，荆、齐不能独从。天下争敌于秦，则弱矣！"秦王乃止。

【译解】

秦国攻打韩国的管，魏王发兵去救。昭忌道："秦是强国，而韩、魏和秦国接境，不出兵攻打还罢了，若出兵攻打，不是攻打韩，就是攻打魏了。现在幸而攻打韩国，这乃是魏国的福气。王若去救管,那解除攻击韩国的,必是韩国的管,招来攻击魏国的,必定是魏国的梁了。"魏王不听道:"若不去救韩,韩怨恨魏,西面和秦国联合。秦、韩联合为一,魏国就危险了。"乃去救韩,秦国果然舍去管,攻打魏国。魏王大起恐慌,对昭忌说道:"不用你的计策,灾祸到了,怎么办呢?"昭忌乃去见秦王道:"臣听说:明主的听政,不挟私意,参考比较而行。愿大王不要攻打魏国,听臣的计策。"秦王道:"怎样呢?"昭忌道:"山东诸侯合从,有时结合,有时分离,这是何故呢?"秦王道:"不知道!"昭忌道:"天下合从,是因为王不可测,天下分离,是因为已知道王一定要攻打某国了。现在攻打韩国的管,韩国已经危险,秦国未攻下管,又移兵去攻梁,使天下合从的,没有较这个法子更精的了!因为列国都以为秦国这样求索无厌,列国必不能支持了。所以替王设计,不如去收服赵国。秦国既已收服赵国,燕国就不敢不服事秦,楚和齐不能独自合从。天下若争和秦国对敌,秦国就要弱了!"秦王乃不攻打魏国。

长平之役

　　长平之役,平都君说魏王曰:"王胡不为从?"魏王曰:"秦许吾以垣雍。"平都君曰:"臣以垣雍为空割也。"魏王曰:"何谓也?"平都君曰:"秦、赵久相持于长平之下而无决。天下合于秦,则无赵;合于赵,则无秦。秦恐王之变也,故以垣雍饵王也。秦战胜赵,王敢责垣雍之割乎?"王曰:"不敢。""秦战不胜赵,王能令韩出垣雍之割乎?"王曰:"不能。""臣故曰:'垣雍空割也。'"魏王曰:"善。"

【译解】

　　长平那次战事,平都君向魏王说道:"王为何不联合诸侯拒秦?"魏王道:"秦允许将垣雍割让给我。"平都君道:"臣以为,割让垣雍是不实在的。"魏王道:"这是怎么讲呢?"平都君道:"秦、赵长久在长平相持,不分胜负。天下若和秦国联合,就没有赵国了;若和赵国联合,就没有秦国了。秦恐怕王改变初心,怕王与赵联合,所以用垣雍来引诱王。秦若战胜赵,王敢去讨垣雍的地吗?"王道:"不敢。"平都君道:"秦国打不过赵国,王能令韩割让垣雍吗?"王道:"不能够。"平都君道:"臣所以说,割让垣雍不是实在的事。"魏王道:"对的。"

秦魏为与国

秦、魏为与国,齐、楚约而欲攻魏,魏使人求救于秦,冠盖相望,秦救不出。魏人有唐雎者,年九十余,谓魏王曰:"老臣请出西说秦,令兵先臣出,可乎?"魏王曰:"敬诺。"遂约车而遣之。

唐雎见秦王,秦王曰:"丈人芒然乃远至此,甚苦矣!魏来求救数矣,寡人知魏之急矣。"唐雎对曰:"大王已知魏之急而救不至者,是大王筹策之臣无任矣。且夫魏一万乘之国,称东藩,受冠带,祠春秋者,以为秦之强足以为与也。今齐、楚之兵已在魏郊矣,大王之救不至,魏急则且割地而约齐、楚,王虽欲救之,岂有及哉?是亡一万乘之魏,而强二敌之齐、楚也。窃以为大王筹策之臣无任矣。"秦王喟然愁悟,遽发兵,日夜赴魏。齐、楚闻之,乃引兵而去。魏氏复全,唐雎之说也。

【译解】

秦和魏是同盟国,齐、楚联合,去攻打魏国。魏国派人到秦国去求救,使者的冠帽和车顶沿路前后可以互相望见,秦国仍不发救兵。魏国有个人名叫唐雎的,年纪有九十多岁了,去对魏王说道:"让老臣西面往秦国去游说,令救兵比臣先出来,可以吗?"魏王道:"嗯!"乃装备好车子,送他往秦国去。

　　唐雎去见秦王,秦王道:"丈人样子疲倦,很远地到此地来,很劳苦了! 魏国来求救,有好几次了,寡人知道魏国的紧急了。"唐雎对道:"大王已经知道魏国紧急,然而救兵仍旧不到,这乃是为大王参谋的臣子不堪任用啊! 并且,魏国是一个有拥万辆兵车的大国,然而对于秦国自称为东方的臣属,受秦国所赐的冠带,春秋进贡,供秦国祭祀之用,以为秦国的强盛,足以为同盟的国家。现在,齐、楚的兵已在魏国的郊外,大王的救兵若不到,魏国急迫,必定要割让土地,联合齐、楚,王虽要救他,哪里还来得及呢? 这乃是:亡去了一个拥有万辆兵车的魏国,增强了和秦国对敌的齐、楚啊! 窃自以为,为大王参谋的臣子不堪任用!"秦王听了,方才觉醒,感叹不已。立刻发兵,日夜不停地赶往魏国。齐、楚听见了,乃收兵退去。魏国复被保全,乃是靠唐雎的话。

信陵君杀晋鄙

信陵君杀晋鄙,救邯郸,破秦人,存赵国,赵王自郊迎。唐雎谓信陵君曰:"臣闻之曰:'事有不可知者,有不可不知者;有不可忘者,有不可不忘者。'"信陵君曰:"何谓也?"对曰:"人之憎我也,不可不知也;吾憎人也,不可得而知也。人之有德于我也,不可忘也;吾有德于人也,不可不忘也。今君杀晋鄙,救邯郸,破秦人,存赵国,此大德也。今赵王自郊迎,卒然见赵王,臣愿君之忘之也。"信陵君曰:"无忌谨受教!"

【译解】

信陵君杀了晋鄙,去救邯郸,打破秦兵,保存赵国,赵王亲自到郊外去迎接他。唐雎对信陵君道:"臣听说:'事情有不可以知道的,有不可以不知道的;有不可以忘记的,有不可以不忘记的。'"信陵君道:"这是怎么讲呢?"唐雎道:"别人厌恨我,不可以不知道;我厌恨别人,不可以让人知道。别人对于我有德,不可以忘记;我对于别人有德,不可以不忘记。现在,君杀了晋鄙,救了邯郸,打破秦兵,保存赵国,这乃是大恩德。赵王亲自到郊外迎接君,君见了赵王时,愿君将救赵的事忘去啊!"信陵君道:"无忌谨照这话做!"

秦王使人谓安陵君

秦王使人谓安陵君曰:"寡人欲以五百里之地易安陵,安陵君其许寡人!"安陵君曰:"大王加惠,以大易小,甚善!虽然,受地于先王,愿终守之,弗敢易。"秦王不说。安陵君因使唐雎使于秦。

秦王谓唐雎曰:"寡人以五百里之地易安陵,安陵君不听寡人,何也?且秦灭韩亡魏,而君以五十里之地存者,以君为长者,故不错意也。今吾以十倍之地请广于君,而君逆寡人者,轻寡人与?"唐雎对曰:"否,非若是也。安陵君受地于先王而守之,虽千里不敢易也,岂直五百里哉!"秦王怫然怒,谓唐雎曰:"公亦尝闻天子之怒乎?"唐雎对曰:"臣未尝闻也。"秦王曰:"天子之怒,伏尸百万,流血千里。"唐雎曰:"大王尝闻布衣之怒乎?"秦王曰:"布衣之怒,亦免冠徒跣,以头抢地尔。"唐雎曰:"此庸夫之怒也,非士之怒也。夫专诸之刺王僚也,彗星袭月;聂政之刺韩傀也,白虹贯日;要离之刺庆忌也,苍鹰击于殿上。此三子者,皆布衣之士也,怀怒未发,休祲降于天,与臣而将四矣!若士必怒,伏尸二人,流血五步,天下缟素,今日是也!"挺剑而起。秦王色挠,长跪而谢之曰:"先生坐,何至于此!寡人谕矣,夫韩、魏灭亡,而安陵以五十里之地存者,徒以有先生也!"

【译解】

秦王叫人去对安陵君说:"寡人要用五百里的地调换安陵,安陵君允许寡人吧!"安陵君道:"大王施恩惠,用大的换小的,很好!但是因为受地于先王,情愿永远守住安陵,不敢调换。"秦王不高兴。安陵君乃派唐雎出使于秦。

秦王向唐雎说道:"寡人用五百里的地去调换安陵,安陵君不肯,这是为何呢?并且,秦国灭去韩、魏,然而安陵君独以五十里的地存在,就是因为安陵君是长厚的人,所以不打算攻打他。现在,我用十倍大的地去扩大安陵君的地,然而安陵君违逆寡人的意思,是轻视寡人吗?"唐雎对道:"不,不是这样。安陵君受地于先王,加以保守,虽千里的地都不敢换,何况五百里的地呢!"秦王发怒,对唐雎道:"公听过天子怎样发怒吗?"唐雎对道:"臣不曾听过。"秦王道:"天子发怒,能使尸横遍野,血流千里!"唐雎道:"大王曾听过平民怎样发怒吗?"秦王道:"平民发怒,不过除去冠帽,赤着脚,在地下叩头赔罪,就可以和解了。"唐雎道"这是普通人的发怒,不是士人的发怒。专诸刺王僚时,彗星侵袭月亮;聂政刺韩傀时,白色的虹和太阳相接;要离刺庆忌时,苍鹰在殿上相击。这三个人都是着布衣的士人,心怀怒气,不曾发泄,以致天上显露这种现象,连臣一共将有四人了。若士人果然发怒,两个人的尸首横在地上,流血五步后,天下人都穿白色的衣服。就在今天!"手握宝剑挺着起来。秦王脸上表示屈服,直挺挺地跪着谢罪道:"先生坐下,何至于此呢!寡人明白了,韩、魏都被灭亡,独有安陵君以五十里的地存在,就是因为有先生啊!"

三晋已破知氏

　　三晋已破知氏,将分其地。段规谓韩王曰:"分地必取成皋。"韩王曰:"成皋,石溜之地也,寡人无所用之。"段规曰:"不然。臣闻一里之厚而动千里之权者,地利也;万人之众而破三军者,不意也。王用臣言,则韩必取郑矣!"王曰:"善!"果取成皋。至韩之取郑也,果从成皋始。

【译解】

　　韩、赵、魏既破知氏,将要瓜分知氏的地。段规对韩王说道:"分地时,必定要成皋。"韩王道:"成皋是石田,不肥沃的地,寡人要它没有用处。"段规道:"不对。臣听说:一里之地能引动千里之权,是因为地利的缘故;一万人能攻破三军,是因为出其不意的缘故。王若用臣的话,韩国必定能取郑!"韩王道:"好的!"于是便取了成皋。及至韩国取郑时,果然从成皋起兵进攻。

译解战国策

苏秦为楚合从说韩王

苏秦为楚合从,说韩王曰:"韩北有巩、洛、成皋之固,西有宜阳、常阪之塞,东有宛、穰、洧水,南有陉山,地方千里。带甲数十万,天下之强弓劲弩,皆自韩出,溪子、少府、时力、距来,皆射六百步之外。韩卒超足而射,百发不暇止,远者达胸,近者掩心。韩卒之剑戟,皆出于冥山、棠溪、墨阳、合伯赙。邓师、宛冯、龙渊、大阿,皆陆断马牛,水击鹄雁,当敌即斩坚甲、盾、鞮、鍪、铁幕、革抉、吠芮,无不毕具。以韩卒之勇,被坚甲,跖劲弩,带利剑,一人当百,不足言也!夫以韩之劲与大王之贤,乃欲西面事秦,称东藩,筑帝宫,受冠带,祠春秋,交臂而服焉,夫羞社稷而为天下笑,无过此者矣!是故愿大王之熟计之也!大王事秦,秦必求宜阳、成皋,今兹效之,明年又益求割地。与之,即无地以给之;不与,则弃前功,而后更受其祸。且夫大王之地有尽,而秦之求无已。夫以有尽之地,而逆无已之求,此所谓市怨而买祸者也,不战而地已削矣。臣闻鄙语曰:'宁为鸡口,无为牛后。'今大王西面交臂而臣事秦,何以异于牛后乎?夫以大王之贤,挟强韩之兵,而有牛后之名,臣窃为大王羞之。"韩王忿然作色,攘臂按剑,仰天太息曰:"寡人虽死,必不能事秦!今主君以楚王之教诏之,敬奉社稷以从。"

【译解】

　　苏秦替楚国谋合从,去对韩王说道:"韩国北面有巩、洛和成皋的巩固,西面有宜阳和常阪的险要,东面有宛、穰和洧水,南面有陉山,地方千里。被甲的兵几十万,天下的强弓硬弩,都由韩出,谿子、少府、时力和距来都能射到六百步以外。韩兵举脚踏着弩射,百发不暇停止,远的可以达到敌人的胸口,近的可以射穿敌人的心。韩国士兵的剑和戟,都出产于冥山、棠谿、墨阳和合赙。邓师、宛冯、龙渊、大阿,都能在陆地上砍马牛,在水里击鹄鹰,当着敌人就斩断坚固的铠甲和盾牌、皮靴、头盔、铁制的护臂衣、加在膀子上射箭用的皮套,以及紧盾的绳带,莫不齐备。以韩兵之勇,披着坚甲,踏着强弩,带着锋利的剑,一人当百,那是不用说的了!以韩国的强盛和大王的贤能,竟要西面去服事秦国,自称为东方的臣属,替秦王建筑行宫,受秦赐的冠带,春秋进贡,供秦祭祀之用,合抱双手侍候秦,羞辱社稷,被天下耻笑,没有过于这事的了!所以愿大王仔细加以考虑!大王服事秦,秦必定来要宜阳、成皋,今年若献给他,明年他又要来求地。继续给他,必至无地可给为止;如果不给,就前功尽弃,以后更要受他的祸。并且,大王的地有竭尽的时候,秦国的需索没有止时,以有尽的地去应付无穷的需索,这是所谓'购买怨恨和灾祸'的了,不曾打仗,地方已经削小了。臣听见俗语说:'宁可做鸡的嘴,不做牛的屁股。'现在,大王合抱双手,西面去臣事秦国,何以异于做牛的屁股呢?以大王的贤能,拥有强盛的韩国的兵,而有'牛屁股'的名字,臣窃自替大王惭愧!"韩王听了,登时发怒,用手臂按着剑,仰面向天叹息道:"寡人虽死,必定不能臣事秦!现在,主君以楚王的教令来见告,敬以社稷相从。"

张仪为秦连横说韩王

张仪为秦连横说韩王曰:"韩地险恶,山居,五谷所生,非麦而豆。民之所食,大抵豆饭藿羹。一岁不收,民不厌糟糠。地方不满九百里,无二岁之所食。料大王之卒,悉之不过三十万,而厮徒负养在其中矣。为除守缴亭鄣塞,见卒不过二十万而已矣。秦带甲百余万,车千乘,骑万匹,虎挚之士,跿跔科头,贯颐奋戟者,至不可胜计也。秦马之良,戎兵之众,探前趹后,蹄间三寻者,不可称数也。山东之卒,被甲冒胄以会战,秦人捐甲徒裎以趋敌,左挈人头,右挟生虏。夫秦卒之与山东之卒也,犹孟贲之与怯夫也,以重力相压,犹乌获之与婴儿也。夫战孟贲、乌获之士,以攻不服之弱国,无以异于堕千钧之重,集于鸟卵之上,必无幸矣!诸侯不料兵之弱,食之寡,而听从人之甘言好辞,比周以相饰也,皆言曰:'听吾计,则可以强霸天下。'夫不顾社稷之长利,而听须臾之说,诖误人主者,无过于此者矣!大王不事秦,秦下甲据宜阳,断绝韩之上地,东取成皋、宜阳,则鸿名之宫、桑林之苑,非王之有已。夫塞成皋,绝上地,则王之国分矣。先事秦则安矣,不事秦则危矣。夫造祸而求福,计浅而怨深,逆秦而顺楚,虽欲无亡,不可得也。故为大王计,莫如事秦。秦之所欲,莫如弱楚,而能弱楚者莫如韩,非以韩能强于楚也,其地势然也。今王西面而事秦,以攻楚为敝邑,秦王必喜。夫攻楚而私其地,转祸而说秦,计无便于此者也!是故秦王使使臣献书大王御史,顺以决事。"韩王曰:"客幸而教之,请比郡县,筑帝宫,祠春秋,称东藩,效宜阳。"

【译解】

张仪替秦国谋连横。去对韩王说道:"韩国的地势险恶,人多住在山上,五谷不是麦乃是豆,百姓大都以豆饭和菜叶羹为食料。一年没有收成,连酒滓谷皮都不能吃饱。地方不满九百里,没有两年的积食。料大王的兵共总不过三十万,连杂役苦力都算在内了。巡守要塞堡垒的现役士兵也不过二十万罢了。秦国被甲的兵有上百万,兵车千辆,战马万匹,勇猛的士卒和敢死队,不可胜数。秦国的马极好,兵士众多,马奔跑得极快,前后蹄张开,一掷超过三寻(一寻是八尺)的,亦不可胜数。山东诸国的兵打仗时披着甲胄,秦人却不穿铠甲,赤身裸体应战,左手拎着人头,右手挟着俘虏。秦兵和山东诸国的兵比较,就像孟贲对于懦弱的人一样,用重力压迫,就像乌获去制服婴孩一般。用乌获、孟贲般的兵士去攻打不服的弱国,无以异于堕下千钧的重量压在鸟蛋上面,必定不能幸免的了!诸侯不度量自己的兵力弱,粮食少,而听主张合从的人的甜言蜜语。这些人互相结党欺诈,都说:'听我的计策,就可以强霸天下。'不顾社稷长久的利益，徒逞一时的空语，欺误人主，没有再甚过这个的了。大王若不事秦，秦出兵占据宜阳，断绝韩国的上地，东面收取成皋、宜阳，那鸿台和桑林的宫苑就不是大王所有的了！成皋被封锁，上地被隔绝，王的国就被分开了！先服事秦，就可以安定；不服事秦，就危险了！向祸患里去寻求福泽，计谋浅而怨恨深，忤逆秦而服事楚，虽想不灭亡，终不可能了！所以替大王设计，不如服事秦。秦所欲的，莫过于要削弱楚国，而能够削弱楚国的，又莫过于韩国。并不是韩国比楚国强，因为你们所处的地理形势如此啊！现在，王西面去臣事秦国，攻打楚国，辅助敝国，秦王必定喜欢。攻打楚国，占据他的地，转祸为福，取悦秦国，计划没有比这个再便利的了！所以秦王命使臣献书于大王的御史，静待大王决定。"韩王道："客幸而来见教！敝国情愿做郡县，替秦建筑行宫，春秋进贡，供秦祭祀之用。韩自称为秦国的东方的臣属，愿将宜阳割让给秦。"

译解战国策

秦韩战于浊泽

　　秦、韩战于浊泽,韩氏急。公仲明谓韩王曰:"与国不可恃。今秦之心欲伐楚,王不如因张仪为和于秦,赂之以一名都,与之伐楚,此以一易二之计也。"韩王曰:"善。"乃儆公仲之行,将西讲于秦。

　　楚王闻之大恐,召陈轸而告之。陈轸曰:"秦之欲伐我久矣,今又得韩之名都一而具甲,秦、韩并兵南乡,此秦所以庙祠而求也。今已得之矣,楚国必伐矣。王听臣,为之儆四境之内选师,言救韩,令战车满道路。发信臣,多其车,重其币,使信王之救己也。纵韩为不能听我,韩必德王也,必不为雁行以来!是秦、韩不和,兵虽至,楚国不大病矣!为能听我绝和于秦,秦必大怒,以厚怨于韩。韩得楚救,必轻秦。轻秦,其应秦必不敬。是我困秦、韩之兵,而免楚国之患也。"楚王大说。乃儆四境之内选师,言救韩。发信臣,多其车,重其币,谓韩王曰:"敝邑虽小,已悉起之矣!愿大国遂肆意于秦,敝邑将以楚殉韩。"

　　韩王大说,乃止公仲。公仲曰:"不可!夫以实告我者,秦也;以虚名救我者,楚也。恃楚之虚名,轻绝强秦之敌,必为天下笑矣!且楚、韩非兄弟之国也,又非素约而谋伐秦矣。秦欲伐楚,楚因以起师言救韩,此必陈轸之谋也!且王以使人报于秦矣,今弗行,是欺秦也。夫轻强秦之祸,而信楚之谋臣,王必悔之矣!"韩王弗听,遂绝和于秦。秦果大怒,兴师与韩氏战于岸门。楚救不至,韩氏大败。

韩氏之兵非削弱也,民非蒙愚也。兵为秦禽,智为楚笑,过听于陈轸,失计于韩明也。

【译解】

秦和韩在浊泽开战,韩国形势急迫。公仲明对韩王道:"同盟国不可靠。现在秦国心想攻打楚,王不如因张仪去向秦求和,送他一个大的城邑,和他共伐楚国,这乃是'用一个换两个'的计策。"韩王道:"好!"乃照公仲的计划做,预备西面往秦国去讲和。

楚王听了,大起恐慌,召陈轸来,告诉他这事。陈轸道:"秦国久已想攻打我国,现在,又得着韩国的一个大都邑,供给他的军备。秦、韩合兵,朝南攻打楚,这乃是秦国平日在庙里祈求的。现在,既已得着这个机会,楚国必定要被攻打了!王请听臣的计:警戒四境以内的人民,选择好计划,去救韩国吧,令兵车布满道路吧!遣发可靠的使臣,多替他们预备车子,给他们丰厚的财货,令韩国相信,王是去救他的。韩即使不能听从我国,必定是要感激王的,必定不再和秦国同进。秦和韩既然不和,兵虽到来,楚国也不会受大害了。韩若听我们的话,和秦国绝交,秦国必定大怒,深恨韩国。韩国得有楚国的援救,必轻视秦国,他对待秦国,必不恭敬。这样一来,我既使秦、韩的兵困顿,又免去楚国的祸患了。"楚王听了大乐,乃警戒四境之内的人民,选择好计划去救韩国,遣发使臣,替他们多预备车子,给他们丰厚的财货,向韩王去说道:"敝邑虽然小,已经调发所有的兵!愿大国随意对秦怎样,敝邑愿与韩国同生共死!"

韩王大乐,乃留下公仲。公仲道:"不可以!以实情告诉我的是秦国,说空话来救我的是楚国。倚恃楚国的虚名,轻易地绝去强盛的秦国,必定要被天下笑的。并且,楚和韩不是兄弟之国,又不是素来合谋去攻打秦国的。秦要攻打楚国,楚国乃起兵说救韩国,这必定是陈轸的计策。并且,王已经使人回报秦国了,现在不这样做,乃是欺骗秦国。轻视强秦的祸患,反相信楚国的谋臣,王必定要懊悔的。"韩王不听,竟和秦国绝交。秦果然大怒,起兵和韩在岸门开战。楚国的救兵不到,韩国大败。

韩国的兵并不弱,人民并不愚蠢。但是兵被打败,智谋被天下所笑,就是因为错信了陈轸的诡计,不曾用韩明的计划。

韩公仲谓向寿

韩公仲谓向寿曰:"禽困覆车。公破韩,辱公仲,公仲收国复事秦,自以为必可以封。今公与楚解,中封小令尹以桂阳。秦、楚合,复攻韩,韩必亡。公仲躬率其私徒,以斗于秦,愿公之熟计之也。"

向寿曰:"吾合秦、楚,非以当韩也。子为我谒之。"公仲曰:"秦、韩之交可合也。"对曰:"愿有复于公!谚曰:'贵其所以贵者贵。'今王之爱习公也,不如公孙郝;其知能公也,不如甘茂。今二人者,皆不得亲于事矣,而公独与王主断于国者,彼有以失之也。公孙郝党于韩,而甘茂党于魏,故王不信也。今秦、楚争强,而公党于楚,是与公孙郝、甘茂同道也。公何以异之?人皆言楚之多变也,而公必之,是自为贵。公不如与王谋其变也,善韩以备之。若此,则无祸也。韩氏先以国从公孙郝,而后委国于甘茂,是韩,公之仇也。今公言善韩以备楚,是外举不辟仇也。"

向寿曰:"吾甚欲韩合。"对曰:"甘茂许公仲以武遂,反宜阳之民,今公徒令收之,甚难。"向子曰:"然则奈何?武遂终不可得已。"对曰:"公何不以秦为韩求颍川于楚?此乃韩之寄地也。公求而得之,是令行于楚,而以其地德韩也。公求而弗得,是韩、楚之怨不解,而交走秦也。秦、楚争强,而公过楚以攻韩,此利于秦。"向子曰:"奈何?"对曰:"此善事也。甘茂欲以魏取齐,公孙郝欲以韩取齐。今公取宜阳以为功,收楚、韩以安之,而诛齐、魏之罪,是以公孙郝、甘茂之无事也。"

【译解】

有人替韩公仲去对向寿说道:"困急的兽尚能倾覆人的车子。公破了韩国,折辱公仲,公仲复以韩国去事秦,自以为必定可以受封了。现在和楚国复好,封楚国的小令尹以桂阳,秦、楚联合,复攻韩国,韩国必要亡了。公仲率领他的党徒,到秦国来和你争斗,愿公仔细加以考虑。"

向寿道:"我联合秦、楚,并非和韩国对敌。请你替我告诉公仲,说:'秦、韩的邦交是可以联合的。'"对道:"回公的话,俗语说:'尊重别人所尊重的,就受别人的尊重。'现在王爱公,不如公孙郝;王信任公,不如甘茂。现在,这两人都不能掌理国事,独有公和王决断政事,就是因为这两人有了过失啊!公孙郝亲韩,甘茂亲魏,所以王不相信他们。现在秦、楚争强,而公亲楚,这乃是和公孙郝、甘茂同道了,公与他们有何分别呢?人都说楚国变化不定,公独以为楚国可靠,这乃是想使自己尊贵啊!公不如和王计划,说楚国多变,和韩国要好,防备楚国。这样,就没有祸患了。韩先将国政交给公孙郝,后又委托给甘茂,韩国乃是公的仇敌啊!现在公说,和韩国要好,防备楚国,这乃是外举不避仇敌。"

向寿道："我很想和韩联合。"对道："甘茂将武遂许给公仲，收回宜阳的人民。现在公不给他的地，要收回宜阳的人民，这是很难的。"向寿道："那么怎样办呢？武遂就永远不能得着了吗？"对道："公何不用秦替韩去向楚要颍川？这乃是韩国国外的地，公要到了，命令就行于楚国，又以这地令韩国感激公的恩德；公若要不到这地，韩、楚的仇怨就连结不解，都争着来事秦了。秦、楚若争强，公就以攻打韩国的事怪罪楚国，这样又对于秦国有利益。"向寿道："如何做？"对道："这是很好的事。甘茂想以魏取齐，公孙郝亦想以韩取齐。现在，公取了宜阳，以为功劳，结合楚、韩，加以安抚，诛讨齐、魏的罪，公孙郝和甘茂就都无事可做了。"

楚围雍氏

楚围雍氏,韩令冷向借救于秦,秦为发使公孙昧入韩。公仲曰:"子以秦为将救韩乎?其不乎?"对曰:"秦王之言曰:'请道于南郑、兰田以入攻楚,出兵于三川以待公。'殆不合,军于南郑矣。"公仲曰:"奈何?"对曰:"秦王必祖张仪之故谋。楚威王攻梁,张仪谓秦王曰:'与楚攻梁,魏折而入于楚。韩固其与国也,是秦孤也。故不如出兵以劲魏。'于是攻皮氏。魏氏劲,威王怒。楚与魏大战,秦取西河之外以归。今也其将扬言救韩,而阴善楚。公恃秦而劲,必轻与楚战。楚阴得秦之不用也,必易与公相支也。公战胜楚,遂与公乘楚,易三川而归。公战不胜楚,塞三川而守之,公不能救也。臣甚恶其事。司马康三反之郢矣,甘茂与昭献遇于境,其言曰:收玺,其实犹有约也。"公仲恐曰:"然则奈何?"对曰:"公必先韩而后秦,先身而后张仪,以公不如亟以国合于齐、楚,秦必委国于公,以解伐。是公之所以外者仪而已,其实犹之不失秦也。"

【译解】

楚国困雍氏,韩国差冷向往秦国借救兵,秦为韩遣发使者。公孙昧往韩,公仲问道:"你以为秦将救韩?还是不来救韩?"公孙昧道:"秦王说:'请假道南郑、蓝田,进攻楚国,出兵三川,等待公。'恐怕不会和楚军在蓝田开战了。"公仲道:"怎么办呢?"公孙昧道:"秦王必定实施张仪从前的计划。楚威王攻打梁时,张仪对秦王说道:'和楚国一同攻梁,魏必定投靠于楚,韩本是他的同盟国,这样,秦国就孤立了。所以,不如出兵,假装援助魏国。'于是楚出兵攻打皮氏,魏受秦假意的援助,楚威王发怒。楚、魏大战,秦趁势取有西河以外的地。现在,秦国宣称要救韩,而暗地里联合楚国。公倚恃着秦而强横,必定轻易和楚国交战。楚国阴知道秦国不为韩用,必定和公互相抗拒着。公若战胜楚国,秦就乘此机换三川的地;公若打不胜楚国,秦就封锁三川守住,公不能去救。臣很恶嫌此事。司马康到郢三次,甘茂和昭献在境上遇着,他们说是'收军符',其实还有约呢!"公仲恐惧道:"那么怎么办呢?"公孙昧道:"公必定先为韩国,后为秦国;先为自己,后为张仪。公不如疾速以国合于齐、楚,秦必定将国委托公,以解去战争。公所疏远的不过是张仪,其实还是不会失去秦国。"

公仲为韩魏易地

公仲为韩、魏易地，公叔争之而不听。且亡。史惕谓公叔曰："公亡，则易必可成矣。公无辞以后反，且示天下轻公，公不若顺之。夫韩地易于上，则害于赵；魏地易于下，则害于楚。公不如告楚、赵。楚、赵恶之。赵闻之，起兵临羊肠；楚闻之，发兵临方城，而易必败矣。"

【译解】

公仲替韩、魏换地，公叔力争，公仲不听。公叔预备出走。史惕对公叔说道："公若出走，换地的事就必定成功了。公没话说再返回来，反被天下看轻。公不如顺从他们换地。韩的地调换之后，赵国就要受害；魏的地调换之后，楚国就要受害。公不如将此事告诉楚、赵二国。楚、赵恶恨这事。赵国听了，发兵进逼羊肠，楚国听了，发兵进逼方城，换地之事就必定做不成了。"

谓公叔曰

谓公叔曰:"乘舟,舟漏而弗塞,则舟沉矣;塞漏舟,而轻阳侯之波,则舟覆矣。今公自以辨于薛公而轻秦,是塞漏舟,而轻阳侯之波也!愿公之察也!"

【译解】

有人对公叔说道:"坐船的,船漏了不塞,船就要沉了;只顾塞漏洞,轻视水神的波浪,船就要翻了。现在,公自以为在薛公面前的地位稳固,就轻视秦国,这乃是只顾塞补漏船,反轻视水神的波浪!愿公加以考量!"

韩公叔与几瑟争国

韩公叔与几瑟争国。中庶子谓太子曰:"不若及齐师未入,急击公叔。"太子曰:"不可。战之于国中,必分。"对曰:"事不成,身必危,尚何足以图国之全为?"太子弗听,齐师果入,太子出走。

【译解】

韩公叔和几瑟争掌国政。中庶子强对太子说道:"不如趁齐军未入时,急速攻击公叔。"太子道:"不可以!在国都交战,国必定要分裂了。"对道:"事情若不成功,自己本身必定危险,尚何足去顾念国家的完整呢?"太子不听,齐军果然进韩,太子只得出走。

公叔将杀几瑟

公叔将杀几瑟也。谓公叔曰:"太子之重公也,畏几瑟也。今几瑟死,太子无患,必轻公。韩大夫见王老,冀太子之用事也,固欲事之。太子外无几瑟之患,而内收诸大夫以自辅也,公必轻矣!不如无杀几瑟,以恐太子,太子必终身重公矣!"

【译解】
公叔将要杀几瑟。有人对公叔说道:"太子倚重公,是因为畏惧几瑟。几瑟如果一死,太子没有忧患,必定要看轻公。韩国的大夫见韩王年老,希望太子掌理政事,都愿意事太子。太子外面没有几瑟的忧患,内里结纳诸大夫,辅卫他自己,公的地位就轻了。不如不要杀几瑟,以恐吓太子,太子必定终身重用公了!"

谓新城君曰

谓新城君曰:"公叔伯婴恐秦、楚之内几瑟也!公何不为韩求质子于楚?楚王听而入质子于韩,则公叔伯婴必知秦、楚之不以几瑟为事也,必以韩合于秦、楚矣!秦、楚挟韩以窘魏,魏氏不敢东,是齐孤也!公又令秦求质子于楚,楚不听,则怨结于韩。韩挟齐、魏以眄楚,楚王必重公矣!公挟秦、楚之重,以积德于韩,则公叔伯婴必以国事公矣。"

【译解】

有人去对新城君说道:"公叔伯婴恐怕秦、楚收纳几瑟!公何不替韩国去向楚国要王子作抵押?韩王听从,送王子进韩作抵押,那公叔伯婴就必定知道秦、楚不把几瑟当事了,必以韩联合于楚、秦。韩、楚挟持着韩,去窘困魏,魏不敢向东,齐国就孤立了!公再令秦国去向楚国要王子来作为抵押,楚国不听,韩国就怨恨楚。韩挟持着齐、魏,怒视楚国,楚王必定要倚重公了!公挟持着秦、楚之重,使韩国感激公的恩德,公叔伯婴必定要以国事公了。"

韩傀相韩

韩傀相韩,严遂重于君,二人相害也。严遂政议直指,举韩傀之过。韩傀以之叱之于朝,严遂拔剑趋之,以救解。于是严遂惧诛,亡去游,求人可以报韩傀者。

至齐,齐人或言:"轵深井里聂政,勇敢士也,避仇,隐于屠者之间。"严遂阴交于聂政,以意厚之。聂政问曰:"子欲安用我乎?"严遂曰:"吾得为役之日浅,事今薄,奚敢有请?"于是严遂乃具酒,觞聂政母前,仲子奉黄金百镒,前为聂政母寿。聂政惊,愈怪其厚,固谢严仲子。仲子固进,而聂政谢曰:"臣有老母,家贫,客游以为狗屠,可旦夕得甘脆以养亲。亲供养备,义不敢当仲子之赐。"严仲子辟人,因为聂政语曰:"臣有仇,而行游诸侯众矣!然至齐,闻足下义甚高,故直进百金者,特以为夫人粗粝之费,以交足下之欢,岂敢以有求邪?"聂政曰:"臣所以降志辱身,居市井者,徒幸而养老母。老母在,政身未敢以许人也。"严仲子固让,聂政竟不肯受。然仲子卒备宾主之礼而去。

久之,聂政母死。既葬,除服。聂政曰:"嗟乎!政乃市井之人,鼓刀以屠。而严仲子乃诸侯卿相也,不远千里,枉车骑而交臣,臣之所以待之至浅鲜矣,未有大功可以称者。而严仲子举百金为亲寿，我虽不受，然是深知政也！夫贤者以感忿睚眦之意，而亲信穷僻之人，而政独安可嘿然而止乎！且前日要政，政徒以老母；老母今于天年终，政将为知己者用！"

遂西至濮阳，见严仲子曰："前所以不许仲子者，徒以亲在。今亲不幸，仲子所欲报仇者为谁？"严仲子具告曰："臣之仇，韩相傀。傀又韩君之季父也，宗族盛，兵卫设，臣使人刺之，终莫能就！今足下幸而不弃，请益具车骑壮士，以为羽翼！"政曰："韩与卫，中间不远。今杀人之相，相又国君之亲，此其势不可以多人，多人不能无生得失，生得失则语泄，语泄，则韩举国而与仲子为仇也，岂不殆哉！"遂谢车骑人徒，辞独行，仗剑至韩。

韩适有东孟之会，韩王及相皆在焉，持兵戟而卫者甚众。聂政直入，上阶刺韩傀。韩傀走，而抱哀侯，聂政刺之，兼中哀侯，左右大乱。聂政大呼，所杀者数十人。因自皮面抉眼，自屠出肠，遂以死。韩取聂政尸于市，县购之千金。久之，莫知谁子！

政姊闻之曰："弟至贤，不可爱妾之躯，灭吾弟之名！非弟意也！"乃之韩，视之曰："勇哉！气矜之隆，是其轶贲、育而高成荆矣！今死而无名！父母既殁矣，兄弟无有，此为我故也！夫爱身不扬弟之名，吾不忍也！"乃抱尸而哭之曰："此吾弟轵深井里聂政也！"亦自杀于尸下。

晋、楚、齐、卫闻之曰："非独政之能，乃其姊者亦列女也！"

聂政之所以名施于后世者，其姊不避菹醢之诛，以扬其名也！

【译解】

韩傀做韩的相国，严遂那时亦为韩君重用，二人互相陷害。严遂议论正直，直指出韩傀的过失。韩傀在朝内呵叱严遂，严遂乃拔剑刺向韩傀，幸别人来救，韩傀方才得免。严遂恐怕受诛戮，乃逃亡在外，求人替他报仇。

走到齐国，齐国有人说："轵的深井里有人名聂政的，是勇敢之士，因为躲避仇人，隐居为屠户。"严遂乃阴和聂政结交，厚意待他。聂政问道："你预备要怎样用我呢？"严遂道："我能替你服务的日子甚少，事情现在又迫切，哪里敢有什么请求呢？"于是严遂乃设酒筵，请聂政的母亲饮宴，严遂拿黄金百镒，向前替聂母上寿。聂政吃惊，更怪严遂款待他过厚，乃向严遂辞谢。严遂一定要送，聂政辞道："臣有老母，家中贫穷，客居在外，以杀狗为职业，早晚可以得些甘美酥脆的食物，奉养母亲。母亲的供奉既备，不敢更受仲子(严遂的号)的赏赐。"严遂避开人，对聂政说道："臣有一仇人，臣所游的国很多了！到了齐国，闻听足下的义气甚高，所以送足下百金，这不过作为夫人买粗米的费用，得足下的欢心，哪里敢求什么呢？"聂政道："臣贬低志气，折辱身份，住在街市间，就是因为要奉养老母。老母在时，政的身体尚不敢许给人。"严遂极力地推让，聂政竟不肯接受。但是严遂终完成宾主的礼，然后才去。

过了些时，聂政的母亲死了。既下了葬，聂政除去丧服，想道："唉！政乃是市井之人，持着刀杀狗。严仲子乃是诸侯的卿相，不远千里，到此地来，枉屈车骑，和我交结，我待他极薄，没有大功相报。而严仲子用百金替母亲上寿，我虽不受，但是他却是深知我的啊！贤人因为受了人'怒目相视'的气，来亲信穷僻之人，我哪里可以沉默呢！并且，那天他来约我替他报仇，我但因为老母，没有答应；现在老母已经寿终，我将要去供知己之用！"

乃西面到濮阳，去见严遂道："从前我不允许仲子，只是因为母亲尚在。现在母亲已去世，请问仲子要报仇的是谁？"严遂便告诉了他，道："我的仇人是韩相国傀。傀又是韩王的叔父，宗族强盛，兵卫严密，我派人去刺他，终不能成功！现在，足下幸而不弃，请多预备车马和壮士，辅助你前去！"聂政道："韩、魏相离不远。现在去杀他的相国，相国又是国君的至亲，照这形势看来，不可以多带人去，多带人不能全逃回来，总有人被活捉去，有人被活捉去，这事就泄露了，这事泄露，韩国全国就要和仲子对敌了，那就糟了！"乃谢绝车马侍从，辞别独自走去，持着剑到韩国。

韩国那时适巧有东孟之会，韩王和相都在一起，执着兵器和戟护卫的有很多。聂政笔直进去，走上台阶，刺向韩傀。韩傀逃避，抱着哀侯，聂政刺杀韩傀，也刺中哀侯，左右的侍卫大乱。聂政大声呼喊，杀死几十人。乃将自己的面皮揭去，眼睛剔出,割开肚子,肠子流出,方才死去。韩国将聂政的尸首陈列在集市上,悬赏千金,搜寻认识他的人。过了许久,没有人知道他是谁!

聂政的姐姐听见了道:"弟弟人好,不可以因为爱惜我的身躯,湮灭了我弟弟的名气!这不是弟弟的意思!"乃到韩国去看聂政的尸体,道:"勇敢呀!气魄雄伟,胜过孟贲和夏育,高过成荆了!现在死了却不能成名!父母已死,又没有兄弟,就是因为我啊!爱惜自己的身躯,不显扬弟弟的名气,我不忍心做啊!"乃抱着尸首哭道:"这是我的弟弟,住在轵的深井里的聂政啊!"也自杀,死在聂政的尸首下。

晋、楚、齐、卫的人听见了,都说:"非独聂政勇敢,他的姐姐也是烈女啊!"聂政所以能够使他的声名传到后代,因为他的姐姐不避被切成肉酱的诛戮,以显扬他的名气啊!

或谓韩公仲曰

或谓韩公仲曰:"夫李子之相似者,唯其母知之而已;利害之相似者,唯智者知之而已。今公国,其利害之相似,正如李子之相似也。得以其道为之,则主尊而身安;不得其道,则主卑而身危。今秦、魏之和成,而非公适束之,则韩必谋矣!若韩随魏以善秦,是为魏从也,则韩轻矣,主卑矣!秦已善韩,必将欲置其所爱信者,令用事于韩以完之,是公危矣!今公与安成君为秦、魏之和,成固为福,不成亦为福。秦、魏之和成,而公适束之,是韩为秦、魏之门户也,是韩重而主尊矣!安成君东重于魏,而西贵于秦,操右契而为公责德于秦、魏之主,裂地而为诸侯,公之事也。若夫安韩、魏而终身相,公之下服,此主尊而身安矣!秦、魏不终相听者也,齐怒于不得魏,必欲善韩以塞魏;魏不听秦,必务善韩以备秦,是公择布而割也!秦、魏和,则两国德公;不和,则两国争事公。所谓成为福,不成亦为福者也!愿公之无疑也!"

【译解】

有人对韩公仲说道:"双生子相似,只有他们的母亲知道分别;利与害相似,只有聪明人知道分别。现在,公的国的利与害相似,正和双生子相似一般。若能依着正道做去,主上就可以尊显,而己身安宁;不照着正道做去,主上就遭卑贬,而公自身也危险。现在,秦和魏的和约将成,若没有公去结约,韩国必去议和! 韩若随着魏去和秦修好,韩国乃是魏国的附从了,韩国的地位就轻了,主上也卑贱了! 秦既和韩修好,必定要派他所爱信的人,令他们治理韩国,使他的势力完固,那公就危险了! 现在,公若和安成君去主秦、魏的和约,如若成功,固然是公的福气;如不成功,也是公的福气。秦、魏的和约成功,而公向两方更加结约,韩就成为秦、魏的门户了,韩国的地位就重要,主上就尊贵了! 安成君东面为魏所倚重,西面为秦所倚重,执着右面的符契,替公向秦王和魏要求酬报,割地封公为诸侯,乃是公意中之事。使韩、魏安定,终身降低身份,做韩的相国,主上就尊贵,而公自己也安宁了! 秦和魏不会相好到底的,秦国恼怒失去了魏国的援助,必定要和韩国修好,以绝去魏国;魏国不听从秦国,必定务力和韩国修好,以防备秦国,这样,公乃是'选择布匹而割'了! 秦和魏若讲和,两国都感激公;秦和魏若不和,两国都争着侍候公。这便是所谓:成功是福气,不成功也是福气! 愿公不必疑惑这个计划!"

谓郑王曰

谓郑王曰："昭釐侯，一世之明君也。申不害，一世之贤士也。韩与魏，敌侔之国也，申不害与昭釐侯执珪而见梁君，非好卑而恶尊也，非虑过而议失也。申不害之计事曰：'我执珪于魏，魏君必得志于韩，必外靡于天下矣，是魏弊矣。诸侯恶魏，必事韩，是我俯于一人之下，而信于万人之上也。夫弱魏之兵，而重韩之权，莫如朝魏。'昭釐侯听而行之，明君也。申不害虑事而言之，忠臣也。今之韩弱于始之韩，而今之秦强于始之秦，今秦有梁君之心矣，而王与诸臣不事为尊秦以定韩者，臣窃以为王之明为不如昭釐侯，而王之诸臣，忠莫如申不害也。

"昔者，穆公一胜于韩原而霸西州，晋文公一胜于城濮而定天下，此以一胜立尊令，成功名于天下。今秦数世强矣，大胜以千数，小胜以百数，大之不王，小之不霸，名尊无所立，制令无所行。然而春秋用兵者，非以求主尊成名于天下也。昔先王之攻，有为名者，有为实者。为名者攻其心，为实者攻其形。昔者吴与越战，越人大败，保于会稽之上。吴人入越而户抚之。越王使大夫种行成于吴，请男为臣，女为妾，身执禽而随诸御。吴人果听其辞，与成而不盟，此攻其心者也。其后越与吴战，吴人大败，亦请男为臣，女为妾，反以越事吴之礼事越。越人不听也,遂残吴国而禽夫差,此攻其形者也。今将攻其心乎?宜使如吴。攻其形乎?宜使如越。夫攻形不如越,而攻心不如吴,而君臣上下、少长贵贱,毕呼霸王!臣窃以为,犹之井中而谓曰:'我将为尔求火也。'

"东孟之会,聂政、阳坚刺相兼君。许异蹴哀侯而殪之,立以为郑君。韩氏之众无不听令者,则许异为之先也。是故哀侯为君,而许异终身相焉。而韩氏之尊许异也,犹其尊哀侯也。今日郑君不可得而为也,虽终身相之焉,然而吾弗为云者,岂不为过谋哉!昔齐桓公九合诸侯,未尝不以周襄王之命。然则虽尊襄王,桓公亦定霸矣,九合之尊桓公也,犹其尊襄王也。今日天子不可得而为也,虽为桓公,吾弗为云者,岂不为过谋而不知尊哉!韩氏之士数十万,皆戴哀侯以为君,而许异独取相焉者,无他,诸侯之君,无不任事于周室也,而桓公独取霸者,亦无他也!今强国将有帝王之醴,而以国先者,此桓公许异之类也,岂可不谓善谋哉?夫先与强国之利,强国能王,则我必为之霸;强国不能王,则可以辟其兵,使之无伐我。然则强国事成,则我立帝而霸;强国之事不成,犹之厚德我也。今与强国,强国之事成,则有福,不成,则无患,然则先与强国者,圣人之计也!"

【译解】

有人向郑王说道:"昭釐侯是一代的贤明的国君,申不害是一代的贤士人,韩和魏是同等的国家。申不害和昭釐侯执着珪玉去见梁君,并非是喜欢卑贱而厌恶尊贵,并非是考虑过当而计划错误。申不害的计划是:'我执着珪玉去见魏君,魏君必得志于韩,必定蔑视天下,魏国就困弊了。诸侯厌恨魏国,必来服事韩国,这我乃是屈抑于一人的下面,而伸展于万人的上面了。所以削弱魏国的兵力,而增重韩国的权势,莫如去朝魏。'昭釐侯听他的话做去,这乃是明君;申不害考虑国事而直说,这乃是忠臣。现在的韩国,比当初的韩国弱;现在的秦国,较当初的秦国强。现在秦王有魏王让人朝拜的心了,而王和诸侯不务尊重秦以安定韩,臣私自以为王的明察不如昭釐侯,而王的一般臣子的忠心,都不如申不害啊!

"从前,秦穆公一胜于韩原,就称霸西州;晋文公一胜于城濮,就称霸天下。这乃是以一胜而立尊令,成功名于天下的。现在,秦国几代都强盛,大胜上千次,小胜上百次,大不曾成王业,小不曾成霸业,名号尊位不曾立,制度法令不曾行,然而仍然一年到头用兵不断,只是要求君主尊荣,成名于天下罢了。从前先王的攻讨,有为名分的,有为实际的。为名分的只攻其心意,令其降服;为实际的要攻其形体,占领土地。从前,越和吴开战,越人大败,保守于会稽山之上。吴人进了越,安抚居民,越王差大夫文仲向吴讲和,请将越国的男子做奴仆,女子做婢妾,越王亲自执着贽见的礼物,跟随在吴执事的后面。吴国人果然听从这话,和越国讲和,而不结誓约。这乃是攻服别人的心的。后来越和吴开战,吴国人大败,也向越国要求,请将吴国的男子做奴仆,女子做婢妾,反用越国侍候吴的礼来侍奉越。越人不答应,遂灭去吴国,捉获吴王夫差。此乃是攻服形体的。现在将攻服其心吗?应当像吴国一样。将攻服其形体吗?应当像越国一样。攻人的心不如吴国,攻人的形又不如越国,而君臣、上下、长幼和贵贱,都大喊霸王的事业已成!臣窃以为这就像落在井里,而说'我将替你寻求火'啊!

"东孟之会,聂政、阳坚谋刺杀相国,兼及韩君。许异暗用脚踢韩哀侯,令他装死。事后哀侯立他为郑君,韩国人都听从他的命令,就是因为许异为之先导。所以,哀侯为国君,许异就终身做他的辅佐,而韩国人的尊重许异,和尊重韩哀侯一样。现在,郑君虽不能够做到郑君,犹可以终身做国君的辅佐,然而我们不去做,岂不是打算错了吗?从前,齐桓公九次会合诸侯,总遵周襄王之命,然则虽尊重周襄王,齐桓公也成就霸业了,九次合会的诸侯,尊重齐桓公,不亚于尊重周襄王。现在,虽不能做到天子,犹可以做到齐桓公,然而我们不去做,岂不是打算错了,而不知尊贵吗!韩国的人士有几十万,都拥护哀侯为国君,然而独有许异取得相位,没有别的缘故;列国的诸侯君主,都任事于周室,然而独有齐桓公成就霸业,这也没有旁的缘故!现在,强国①将有帝王的威势,若以郑国为他

---

① 编者按:指秦国。

的先导,这乃是齐桓公和许异相同,岂可不称为善于谋划的呢?首先帮助强国的利益是这样:强国若能成就王业,我必能成就霸业;强国若不能成就王业,也能避免强国的兵祸,使强国不攻打我。所以,强国的事若成功,我就立了帝而称霸;强国的事若不成功,强国便要重重地感激我。现在援助强国,强国的事业若成,我就有福,若不成,我又可以免患,首先帮助强国,乃是圣人的计划啊!"

公仲使韩珉之秦求武隧

公仲使韩珉之秦求武隧,而恐楚之怒也。唐客谓公仲曰:"韩之事秦也,且以求武隧也,非弊邑之所憎也。韩已得武隧,其形乃可以善楚。臣愿有言,而不敢为楚计。今韩之父兄,得众者毋相。韩不能独立,势必不善楚。"王曰:"吾欲以国辅韩珉而相之,可乎?父兄恶珉,珉必以国保楚。"公仲说,士唐客于诸公,而使之主韩、楚之事。

【译解】

公仲令韩珉到秦国去要武隧之地,又恐怕楚国恼怒。唐国的客人对公仲说道:"韩侍奉秦,是想秦归还武隧之地,这并非弊邑所憎恶的。韩既得着武隧,形势上方可以和楚修好。臣愿直言,而不敢为楚设想。现在,韩国的父兄得民心的,都不做相国。韩不能独立,势必不和楚国修好了。"楚王道:"我想以楚国辅助韩珉,使他做韩的相国,可以吗?韩国的父兄恨韩珉,韩珉必以韩国依附楚国了。"公仲听了高兴,令唐国的客人做诸公的官,使他掌韩、楚二国间的事务。

译解战国策

韩相公仲珉使韩侈之秦

韩相公仲珉使韩侈之秦,请攻魏,秦王说之。韩侈在唐,公仲珉死。韩侈谓秦王曰:"魏之使者谓后相韩辰曰:'公必为魏罪韩侈!'韩辰曰:'不可!'秦王仕之,又与约事使者曰:'秦之仕韩侈也,以重公仲也。今公仲死,韩侈之秦,秦必弗入。入,又奚为挟之以恨魏王乎?'韩辰患之,将听之矣。今王不召韩侈,韩侈且伏于山中矣!"秦王曰:"何意寡人如是之权也!今安伏?"召韩侈而仕之。

【译解】

韩相国公仲珉令韩侈到秦国去,请秦攻打魏,秦王听了喜欢。韩侈在唐,公仲珉死了。韩侈乃向秦王道:"魏国的使者对前相国韩辰说道:'公一定要替魏国惩罚韩侈!'韩辰道:'不可以!'秦王给他官做,又在和他讨论进攻魏国的事。使者道:'秦王给韩侈官做,乃是尊重公仲。现在,公仲已死,韩侈到秦国,秦国必定不让他进去,又何为护着他去使魏王恼怒呢!'韩辰以为忧患,将要听从魏国的话处罚我了。现在,王若不召我,我就要隐伏在山里去了!"秦王道:"怎知道寡人这般变化无常啊!韩侈他能隐伏到什么地方去呢?"召韩侈来,授他官职。

客卿为韩谓秦王

客卿为韩谓秦王曰:"韩珉之议,知其君,不知异君;知其国,不知异国。彼公仲者,秦势能诎之。秦之强,首之者,珉为疾矣。进齐、宋之兵,至首坦,远薄梁郭。所以不及魏者,以为成而过南阳之道,欲以四国西首也。所以不者,皆曰以燕亡于齐,魏亡于秦,陈、蔡亡于楚。此皆绝地形,群臣比周以蔽其上,大臣为诸侯轻国也。今王位正,张仪之贵,不得议公孙郝,是从臣不事大臣也。公孙郝之贵,不得议甘茂,则大臣不得事近臣矣。贵贱不相事,各得其位,辐凑以事其上,则群臣之贤不肖,可得而知也。王之明一也。公孙郝尝疾齐、韩而不加贵,则为大臣不敢为诸侯轻国矣。齐、韩尝因公孙郝而不受,则诸侯不敢因群臣以为能矣。外内不相为,则诸侯之情伪,可得而知也。王之明二也。公孙郝、樗里疾请无攻韩,陈四辟去,王犹攻之也。甘茂约楚、赵而反敬魏,是其讲我,茂且攻宜阳,王犹校之也,群臣之知,无几于王之明者。臣故愿公仲之国以侍于王,而无自左右也!"

【译解】

客卿替韩国对秦王说道:"韩珉的计谋,只知道自己的君主,不知道别国的君主;只知道自己的国家,不知道其他的国家。公仲这人,秦国的势力能够折服他。以秦国这般强,而韩珉以兵向秦,最为卖力的就是他。韩推进齐、宋的兵,至于首坦,逼近了梁郭他没有打进梁郭,是为了和魏国和解,取道南阳,以韩、宋、齐、魏的兵力向秦推进。其所以不果的原因,乃是由于他们都知道燕被齐割去土地,魏被秦割去土地,陈、蔡被楚割去土地。这都是因为各国的土地地形复杂,群臣结党,一同蒙蔽他们的主上,大臣又里通外国,出卖国土。现在,王能正贵贱的位分,像张仪这般尊贵,不能议论公孙郝,这乃是属臣不能干预大臣的事。公孙郝这般尊贵,不能议论甘茂,这是大臣不能干预近臣的事。贵贱互相不干预,各得其正当的位分,聚集一齐,以奉侍其主上,群臣是否贤能,就可以晓得了。这是王的第一件明察处。公孙郝结交韩、魏,而没有变得尊贵,做大臣的就不敢再里通外国出卖国土了。齐和韩曾通过公孙郝,欲结交于秦,而不为秦所接受,诸侯就不敢通过群臣向秦显示力量了。内外不能私自援助,诸侯的真相就可以知道了。这是王的第二件明察处。公孙郝和樗里疾请求不要攻打韩国,四次陈述,王还是攻打了韩国。甘茂与楚、赵邀约,又敬重魏国,使魏国与秦国和好,后来甘茂将攻打宜阳,王还加以检校,群臣的智慧都不能及王的明察。所以,臣愿公仲以国侍奉王,而不听从他身边人的话!"

或谓山阳君曰

或谓山阳君曰:"秦封君以山阳,齐封君以莒。齐、秦非重韩,则贤君之行也。今楚攻齐取莒,上及不交齐,次弗纳于君,是棘齐、秦之威,而轻韩也!"山阳君因使之楚。

【译解】

有人对山阳君说道:"秦将山阳封给君,齐将莒封给君。齐和秦若不是依重韩国,就是以为你的品行好了。现在,楚国攻打齐国,占领莒地,上不和齐国友好,下不让君进莒,这是轻视齐、秦的声威,而看不起韩国!"山阳君乃差他出使于楚国。

赵魏攻华阳

赵、魏攻华阳,韩谒急于秦。冠盖相望,秦不救。韩相国谓田苓曰:"事急,愿公虽疾,为一宿之行!"田苓见穰侯,穰侯曰:"韩急乎?何故使公来?"田苓对曰:"未急也。"穰侯怒曰:"是何以为公之王使乎?冠盖相望,告弊邑甚急,公曰未急,何也?"田苓曰:"彼韩急,则将变矣。"穰侯曰:"公无见王矣!臣请令发兵救韩。"八日中,大败赵、魏于华阳之下。

【译解】

赵和魏攻打华阳,韩国军情紧急,差人往秦国求救。沿路使者的冠帽和车盖可以前后看见,秦国终不出救兵。韩相国对田苓道:"事情紧急了,公虽然生病了,勉费一晚之时间,往秦国去一趟!"田苓到了秦国,去见穰侯,穰侯问道:"韩国的形势紧急了吗?为何派你来呢?"田苓对道:"尚未紧急。"穰侯发怒道:"那何必替韩国来请救兵呢?使者的冠帽和车盖,沿路上前后可以看得见,告敝邑形势紧急,而你说并未紧急,这是何缘故呢?"田苓道:"倘使韩国果然紧急,就将背叛秦国了!"穰侯道:"你不必去见王!我请派兵去救韩国。"八日中,大败赵、魏的兵于华阳之下。

秦招楚而伐齐

秦招楚而伐齐。冷向谓陈轸曰:"秦王必外向。楚之齐者,知西不合于秦,必且务以楚合于齐。齐、楚合,燕、赵不敢不听。齐以四国敌秦,是齐不穷也。"向曰:"秦王诚必欲伐齐乎?不如先收于楚之齐者。楚之齐者,先务以楚合于齐,则楚必即秦矣。以强秦而有晋、楚,则燕、赵不敢不听,是齐孤矣!向请为公说秦王。"

【译解】

秦国约楚国去攻打齐国。冷向对陈轸说道:"秦王必还将联合他国。楚人亲齐国的,知道西面不能和秦国联合,将务力以楚联合于齐。齐、楚既联合,燕、赵自然不敢不服从。齐以四国抵敌秦,齐国的兵力就不会为秦所屈了。秦王果然要攻打齐国,不如先收服亲齐的楚人。楚人亲齐的,先虽要以楚联合于齐,齐国如背叛,必弃去齐国而向秦,楚国必然联合于秦了。以强盛的秦国,而有楚国的援助,燕、赵自然不敢不听从,齐国就孤立了!向请替公去对秦王说。"

燕

苏秦将为从

苏秦将为从，北说燕文侯曰："燕东有朝鲜、辽东，北有林胡、楼烦，西有云中、九原，南有呼沱、易水。地方二千余里，带甲数十万，车七百乘，骑六千匹，粟支十年。南有碣石、雁门之饶，北有枣栗之利，民虽不由田作，枣栗之实，足食于民矣。此所谓天府也。夫安乐无事，不见覆军杀将之忧，无过燕矣！大王知其所以然乎？夫燕之所以不犯寇被兵者，以赵之为蔽于南也。秦、赵五战，秦再胜而赵三胜。秦、赵相弊，而王以全燕制其后，此燕之所以不犯难也。且夫秦之攻燕也，逾云中、九原，过代、上谷，弥地踵道数千里，虽得燕城，秦计固不能守也。秦之不能害燕，亦明矣。今赵之攻燕也，发兴号令，不至十日，而数十万之众军于东垣矣。度呼沱，涉易水，不至四五日，距国都矣。故曰，秦之攻燕也，战于千里之外；赵之攻燕也，战于百里之内。夫不忧百里之患，而重千里之外，计无过于此者。是故愿大王与赵从亲，天下为一，则国必无患矣。"燕王曰："寡人国小，西迫强秦，南近齐、赵。齐、赵，强国也。今主君幸教诏之，合从以安燕，敬以国从！"于是赍苏秦车马金帛以至赵。

【译解】

苏秦为联合诸国拒秦,乃往北方去,对燕文侯说道:"燕国东面有朝鲜、辽东,北面有林胡、楼烦,西面有云中、九原,南面有呼沱、易水,地方有二千多里。被甲的兵士有几十万,兵车有七百辆,战马有六千匹,粟米可以支持十年,南面有碣石、雁门之富饶,北面有枣、栗出产之利,百姓虽不从事耕作,枣、栗足够供给百姓的食料,这是所谓'天然府库'。国家安乐无事,不见军队覆灭和将帅被杀的忧患,没有好过燕国的了!大王晓得其中的缘故吗?燕国所以不被兵寇侵犯,乃是因为南面有赵国的障蔽。秦和赵战争五次,秦国战胜两次,赵国战胜三次。秦和赵互相困弊,而王用燕国全国控制其后,燕国不被侵犯的原因就在此。并且,秦国攻打燕国时,须越过云中、九原,经过代和上谷,遍地是山,一座接一座,要走数千里,虽得着燕国的城,秦国终不能守住。秦国不能够害燕国,是很明显的了。如果赵国攻打燕国,发令起兵,不到十天,而几十万兵已经开抵东垣了;渡过呼沱和易水,不到四五天,已逼近燕国的都城了。所以说,秦攻燕,战事在千里之外;赵攻燕,战事在百里之内。不以百里以内的祸患为忧,而重视千里以外的事,计谋没有比这个再失当的了。所以,愿大王和赵国联合相亲,天下联络一致,燕国就没有忧患了。"燕王道:"寡人的国小,西面受强秦的胁迫,南面靠近齐、赵。齐和赵都是强国。现在,幸有主君(称苏秦)来教导合从的方法,以安燕国,寡人敬以燕国相从。"于是赠苏秦车马金帛,送他往赵国去。

燕文公时

燕文公时,秦惠王以其女为燕太子妇。文公卒,易王立,齐宣王因燕丧攻之,取十城。武安君苏秦为燕说齐王,再拜而贺,因仰而吊。齐王案戈而却曰:"此一何庆吊相随之速也?"对曰:"人之饥,所以不食乌喙者,以为虽偷充腹,而与死同患也。今燕虽弱小,强秦之少婿也。王利其十城,而深与强秦为仇。今使弱燕为雁行,而强秦制其后,以招天下之精兵,此食乌喙之类也。"齐王曰:"然则奈何?"对曰:"圣人之制事也,转祸而为福,因败而为功。故桓公负妇人而名益尊,韩献开罪而交愈固。此皆转祸而为福,因败而为功者也。王能听臣,莫如归燕之十城,卑辞以谢秦。秦知王以己之故归燕城也,秦必德王。燕无故而得十城,燕亦德王,是弃强仇而立厚交也。且夫燕、秦之具事齐,则大王号令,天下皆从,是王以虚辞附秦,而以十城取天下也。此霸王之业矣!所谓转祸为福,因败成功者也。"齐王大说,乃归燕城。以金千斤谢其后,顿首涂中,愿为兄弟,而请罪于秦。

【译解】

燕文公的时候,秦惠王将他的女儿嫁给燕太子。燕文公死后，燕太子即位为王，齐宣王乘燕国有丧事，攻打燕国，占领十个城。武安君苏秦乃替燕国去见齐宣王，先再拜道贺，既而起来吊慰。齐宣王乃按着戈，令苏秦退后，道："庆贺和吊慰，何故接连着这般快啊？"苏秦对道："人虽然饥饿，但是不吃乌喙，因为虽然止了饥，但是要被毒死，和饿死所受之罪是相同的。现在，燕虽然弱小，乃是强秦的女婿，王贪图燕国的十个城，却和强秦结下了深仇。现在，假使燕国以次前进，而强秦在后面辅助，招来天下的精兵，攻打齐国，这和吃乌喙是一类的事呢！"齐宣王道："那么怎样办呢？"苏秦对道："圣人做事，能够转祸为福，因败成功。所以齐桓公羍负妇人，而名分益加尊贵；韩献子因战败获罪，而地位益加巩固。这都是转祸为福，因败成功。王若能听臣的计，不如归还燕国的十个城，用谦虚的辞说去向秦王谢罪。秦王知道王是因为他而退还燕国的城，必定感激王。燕国无故得有十城，也要感激王。这乃是弃去强大的仇怨，而建立深厚的交情。并且，燕和秦都服事齐国，天下皆要听从大王的号令了。王乃是用虚辞使秦国归附，而以十个城取有天下，这乃是霸王的事业，所谓转祸为福，因败成功的了。"齐宣王听了大乐，乃退还燕国的城。以千金向秦国谢罪，在泥涂中叩头，情愿与秦结为兄弟之国。

人有恶苏秦于燕王者

人有恶苏秦于燕王者曰:"武安君,天下不信人也。王以万乘下之,尊之于廷,示天下与小人群也!"武安君从齐来,而燕王不馆也。谓燕王曰:"臣,东周之鄙人也,见足下,身无咫尺之功,而足下迎臣于郊,显臣于廷。今臣为足下使,利得十城,功存危燕。足下不听臣者,人必有言臣不信,伤臣于王者。臣之不信,是足下之福也。使臣信如尾生,廉如伯夷,孝如曾参,三者天下之高行,而以事足下,可乎?"燕王曰:"可。"曰:"有此,臣亦不事足下矣。"苏秦曰:"且夫孝如曾参,义不离亲一夕宿于外,足下安得使之之齐?廉如伯夷,不取素餐,污武王之义,而不臣焉,辞孤竹之君,饿而死于首阳之山。廉如此者,何肯步行数千里,而事弱燕之危主乎?信如尾生,期而不来,抱梁柱而死。信至如此,何肯扬燕、秦之威于齐,而取大功乎哉?且夫信行者,所以自为也,非所以为人也,皆自覆之术,非进取之道也。且夫三王代兴,五霸迭盛,皆不自覆也。君以自覆为可乎?则齐不益于营丘,足下不逾楚境,不窥于边城之外。且臣有老母于周,离老母而事足下,去自覆之术,而谋进取之道,臣之趣,固不与足下合者。足下皆自覆之君也,仆者进取之臣也,所谓以忠信得罪于君者也。"燕王曰:"夫忠信,又何罪之有也?"对曰:"足下不知也。臣邻家有远为吏者,其妻私人。其夫且归,其私之者忧之。其妻曰:'公勿忧也,吾已为药酒以待之矣。'后二日,夫至。妻使妾奉卮酒进之。妾知其药酒也,进之则杀主父,言之则逐主母,乃阳僵弃酒。主父大怒而笞之。故妾一僵而弃酒,上以活主父,下以存主母也,忠至如此,然不免于笞,此以忠信得罪者也。臣之事适不幸,而有类妾之弃酒也。且臣之事足下,亢义益国,今乃得罪。臣恐天下后事足下者,莫敢自必也。且臣之说齐,曾不欺之也。使之说齐者,莫如臣之言也,虽尧、舜之智,不敢取也。"

【译解】

有人在燕王面前毁谤苏秦道:"武安君(苏秦的封号)是天下最无信义的人。王以万乘之尊对他恭顺,推尊他于朝廷,这乃是明示天下,王和小人为群!"于是,武安君苏秦从齐国来到燕国,燕王不替他预备馆舍。苏秦乃向燕王道:"臣是东周的粗人,初见足下时,身无尺寸的功劳,而足下到郊外迎接臣,显扬臣于朝廷。现在,臣替足下出使于齐,有得着十个城的利益,有保存危亡的燕国的功劳,而足下反不理臣,必是有人在足下面前说臣没有信义,毁谤臣。其实,臣没有信义,乃是足下的福气。假使臣像尾生一般守信,像伯夷一般廉洁,像曾参一般孝顺,兼有这三个天下最好的品行,来服事足下,可以吗?"燕王道:"可以的。"苏秦道:"有这种品行,臣也不会来服事足下了!像曾参一般孝顺,一夜都不离开双亲,不敢住在外面,足下怎能差他出使于齐国?像伯夷一般廉洁,不肯无事而食,以周武王为不义,不做他的臣子,辞却孤竹国君的位分不做,饿死在首阳山下。像这般廉洁,怎肯步行几千里,来服事微弱的燕国的危殆国君呢?像尾生一般守信,和女子约会在桥梁下面,女子不来,水涨到了,抱着桥梁的柱不走被淹死。像这般守信,怎肯到齐国去揄扬燕、秦的威力,以取得大功呢?并且,守信的,乃是为自己的,不是为别人的,皆是庇护自己的方法,不是进取的道理。再说,三王更替兴起,五霸轮流强盛,都不只庇护自己。君以为庇护自己是对的吗?那齐国就不能进至营丘,足下就不能越过楚国的边界,不能向边城之外窥探。而且,臣有老母在周,离开老母,而来侍候足下,去掉庇护自己的方法,而求进取的道理,臣的目的本不和足下相合。足下是庇护自己的君主,我是求进取的臣子,这就是所谓以忠信得罪于君啊!"燕王道:"忠信怎会获罪呢?"苏秦对道:"足下不知道这个。臣有一邻居到远方做官,他的妻和人私通,这个人要回家了,这个奸夫很忧愁。妻道:'你不必忧愁,我已制好毒药酒等待他了。'过了两天,丈夫回来,妻叫妾捧这杯酒送给丈夫饮。妾知道这是毒药酒,假使送给主人饮,主人就要被毒死;假使说出来,主母就要遭驱逐。她乃故意跌倒,将酒泼去。主人见了大怒,用板子责打她。所以妾一跌倒,将酒泼去,上面救活主人,下面保存主母,忠到这个程度,然而不免被责打,这就是以忠信获罪的啊!臣的事适巧不幸,类似泼去酒的妾啊!并且,臣侍奉足下,义气高尚,有益国家,现在反而获罪,臣恐怕以后天下人来侍奉足下的,都不敢坚定自己的忠诚了。并且,臣往齐国去游说,并不用欺诈的手段。旁人往齐国去游说的,都不及臣会说话,哪怕像尧、舜一般聪明,齐国都不会听他们的话的!"

张仪为秦破从连横

张仪为秦破从连横,谓燕王曰:"大王之所亲,莫如赵。昔赵王以其姊为代王妻,欲并代,约与代王遇于句注之塞。乃令工人作为金斗,长其尾,令之可以击人。与代王饮,而阴告厨人曰:'即酒酣乐,进热歠,即因反斗击之。'于是酒酣乐,进取热歠。厨人进斟羹,因反斗而击之,代王脑涂地。其姊闻之,摩笄以自刺也。故至今有摩笄之山,天下莫不闻。夫赵王之狼戾无亲,大王之所明见知也。且以赵王为可亲邪?赵兴兵而攻燕,再围燕都,而劫大王,大王割十城,乃却以谢。今赵王已入朝渑池,效河间以事秦。大王不事秦,秦下甲云中、九原,驱赵而攻燕,则易水、长城,非王之有也。且今时赵之于秦,犹郡县也,不敢妄兴师以征伐。今大王事秦,秦王必喜,而赵不敢妄动矣。是西有强秦之援,而南无齐、赵之患。是故愿大王之熟计之也。"

燕王曰:"寡人蛮夷辟处,虽大男子,裁如婴儿。言不足以求正,谋不足以决事。今大客幸而教之,请奉社稷,西面而事秦。"献常山之尾五城。

【译解】

张仪替秦国解散合从,企图连横,去向燕王说道:"大王所亲近的国,莫如赵国。从前,赵王将他姐姐嫁给代王为妻,想兼并代,乃和代王约会于句注山的险要处。赵王令工人制一金斗,斗柄甚长,持着可以击人。赵王和代王饮宴,而阴告诉厨役道:'等饮酒正高兴时,你可将热汤献上,就倒过来,用斗柄将他击死!'于是,当饮酒快乐时,代王要热汤吃,厨役将热汤献上,就将斗柄倒过来击代王。代王头被击破而死,脑髓涂在地上。赵王的姐姐听见了这事,乃磨尖了簪子,将自己刺死,所以至今尚有磨笄山。天下莫不知道赵王像狼子一般贪戾,不可和他亲近,这也是大王明白知道的。大王难道以为赵王是可亲近的吗?赵曾起兵攻打燕国,一再围困燕国的都城,胁迫大王。大王割让十个城,向赵谢罪,赵兵才退去。现在,赵王已经进渑池去朝事秦,将河间的地送给秦。大王若不服事秦,秦向云中、九原进兵,驱使赵国的军队,一起攻打燕国,那易水和长城就不是王所有的了!并且,现在赵对于秦,像郡县一般,赵国不敢乱起兵攻打别国。现在,大王若服事秦,秦王必定喜欢,而赵也不敢乱动了。这样一来,西面有强秦的援助,而南面没有齐、赵的患累,愿大王仔细加以考虑。"

燕王道:"寡人的国野蛮偏僻,虽有强壮的男人,却像婴孩一样。他们的话不足以为法则,他们的计谋不足以决断事体。现在,幸而有大客(称张仪)来加以指教,请以燕国西向服事秦。"乃将常山末端的五个城献给秦国。

燕王哙既立

燕王哙既立,苏秦死于齐。苏秦之在燕也,与其相子之为婚,而苏代与子之交。及苏秦死,而齐宣王复用苏代。燕哙三年,与楚、三晋攻秦,不胜而还。子之相燕,贵重主断。苏代为齐使于燕,燕王问之曰:"齐宣王何如?"对曰:"必不霸。"燕王曰:"何也?"对曰:"不信其臣。"苏代欲以激燕王,以厚任子之也。

于是燕王大信子之。子之因遗苏代百金,听其所使。鹿毛寿谓燕王曰:"不如以国让子之。人谓尧贤者,以其让天下于许由,由必不受,有让天下之名,实不失天下。今王以国让相子之,子之必不敢受,是王与尧同行也!"燕王因举国属子之,子之大重。

或曰:"禹授益,而以启为吏,及老,而以启为不足任天下,传之益也。启与支党攻益,而夺之天下,是禹名传天下于益,其实令启自取之。今王言属国子之,而吏无非太子人者,是名属子之,而太子用事。"王因收印自三百石吏,而效之子之。子之南面行王事,而哙老不听政,顾为臣,国事皆决子之。

子之三年,燕国大乱,百姓恫怨。将军市被、太子平谋,将攻子之。储子谓齐宣王:"因而仆之,破燕必矣!"王因令人谓太子平曰:"寡人闻太子之义,将废私而立公,饬君臣之义,正父子之位。寡人之国小,不足先后。虽然,则唯太子所以令之!"太子因数党聚众,将军市被围公宫,攻子之,不克。将军市被及百姓,乃反攻太子平。将军市被死,以殉,国构难数月,死者数万众,燕人恫恐,百姓离意。孟轲谓齐宣王曰:"今伐燕,此文、武之时,不可失也。"王因令章子将五都之兵,以因北地之众以伐燕。士卒不战,城门不闭,燕王哙死。齐大胜燕,子之亡。

二年,燕人立公子平,是为燕昭王。初,苏秦弟厉因燕质子而求见齐王。齐王怨苏秦,欲囚厉,燕质子为谢,乃已,遂委质为臣。燕相子之与苏代婚,而欲得燕权,乃使苏代侍质子于齐。齐使代报燕,燕王哙问曰:"齐王其伯也乎?"曰:"不能。"曰:"何也?"曰:"不信其臣。"于是燕王专任子之,已而让位,燕大乱。齐伐燕,杀王哙、子之,燕立昭王。而苏代、厉遂不敢入燕,皆终归齐,齐善待之。苏代过魏,魏为燕执代。齐使人谓魏王曰:"齐请以宋封泾阳君,秦不受。秦非不利有齐,而得宋地也,不信齐王与苏子也。今齐、魏不和,如此其甚,则齐不欺秦,秦信齐。齐、秦合,泾阳君有宋地,非魏之利也。故王不如东苏子,秦必疑,而不信苏子矣。齐、秦不合,天下无变,伐齐之形成矣!"于是出苏代之宋,宋善待之。

【译解】

燕王哙既即位,苏秦在齐国被刺死了。苏秦当初在燕国时,曾和燕相国子之结亲,苏代也和子之结交。等到苏秦死后,齐宣王又用苏代。燕王哙即位后,第三年时,和楚、赵、韩、魏攻打秦国,没有战胜而还。那时子之做燕相国,贵重而决断一切国事。苏代替齐国出使于燕国。燕王问道:"齐宣王为人如何?"苏代答道:"他必不能成就霸业。"燕王道:"什么缘故呢?"苏代道:"因为他不信任他的臣子。"苏代是想激发燕王,使他重任子之。

于是,燕王大信任子之。子之乃送苏代百金,由他使用。鹿毛寿向燕王说道:"不如将国让给子之。人称尧贤圣,因为他将天下让给许由,而许由必定不肯接受。所以,尧既有让天下之名,而实际不失去天下。现在,王若将国让给相国子之,子之也必定不敢接受,王的行为就和尧相同了!"燕王乃将全国委托给子之,子之权势大重。

又有人向燕王道:"禹将天下许给益,而让儿子启做官吏,等到年老时,以为启不配治理天下,于是,将天下传给益。启和他的党徒攻击益,而夺得天下。所以,禹名分上将天下传给益,其实是令启自己去夺取天下。现在,王说将国嘱托给子之,而官吏都是太子的臣子,这乃是名分上属于子之,而实际上太子在治理国事。"燕王乃收三百石俸禄以上的官吏的印,交给子之。子之从此朝南坐着,掌理燕国的大事。而燕王哙年老,不管政事,情愿为臣,一切国事都由子之决断。

子之掌理燕国三年后,燕国大乱,百姓痛恨。燕国的将军市被和太子平,打算攻击子之。齐相国储子此时乃向齐宣王道:"趁燕国内乱,加以攻打,必定破燕国了。"齐宣王乃令人去对太子平说:"寡人闻听太子的义气,将废私立公,以修君臣的名义,正父子的位分。寡人的国小,不足以供驱使,但是,情愿随太子差遣!"太子乃聚集党徒人众,将军市被围困王宫,攻打子之,不能攻破。将军市被和百姓乃反攻太子平,结果市被战死。战事历数月,死的有数万人。燕国人心痛恐惧,百姓都想背叛了。孟轲此时向齐宣王道:"现在讨伐燕国,乃是周文、武的时机,不可以失去!"齐宣王乃令章子率领五城的兵,和北边近燕之地的人众,共去讨伐燕国。燕国的兵士都不肯打仗,城门都不关闭,燕王哙被杀死。齐国大战燕国,子之逃走。

过了两年,燕国人立太子平为王,这就是燕昭王。从前,苏秦的弟弟苏厉因燕国送王子入齐作抵押,而求见齐王。齐王因为怨恨苏秦,想拘禁苏厉。燕国来做抵押的王子代苏厉谢罪,齐王方才作罢,苏厉乃在齐国委质为臣。燕相国子之和苏代结亲,而想取得燕国的大权,乃差苏代往齐国去侍候抵押在那里的燕国的王子。齐国命苏代回报燕国。燕王哙乃问苏代道:"齐王能够成就霸业吗?"苏代道:"不能够!"燕王哙道:"为何不能够呢?"苏代道:"因为他不信任他的臣子!"于是,燕王哙专任子之,后来将王位让给子之,燕国大乱。齐讨伐燕,将燕王哙和子之杀去,燕人更立昭王。苏代和苏厉都不敢再到燕国去,都回到齐国,齐对他们都加以优待。苏代经过魏国,魏替齐将苏代拘获。齐国派人去对魏王说道:"齐会暗中将宋地封给泾阳君,秦不肯接受。秦并不是不贪图得有齐国的援助,又能得着宋地,因为他不相信齐王和苏代的缘故。现在,齐和魏这般不和睦,则齐必不会欺秦,秦因此相信齐。秦和齐联合,泾阳君得有宋地,这不是魏国的利益啊!所以,王不如放苏代东面往宋去,秦必定疑惑,而不相信苏代了。齐和秦不联合,天下没有变动,攻打齐国的局面就形成了。"于是,魏王将苏代放出,让他到宋国去,宋很优待他。

燕昭王收破燕后

燕昭王收破燕后,即位,卑身厚币,以招贤者,欲将以报仇。故往见郭隗先生曰:"齐因孤国之乱,而袭破燕。孤极知燕小力少,不足以报。然得贤士与共国,以雪先王之耻,孤之愿也!敢问以国报仇者奈何?"郭隗先生对曰:"帝者与师处,王者与友处,霸者与臣处,亡国与役处。诎指而事之,北面而受学,则百己者至。先趋而后息,先问而后嘿,则什己者至。人趋己趋,则若己者至。冯几据杖,眄视指使,则厮役之人至。若恣睢奋击,呴籍叱咄,则徒隶之人至矣。此古服道致士之法也。王诚博选国中之贤者,而朝其门下,天下闻王朝其贤臣,天下之士,必趋于燕矣。"昭王曰:"寡人将谁朝而可?"郭隗先生曰:"臣闻古之君人,有以千金求千里马者,三年不能得。涓人言于君曰:'请求之。'君遣之,三月得千里马。马已死,买其首五百金,反以报君。君大怒曰:'所求者生马,安事死马而捐五百金?'涓人对曰:'死马且买之五百金,况生马乎?天下必以王为能市马,马今至矣。'于是不能期年,千里之马至者三。今王诚欲致士,先从隗始。隗且见事,况贤于隗者乎?岂远千里哉?"

于是昭王为隗筑宫而师之。乐毅自魏往,邹衍自齐往,剧辛自赵往,士争凑燕。燕王吊死问生,与百姓同其甘苦。二十八年,燕国殷富,士卒乐佚轻战。于是遂以乐毅为上将军,与秦、楚、三晋合谋以伐齐。齐兵败,闵王出走于外。燕兵独追北,入至临淄,尽取齐宝,烧其宫室宗庙。齐城之不下者,唯独莒、即墨。

【译解】

　　燕昭王将残破的燕国收复后,即位为王,乃卑躬屈节,用极厚的礼物,去招致贤人,想图报仇。所以去见郭隗道:"齐趁我国内乱时,袭击破燕国。我深知燕国弱小力薄,不足报仇,然若能得着贤人,和他们共理国家,以雪先王的耻辱,这乃是我的愿望。请问,怎样为国报仇呢?"郭隗对道:"使天下归心的君主和师傅相处,成就王业的君主和友人相处,成就霸业的君主和臣子相处,将要亡国的君主和仆役相处。卑躬屈节,去侍奉贤人,面朝北方,请求学问,比自己好一百倍的人就来了。比别人先趋前,比别人后休息,先发问而后停止,比自己好十倍的人就来了。别人趋前,我也随着趋前,和我同样的人就来了。倚着几,拿着杖,横着眼睛指挥别人,仆役一类的人就来了。若暴戾地击打人,跳跃顿脚,发怒呵叱,鄙贱的下等人就来了。这乃是古来行道招致士人的方法。王果能广博地招选国内的贤人,而亲自上门去拜访他,天下闻听王朝见他的贤臣,天下的士人必定都来到燕国了。"昭王道:"寡人应当去朝见谁呢?"郭隗道:"臣听说:古时有一国君,出千金去买千里马,经过三年,尚未得着。掌传达的人对国君说道:'请让我去寻去。'国君乃差他去。过了三个月,果得着千里马,但是马已经死了,所以只用五百金,买了个死马的头,回来复命。国君大怒道:'所要的是活马,死马有何用?倒费去五百金!'传达使命的人对道:'死马尚且用五百金收买,何况活的马呢?天下必以为王能买马,马马上就要来了。'于是不到一年,千里马来了三匹。现在王果然要招致贤人,先从隗招起。隗尚且受王尊重,何况比隗更贤的人呢?岂会以千里为远,而不到燕国来呢?"

于是,燕昭王替郭隗修筑宫室,拜他为师。乐毅从魏往燕,邹衍从齐往燕,剧辛从赵往燕,士人都争赴燕国。燕昭王乃吊死问生,和百姓同苦乐。二十八年后,燕国富足,兵士安乐,情愿出战。于是,派乐毅为上将军,和秦、楚、韩、赵、魏合谋讨伐齐国。齐兵打败,齐闵王逃出齐国。燕兵独自追逐败兵,攻进齐国的都城临淄,收取齐国所有的宝物,焚烧齐国的宫室宗庙。齐国的城池不曾攻下的,只有莒和即墨二城。

燕王谓苏代

燕王谓苏代曰："寡人甚不喜诶者言也。'苏代对曰："周地贱媒，为其两誉也。之男家曰'女美'，之女家曰'男富'。然而周之俗，不自为取妻。且夫处女无媒，老且不嫁；舍媒而自炫，弊而不售。顺而无败，售而不弊者，唯媒而已矣。且事非权不立，非势不成，夫使人坐受成事者，虽诶者耳。"王曰："善矣！"

【译解】

燕昭王向苏代道："寡人很不喜欢欺骗人的话。"苏代道："周地的人贱视媒人，因为他在两面都说好话：到了男家，就说女子美丽；到了女家，就说男子有钱。但是，照周的习俗，人不自娶妻。并且，处女若没有媒人，虽年老都不会出嫁；舍去居中的人，自己来宣传，虽弊坏了，也不能售出。若要顺利而不失败，售出而不弊坏，只有倚仗中人了。并且，事体若没有权和势，终不能够成立。所以，使人坐享其成，只有欺骗人了。"燕昭王道："这话对！"

秦召燕王

秦召燕王,燕王欲往。苏代约燕王曰:"楚得枳而国亡,齐得宋而国亡,齐、楚不得以有枳、宋事秦者,何也?是则有功者,秦之深仇也。秦取天下,非行义也,暴也。秦之行暴于天下,正告楚曰:'蜀地之甲,轻舟浮于汶,乘夏水而下江,五日而至郢。汉中之甲,乘舟出于巴,乘夏水而下汉,四日而至五渚。寡人积甲宛,东下随,知者不及谋,勇者不及怒,寡人如射隼矣。王乃待天下之攻函谷,不亦远乎?'楚王为是之故,十七年事秦。秦正告韩曰:'我起乎少曲,一日而断太行。我起乎宜阳而触平阳,二日而莫不尽繇。我离两周而触郑,五日而国举。'韩氏以为然,故事秦。秦正告魏曰:'我举安邑,塞女戟,韩氏、太原绝。我下枳,道南阳、封、冀,包两周,乘夏水,浮轻舟,强弩在前,铦戈在后。决荥口,魏无大梁;决白马之口,魏无济阳;决宿胥之口,魏无虚、顿丘。陆攻则击河内,水攻则灭大梁。'魏氏以为然,故事秦。秦欲攻安邑,恐齐救之,则以宋委于齐,曰:'宋王无道,为木人以写寡人,射其面。寡人地绝兵远,不能攻也。王苟能破宋有之,寡人如自得之。'已得安邑,塞女戟,因以破宋为齐罪。秦欲攻齐,恐天下救之,则以齐委于天下曰:'齐王四与寡人约,四欺寡人,必率天下以攻寡人者三。有齐无秦,无齐有秦,必伐之,必亡之!'已得宜阳、少曲,致蔺、离石,因以破齐为天下罪。秦欲攻魏,重楚,则以南阳委于楚曰:'寡人固与韩且绝矣,残均陵,塞鄳隘,苟利于楚,寡人如自有之。'魏弃与国而合于秦,因以塞鄳隘为楚罪。兵困于林中,重燕、赵,以胶东委于燕,以济西委于赵。赵得讲于魏,质公子延,因犀首属行而攻赵。兵伤于离石,遇败于马陵,而重魏,则以叶、蔡委于魏。已得讲于赵,则劫魏,魏不为割。困则使太后、穰侯为和,嬴则兼欺舅与母。适燕者曰'以胶东',适赵者曰'以济西',适魏者曰'以叶、蔡',适楚者曰'以塞鄳隘',适齐者曰'以宋',此必令其言如循环,用兵如刺蜚绣,母不能制,舅不能约。龙贾之战,岸门之战,封陆之战,高商之战,赵庄之战,秦之所杀三晋之民数百万,今其生者,皆死秦之孤也!西河之外,上雒之地、三川,晋国之祸,三晋之半。秦祸如此其大,而燕、赵之秦者,皆以争事秦说其主,此臣之所大患!"

燕昭王不行,苏代复重于燕。燕反约诸侯从亲,如苏秦时,或从或不,而天下由此宗苏氏之从约。代、厉皆以寿死,名显诸侯。

【译解】

秦国召燕王,燕王想去。苏代谏燕王道:"楚得有枳而国亡,齐得有宋而国亡,齐、楚不能因为得有枳、宋而获秦的谅解,是何缘故呢？诸侯有战功,乃是秦国最仇视的。秦国取有天下,并不是以义,乃是暴虐天下。秦国暴虐天下,郑重警告楚国道:'蜀地的兵乘轻便的船,趁夏季水涨时而下长江,五天就到郢。汉中的兵乘着轻便的船,趁夏季水涨时而下巴水,四天就到五渚。寡人由宛县之东领兵向随而下,智者来不及谋划,勇者来不及发怒,寡人取楚,如同射隼(隼是一种鸟,属于鹰类)一般容易！王乃要等待天下诸侯攻打函谷关,不太远了吗？'楚王因为这个缘故,十七年来都服事秦国。秦国郑重警告韩国道:'我从少曲起兵,一天内可断绝太行山的要道。我从宜阳起兵,进逼平阳,两天以内,平阳以东的地方尽摇动了。我经过两周,进逼郑国,五天内而韩国已被占领了！'韩国以为然,所以服事秦国。秦国郑重警告魏国道:'我占领安邑,堵塞女戟,韩国的太原就被隔绝了。我下兵枳,取道南阳、封陵和冀亭,包围两周,趁夏天水涨之时,驾着轻便的船,前面有坚强的弓,后面有锋利的戈。秦军决开荥阳之口,魏国就没有大梁了；决开白马之口,魏国就没有济阳了；决开宿胥之口,魏国就没有虚和顿丘了。秦军用陆攻,就能击河内之地；用水攻,就能灭亡大梁！'魏国以为然,所以服事秦国。秦国想攻打安邑,又怕齐国救魏,乃将宋国委弃给齐国道:'宋王无道,模仿寡人的样子制一木人,射他的脸。寡人的国家和宋国隔绝,出兵嫌太远,不能攻打他,王若能攻破宋国而占领之,寡人如同自己得有宋国一般。'然而,齐国既得安邑,堵塞女戟,秦国竟以'攻破宋国'怪罪齐国。秦国又想攻打齐国,恐怕天下救他,乃将齐国委弃给天下道:'齐王和寡人结约四次,欺骗了寡人四次,竟有三次,决意攻打寡人。有齐国就没有秦国,有秦国就没有齐国。必要去攻打他!必定要灭去他!'然而,天下既得有宜阳、少曲、致蔺、离石,秦国又以'攻破齐国'怪罪天下。秦国想攻打魏国,尊重楚国,乃委弃南阳给楚国,道:'寡人本将和韩国绝交,所以破坏均陵,封锁鄳隘,如果对楚国有利,就如同对寡人有利一样。'后来,魏国背弃同盟国,而与秦国联合,秦国乃把封锁鄳隘作为楚国的罪名。秦兵既困顿于林中,就尊重燕和赵,把胶东委弃给燕国,把济西委弃给赵国。既和魏国讲和,以公子延为抵押,又让犀首连续不断地进兵攻打赵国。在离石和马陵二处都被打败,就尊重魏国,把叶和蔡委弃给魏国。既和赵国结了和约,又胁迫魏国,不肯割地。假使失败,就令太后和穰侯去求和;假使胜利,就欺骗舅父和母亲。以胶东谴责燕国,以济西谴责赵国,以叶和蔡谴责魏国,以封锁鄳隘谴责楚国,以宋国谴责齐国。这必定要使他的话像连环一般圆滑,用兵像刺绣一般旋转无穷,母亲不能制服他,舅父不能约束他。龙贾之战,岸门之战,封陵之战,高商之战,赵庄之战,三晋的人民被秦所杀死的有几百万,现在活着的,都是被秦杀死的百姓的后人!西河以外的地,上雒的地,和三川的地,都被秦国所兼并。晋国遭秦的祸患,几乎失去了三晋的一半的土地。秦国所施的祸患这般深,而燕、赵私自结交秦国的,皆劝他们的主上竞争服事秦国,这乃是臣引为大忧患的!"

燕昭王乃不往秦国去,苏代再一次被燕国重用。燕国反过来约定诸侯,合从相亲,像苏秦的时候一样。虽然诸侯有的答应,有的不肯,而天下从此主法苏家合从之约。苏代和苏厉皆以寿终,闻名于诸侯。

苏代为燕说齐

苏代为燕说齐,未见齐王,先说淳于髡曰:"人有卖骏马者,比三旦立于市,人莫知之。往见伯乐曰:'臣有骏马,欲卖之,比三旦立于市,人莫与言。愿子还而视之,去而顾之,臣请献一朝之贾。'伯乐乃还而视之,去而顾之,一旦而马价十倍。今臣欲以骏马见于王,莫为臣先后者,足下有意为臣伯乐乎?臣请献白璧一双、黄金千镒,以为马食。"淳于髡曰:"谨闻命矣!"入言之王而见之,齐王大说苏子。

【译解】

苏代替燕国往游说齐国,未见齐王,先去向淳于髡说道:"有一人要卖好马,在市上站了三天,无人知道。乃去见伯乐道:'我有匹好马,预备出售,在市上连着站了三天,无人来问我价钱。请你环绕着我的马细看,离开时再回头望望我的马,我请送你一天的费用。'伯乐乃环绕着细看他的马,离开时,又回头望了望这马,一天内,这马的价值涨了十倍。现在,我想送王一匹'好马',无人替我介绍,足下愿意做我的伯乐吗?我请献上白璧一双、黄金千镒,作为马的食料。"淳于髡道:"遵命了!"乃进去对齐王说,接见苏代,齐王果然极喜欢苏代。

苏代自齐使人谓燕昭王

苏代自齐使人谓燕昭王曰:"臣间离齐、赵,齐、赵已孤矣,王何不出兵以攻齐?臣请为王弱之!"燕乃伐齐攻晋。令人谓闵王曰:"燕之攻齐也,欲以复振古地也。燕兵在晋而不进,则是兵弱而计疑也。王何不令苏子将而应燕乎?夫以苏子之贤,将而应弱燕,燕破必矣!燕破,则赵不敢不听,是王破燕而服赵也。"闵王曰:"善!"乃谓苏子曰:"燕兵在晋,今寡人发兵应之,愿子为寡人为之将!"对曰:"臣之于兵,何足以当之?王其改举!王使臣也,是败王之兵,而以臣遗燕也,战不胜,不可振也。"王曰:"行,寡人知子矣!"

苏子遂将,而与燕人战于晋下,齐军败,燕得甲首二万人。苏子收其余兵,以守阳城,而报于闵王曰:"王过举,令臣应燕。今军败亡二万人,臣有斧质之罪,请自归于吏以戮!"闵王曰:"此寡人之过也,子无以为罪。"明日,又使燕攻阳城及狸。又使人谓闵王曰:"日者齐不胜于晋下,此非兵之过,齐不幸,而燕有天幸也。今燕又攻阳城及狸,是以天幸自为功也。王复使苏子应之,苏子先败王之兵,其后必务以胜报王矣!"王曰:"善!"乃复使苏子,苏子固辞,王不听。遂将以与燕战于阳城,燕人大胜,得首三万。齐君臣不亲,百姓离心。燕因使乐毅大起兵伐齐,破之。

【译解】

苏代从齐国差人来,对燕昭王说道:"臣离间齐、赵,齐、赵已经孤立了,王何不出兵攻打齐国?臣请替王削弱齐国。"燕国乃讨伐齐国,攻打晋地,派人去向齐闵王说道:"燕攻打齐,是想收复旧地。燕兵在晋不前进,必是因为兵力单弱而怀疑不定,王何不命苏代领兵迎敌呢?以苏代之贤能,领兵应付衰弱的燕军,燕军必被打破了。燕破后,赵国自不敢不服从,王乃是既攻破燕,又降服赵了。"齐国王道:"好!"乃去对苏代说道:"燕兵在晋,现在寡人发兵迎敌,愿你替寡人将领兵卒。"苏代道:"臣不会带兵,哪能够抵挡燕军,王不如改派别人。王派臣领兵,必将王的兵战败,而把臣送给燕国。战事不胜,不可振拔了。"齐闵王道:"去吧,寡人知道了!"

苏子乃领兵和燕军战于晋。齐军被打败,燕军获得了两万颗齐军的首级。苏代收集残兵,保守阳城,报告齐闵王道:"王推举过当,令臣迎敌燕军。现在,齐国的军队打败,丧失了二万人,臣有受刀斧诛戮的罪,请自己到法官处,以受诛戮。"齐闵王道:"这是寡人的过失,你不要以为是你的罪过。"第二天,苏代又令燕国攻打阳城和狸,又派人去对齐闵王说道:"日前,齐在晋下战败,这不是用兵的错处,是因为齐国运气不佳,而燕国侥天之幸。现在,燕又攻打阳城和狸,这乃是侥天之幸以为自己的功劳了。王再派苏代领兵迎敌,苏子先前将王的兵打败,其后必定要以战胜报答王了。"齐闵王道:"对的!"乃再派苏代将兵。苏代极力推辞,齐闵王不听,苏代乃领兵和燕军战于阳城。燕军大胜,获得了三万颗齐军的首级。齐国的君臣因此不相亲,百姓也都生了背叛的心。燕国乃令乐毅起兵,大加讨伐齐国,将齐国打破。

陈翠合齐燕

陈翠合齐、燕,将令燕王之弟为质于齐,燕王许诺。太后闻之,大怒曰:"陈公不能为人之国,亦则已矣,焉有离人子母者?老妇欲得志焉!"

陈翠欲见太后,王曰:"太后方怒子,子其待之!"陈翠曰:"无害也。"遂入见太后曰:"何臞者也?"太后曰:"赖得先王雁鹜之余食,不宜臞。臞者,忧公子之且为质于齐也。"陈翠曰:"人主之爱子也,不如布衣之甚也。非徒不爱子也,又不爱丈夫子独甚。"太后曰:"何也?"对曰:"太后嫁女诸侯,奉以千金,赍地百里,以为人之终也。今王愿封公子,百官持职,群臣效忠,曰:'公子无功,不当封。'今王之公以子为质也,且以为公子功而封之也,太后弗听,臣是以知人主之不爱丈夫子独甚也。且太后与王幸而在,故公子贵。太后千秋之后,王弃国家,而太子即位,公子贱于布衣。故非及太后与王封公子,则公子终身不封矣。"太后曰:"老妇不知长者之计。"乃命公子束车制衣为行具。

【译解】

陈翠联合齐和燕,将把燕王的弟弟抵押到齐国,燕王允许了。燕太后听见了,大怒道:"陈公不能帮助别人的国家,也就罢了,哪有分离别人家母子的?我老妇人必杀他以快意!"

陈翠要见太后,燕王道:"太后方生你的气,你不如等待一会。"陈翠道:"不要紧!"就进去见太后道:"太后怎么瘦了?"太后道:"幸亏得有先王的雁和野鸭的剩食,不应当瘦。我瘦,乃是为了公子进齐国作抵押。"陈翠道:"人主爱惜子女,反不如平民,非但不爱子女,尤其不爱小儿子!"太后道:"怎么说?"陈翠对道:"太后嫁女儿给诸侯,给她千金,送她百里地,为她终身之计。现在,王愿封公子,但是百官守职分,群臣尽忠心,都道:'公子没有功劳,不应当受封。'现在,王以公子抵押于齐,是预备使公子立功,而封他爵位,太后却不肯,臣所以知道太后不爱小儿子,太过分了。而且,太后和王幸都尚在,所以公子得享尊贵。及至太后千秋之后,王也捐弃了国家,太子即位为王,那时,公子比平民还卑贱。所以,不趁太后和王在时封公子,公子就终生不会被封了!"太后道:"老妇人不知道长者的计谋。"乃命公子架车,制衣,预备出行的用具。

昌国君乐毅

昌国君乐毅为燕昭王合五国之兵而攻齐,下七十余城,尽郡县之以属燕。三城未下,而燕昭王死。惠王即位,用齐人反间,疑乐毅,而使骑劫代之将。乐毅奔赵,赵封以为望诸君。齐田单欺诈骑劫,卒败燕军,复收七十城以复齐。燕王悔,惧赵用乐毅,承燕之弊以伐燕。燕王乃使人让乐毅,且谢之曰:"先王举国而委将军,将军为燕破齐,报先王之仇,天下莫不振动。寡人岂敢一日而忘将军之功哉?会先王弃群臣,寡人新即位,左右误寡人。寡人之使骑劫代将军者,为将军久暴露于外,故召将军且休计事。将军过听,以与寡人有隙,遂捐燕而归赵。将军自为计则可矣,而亦何以报先王之所以遇将军之意乎?"

望诸君乃使人献书报燕王曰:"臣不佞,不能奉承先王之教,以顺左右之心,恐抵斧质之罪,以伤先王之明,而又害于足下之义,故遁逃奔赵。自负以不肖之罪,故不敢为辞说。今王使使者数之罪,臣恐侍御者之不察先王之所以畜幸臣之理,而又不白于臣之所以事先王之心,故敢以书对。

"臣闻贤圣之君,不以禄私其亲,功多者授之,不以官随其爱,能当者处之。故察能而授官者,成功之君也。论行而结交者,立名之士也。臣以所学者观之,先王之举错,有高世之心,故假节于魏王,而以身得察于燕。先王过举,擢之乎宾客之中,而立之乎群臣之上,不谋于父兄,而使臣为亚卿。臣自以为奉令承教,可以幸无罪矣,故受命而不辞。先王命之曰:'我有积怨深怒于齐,不量轻弱,而欲以齐为事!'臣对曰:"夫齐,霸国之余教,而骤胜之遗事也。闲于兵甲,习于战攻,王若欲攻之,则必举天下而图之。举天下而图之,莫径于结赵矣。且又淮北、宋地,楚、魏之所同愿也。赵若许,约楚、魏、宋尽力,四国攻之,齐可大破也。'先王曰:'善!'臣乃口受令,具符节,南使臣于赵。顾反命,起兵随而攻齐。以天之道,先王之灵,河北之地,随先王举而有之于济上,济上之军,奉令击齐,大胜之。轻卒锐兵,长驱至国。齐王逃遁走莒,仅以身免,珠玉财宝,车甲珍器,尽收入燕。大吕陈于元英,故鼎反于历室,齐器设于宁台,蓟丘之植,植于汶皇,自五伯以来,功未有及先王者也!先王以为惬其志,以臣为不顿命,故裂地而封之,使之得比乎小国诸侯。臣不佞,自以为奉令承教,可以幸无罪矣,故受命而弗辞。

"臣闻贤明之君,功立而不废,故著于春秋,蚤知之士,名成而不毁,故称于后世。若先王之报怨雪耻,夷万乘之强国,收八百岁之畜积,及至弃群臣之日,余令诏后嗣之遗义,执政任事之臣,所以能循法令,顺庶孽者,施及萌隶,皆可以教于后世。

"臣闻善作者,不必善成,善始者,不必善终。昔者伍子胥说听乎阖闾,故吴王远迹至于郢。夫差弗是也,赐之鸱夷而浮之江。故吴王夫差不悟先论之可以立功,故沉子胥而不悔。子胥不蚤见主之不同量,故入江而不改。夫免身全功,以明先王之迹者,臣之上计也。离毁辱之非,堕先王之名者,臣之所大恐也。临不测之罪,以幸为利者,义之所不敢出也。

　　"臣闻古之君子,交绝不出恶声;忠臣之去也,不洁其名。臣虽不佞,数奉教于君子矣。恐侍御者之亲左右之说,而不察疏远之行也。故敢以书报,唯君之留意焉。"

【译解】

　　昌国君乐毅替燕昭王联合五国的兵攻打齐国,占领七十多个城,尽改成郡县,附属于燕。只有三个城未曾打下,而燕昭王死了。燕惠王即位,相信齐国施的反间计,怀疑乐毅,令骑劫代他为将。乐毅乃逃奔赵国,赵封他为望诸君。齐将田单欺诈骑劫,结果打败燕军,收回七十城,复兴齐国。燕惠王懊悔恐惧,怕赵国又用乐毅,趁燕国困弊时,攻打燕国。燕惠王乃令人去责备乐毅,一方面又向他谢罪道:"先王将全国委托给将军,将军替燕国攻破齐国,报了先王的仇,天下都为之震动,寡人哪敢一天忘了将军的功劳呢?适逢先王捐弃了群臣,寡人新即位,左右的臣子欺惑寡人。寡人令骑劫代将军,乃是因为将军长远在外暴露,所以召将军回来休息,共同计划事情。将军听闻失当,以为寡人和你有嫌隙,就捐弃燕国,归附赵国。将军为自己打算固然不错,但是怎样报答先王待遇将军的厚意呢?"

望诸君乐毅乃派人献书信给燕惠王,上面写道:"臣不才,不能奉承先王的教训,以顺适左右臣下的心意,恐怕犯刀斧诛戮的罪,有伤先王的贤明,而又损害了足下的义气,所以逃往赵国。自己被了不好的罪名,所以不敢有何陈说。现在,王派使者来责备臣的罪过,臣恐怕左右的臣子不了解先王所以爱幸臣的道理,而又不明白臣所以侍奉先王的心,所以上书答王。

"臣听说,贤能圣明的君主,不以爵禄偏私他亲近的人,功多的就授给他;不以官职随意赠给他所喜的人,能够称职的就令他做。所以,察考能力而授官职的,是成功的君主;讲究品行而结交的,是立名的士人。臣以自己的学识来观察,先王举用和罢斥臣子,有统御当世之心。所以,臣向魏王借得出使的符节,而得来到燕国。先王过分提拔,将臣从宾客中升上来,立臣于群臣之上,不和父兄计议,就令臣做亚卿。臣自以为奉守命令,秉承教言,可以侥幸没有罪过了,所以受命而不加推辞。先王命臣道:'我和齐国怨仇深重,不度量自己权轻势弱,而想图谋齐国!'臣对道:'齐国秉承霸国余下的教令,又有数次战胜遗留下的功业,精于用兵,熟习战争。王若要攻打他,必须联合天下去图谋他,若联合天下共同图谋他,联结赵国是最便当的了。并且,淮北和宋地是楚、魏共同想要的,赵国若答应,再约楚和魏,四国攻打齐国,可以大破齐国了。'先王道:'好的!'臣乃口头受令,预备符节,使人南面往赵国结约,回复使命后,乃随诸国共攻齐国。以天道和先王的威灵,河北的地方,都随着先王起兵攻打齐国。兵进至济水边上,济水边上的兵奉令攻击齐军,大胜齐军。于是,以轻便的精兵直冲进齐国,齐王逃奔莒,仅以身免,珠玉财宝,车马兵甲,和珍奇的东西,尽收入燕国,大吕(齐国的钟的名字)陈列在元英宫,燕国的旧鼎又复归于历室宫,齐国的宝器陈设在宁台,种在蓟丘的植物,被移种在汶水边的竹园内。从五霸以来,功业未有像先王所建的这样伟大的。先王觉得满意,以为臣不曾堕废使命,所以封臣土地,使臣能和小国的诸侯一般。臣不才,以为奉守法令,秉承明教,可以侥幸无罪了,所以受命而不推辞。

"臣听说:贤能圣明的君主,功立后而不废堕,所以载在史书上面;有先见之明的士人,名成后而不毁坏,所以为后代所称道。像先王之报仇雪耻,灭去拥有万辆兵车的强国,收有八百年的积蓄,及捐弃群臣的时候,遗命后嗣为政之法,选派执政任事的臣子,所以循守法令,安排妥当姬妾的儿子,施惠及于卑贱的人,皆可以教法后世。

"臣听说:善于创作的,不必定有好的成功;开始好的,不必定有好的结果。从前,伍子胥的计谋为阖闾所用,所以阖闾能深入楚国的郢。但是,夫差不信任伍子胥,将他杀死,装在皮囊里，投在江里。吴王夫差不明白贤人的话可以立功，于是将伍子胥沉在江里，而不悔悟。伍子胥不早先料见主上度量不同，所以被投往江里，而不能改行他往。免身于杀戮，保全功业，以显明先王的治迹，这是臣的上策；身遭毁败污辱，堕废先王的名望，这是臣最恐惧的；身临不测之罪，以侥幸为利，这是尚节义的人所不做的。

"臣听说：古来的君子绝交时，不出口骂人；忠臣离国他去时，不洗刷他的名声。臣虽不才，常受君子的教诲，恐怕侍御之臣但相信左右近人的话，而不察疏远的行为，所以上书答王，请王留意！"

赵且伐燕

赵且伐燕,苏代为燕谓惠王曰:"今者臣来,过易水,蚌方出曝,而鹬啄其肉,蚌合而拑其喙。鹬曰:'今日不雨,明日不雨,即有死蚌。'蚌亦谓鹬曰:'今日不出,明日不出,即有死鹬。'两者不肯相舍,渔者得而并禽之。今赵且伐燕,燕、赵久相支,以弊大众。臣恐强秦之为渔父也,故愿王之熟计之也。"惠王曰:"善。"乃止。

【译解】

赵国预备攻打燕国,苏代替燕国去向赵惠王说道:"此次臣来时,经过易水,有一蚌适巧出来晒太阳,而鹬子去啄它的肉。蚌乃将壳合拢,夹住鹬鸟的嘴。鹬鸟道:'今天不下雨,明天不下雨,就有死的蚌!'蚌也对鹬鸟道:'今天不放出你,明天不放出你,就有死的鹬鸟!'两个都不肯放,渔夫看见了,一并捉将去。现在,赵国预备攻打燕国,燕、赵二国长久相持,使民众困弊。臣恐怕强秦将做'渔夫'哩!愿大王仔细考虑一番。"赵惠王道:"是的!"乃不出兵攻打燕国。

燕太子丹质于秦

燕太子丹质于秦,亡归。见秦且灭六国,兵已临易水,恐其祸至。太子丹患之,谓其太傅鞠武曰:"燕、秦不两立,愿太傅幸而图之!"武对曰:"秦地遍天下,威胁韩、魏、赵氏,则易水以北,未有所定也。奈何以见陵之怨,欲排其逆鳞哉?"太子曰:"然则何由?"太傅曰:"请入,图之。"

居之有间,樊将军亡秦之燕,太子容之。太傅鞠武谏曰:"不可!夫秦王之暴,而积怨于燕,足为寒心,又况闻樊将军之在乎!是以委肉当饿虎之蹊,祸必不振矣。虽有管、晏,不能为谋。愿太子急遣樊将军入匈奴以灭口,请西约三晋,南连齐、楚,北讲于单于,然后乃可图也。"太子丹曰:"太傅之计,旷日弥久,心惛然,恐不能须臾,且非独于此也。夫樊将军困穷于天下,归身于丹,丹终不迫于强秦,而弃所哀怜之交,置之匈奴,是丹命固卒之时也。愿太傅更虑之!"鞠武曰:"燕有田光先生者,其智深,其勇沉,可与之谋也。"太子曰:"愿因太傅交于田先生,可乎?"鞠武曰:"敬诺!"出见田光,道太子曰:"愿图国事于先生。"田光曰:"敬奉教!"乃造焉。

太子跪而逢迎,却行为道,跪地拂席。田先生坐定,左右无人,太子避席而请曰:"燕、秦不两立,愿先生留意也!"田光曰:"臣闻骐骥盛壮之时,一日而驰千里。至其衰也,驽马先之。今太子闻光壮盛之时,不知吾精已消亡矣。虽然,光不敢以乏国事也。所善荆轲,可使也。"太子曰:"愿因先生,得愿交于荆轲,可乎?"田光曰:"敬诺!"即起,趋出。太子送之至门,曰:"丹所报,先生所言者,国大事也,愿先生勿泄也!"田光俯而笑曰:"诺!"偻行,见荆轲曰:"光与子相善,燕国莫不知。今太子闻光壮盛之时,不知吾形已不逮也。幸而教之曰:'燕、秦不两立,愿先生留意也。'光窃不自外,言足下于太子,愿足下过太子于宫!"荆轲曰:"谨奉教!"田光曰:"光闻长者之行,不使人疑之。今太子约光曰:'所言者,国之大事也,愿先生勿泄也。'是太子疑光也。夫为行使人疑之,非节侠士也。"欲自杀以激荆轲,曰:"愿足下急过太子,言光已死,明不言也。"遂自刭而死。

轲见太子,言田光已死,明不言也。太子再拜而跪,膝下行流涕。有顷,而后言曰:"丹所请田先生无言者,欲以成大事之谋。今田先生以死明不泄言,岂丹之心哉?"荆轲坐定,太子避席顿首,曰:"田先生不知丹不肖,使得至前,愿有所道,此天所以哀燕,不弃其孤也。今秦有贪饕之心,而欲不可足也,非尽天下之地,臣海内之王者,其意不餍。今秦已虏韩王,尽纳其地,又举兵南伐楚,北临赵,王翦将数十万之众临漳、邺,而李信出太原、云中。赵不能支秦,必入臣。入臣,则祸至燕。燕小弱,数困于兵,今计举国不足以当秦,诸侯服秦,莫敢合从。丹之私计,愚以为诚得天下之勇士,使于秦,窥以重利,秦王贪其贽,必得所愿矣。诚得劫秦王,使悉反诸侯之侵地,若曹沫之与齐桓公,则大善矣;则不可,因而刺杀之。彼大将擅兵于外,而内有大乱,则君臣相疑,以其间诸侯,诸侯得合从,其偿破秦必矣。此丹之上愿,而不知所以委命,惟荆卿留意焉!"久之,荆轲曰:"此国之大事,臣驽下,恐不足任使。"太子前顿首,固请无让,然后许诺。于是尊荆轲为上卿,舍上舍。太子日日造问,供太牢异物,间进车骑美女,恣荆轲所欲,以顺适其意。

久之,荆轲未有行意。秦将王翦破赵,虏赵王,尽收其地,进兵北略地,至燕南界。太子丹恐惧,乃请荆卿曰:"秦兵旦暮渡易水,则虽欲长侍足下,岂可得哉?"荆卿曰:"微太子言,臣愿得谒之。今行而无信,则秦未可亲也。夫今樊将军,秦王购之金千斤,邑万家。诚能得樊将军首,与燕督亢之地图献秦王,秦王必说见臣,臣乃得有以报太子。"太子曰:"樊将军以穷困来归丹,丹不忍,以己之私,而伤长者之意,愿足下更虑之。"荆轲知太子不忍,乃遂私见樊於期曰:"秦之遇将军,可谓深矣!父母宗族,皆为戮没。今闻购将军之首,金千斤,邑万家,将奈何?"樊将军仰天太息,流涕曰:"吾每念,常痛于骨髓,顾计不知所出耳!"轲曰:"今有一言,可以解燕国之患,而报将军之仇者,何如?"樊於期乃前曰:"为之奈何?"荆轲曰:"愿得将军之首以献秦,秦王必喜,而善见臣。臣左手把其袖,而右手揕抗其胸,然则将军之仇报,而燕国见陵之耻除矣。将军岂有意乎?"樊於期偏袒扼腕而进曰:"此臣日夜切齿拊心也,乃今得闻教!"遂自刎。太子闻之,驰往,伏尸而哭,极哀。既已,无可奈何,乃遂收盛樊於期之首,函封之。

于是太子预求天下之利匕首,得赵人徐夫人之匕首,取之百金,使工以药淬之。以试人,血濡缕,人无不立死者,乃为装遣荆轲。燕国有勇士秦武阳,年十二,杀人,人不敢与忤视,乃令秦武阳为副。

荆轲有所待,欲与俱,其人居远未来,而为留待,顷之未发。太子迟之,疑其有改悔,乃复请之曰:"日以尽矣,荆卿岂无意哉?丹请先遣秦武阳!"荆轲怒,叱太子曰:"今日往而不反者,竖子也!今提一匕首,入不测之强秦,仆所以留者,待吾客与俱。今太子迟之,请辞决矣!"遂发。太子及宾客知其事者,皆白衣冠以送之。至易水上,既祖,取道,高渐离击筑,荆轲和而歌,为变徵之声,士皆垂泪涕泣。又前而为歌曰:"风萧萧兮易水寒,壮士一去兮不复还!"复为忼慨羽声,士皆瞋目,发尽上指冠。

于是荆轲遂就车而去,终已不顾。既至秦,持千金之资币物,厚遗秦王宠臣中庶子蒙嘉。嘉为先言于秦王曰:"燕王诚振畏慕大王之威,不敢兴兵以拒大王,愿举国为内臣,比诸侯之列,给贡职如郡县,而得奉守先王之宗庙。恐惧不敢自陈,谨斩樊於期头,及献燕之督亢之地图,函封,燕王拜送于庭,使使以闻大王。唯大王命之！"秦王闻之，大喜。乃朝服，设九宾，见燕使者咸阳宫。荆轲奉樊於期头函，而秦武阳奉地图匣，以次进至陛下。秦武阳色变振恐，群臣怪之。荆轲顾笑武阳，前为谢曰："北蛮夷之鄙人，未尝见天子，故振慑。愿大王少假借之，使毕使于前！"秦王谓轲曰："起，取武阳所持图！"轲既取图奉之，发图，图穷而匕首见。因左手把秦王之袖，而右手持匕首，揕抗之。未至身，秦王惊，自引而起，绝袖。拔剑，剑长，操其室。时惶急，剑坚，故不可立拔。荆轲逐秦王，秦王环柱而走。群臣惊愕，卒起不意，尽失其度。而秦法：群臣侍殿上者，不得持尺寸之兵；诸郎中执兵，皆陈于殿下，非有诏，不得上。方急时，不及召下兵，以故荆轲逐秦王，而卒惶急，无以击轲，而乃以手共搏之。是时侍医夏无且以其所奉药囊提荆轲。秦王之方环柱走，卒惶急，不知所为，左右乃曰："王负剑！王负剑！"遂拔以击荆轲，断其左股。荆轲废，乃引其匕首以提秦王，不中，中柱。秦王复击轲，被八创。轲自知事不就，倚柱而笑，箕踞以骂曰："事所以不成者，乃欲以生劫之，必得约契，以报太子也！"左右既前，斩荆轲，秦王目眩良久。已而论功赏群臣及当坐者，各有差，而赐夏无且黄金二百镒，曰："无且爱我，乃以药囊提荆轲也！"

于是秦大怒燕，益发兵诣赵，诏王翦军以伐燕。十月，而拔燕蓟城，燕王喜、太子丹等皆率其精兵，东保于辽东。秦将李信追击燕王，王急，用代王嘉计，杀太子丹，欲献之秦。秦复进兵攻之,五岁,而卒灭燕国,而虏燕王喜,秦兼天下。其后荆轲客高渐离以击筑见秦皇帝,而以筑击秦皇帝,为燕报仇,不中而死。

【译解】

燕太子丹抵押在秦国,逃回燕国,看见秦国将灭亡六国,秦兵已进逼易水,恐怕祸患将至,太子引为忧患,对太傅鞠武说道:"燕和秦势不两立,愿太傅及早设计。"鞠武道:"秦国的土地遍于天下,若以威力去胁迫韩、魏、赵,燕国易水以北的地方就摇动了。为何因受秦国凌辱的怨恨,就去击他的'逆鳞'呢?"太子道:"那么怎样呢?"太傅道:"太子请进去休息,让我来计划。"

过了些时,秦国将军樊於期从秦国逃往燕国,太子丹接待他。太傅鞠武谏道:"不可以!以秦王这般横暴,积怨燕国,已足为之寒心,何况又听见樊将军在此地呢?这譬如把肉放在饿虎将走的路上,祸患必不可救了,虽有管仲和晏子,都无计可施。愿太子疾速送樊将军到匈奴,让秦国找不到进攻燕国的借口,再请西面约三晋(韩、赵、魏三国),南面联合齐、楚,北面和单于缔交,然后方可图谋秦国。"太子丹道:"太傅的计策,太费时日,我心里忧愁昏乱,恐怕一刻都不能再等。而且,不独因为这一层,樊将军因为穷困于天下,所以来投靠我,丹终不因强秦的胁迫,而捐弃这可怜的朋友,将他丢在匈奴。丹的命运此时本将完结,愿太傅更设别计。"鞠武道:"燕国有一田光先生,他智谋深远,勇敢沉着,可以和他商量。"太子道:"愿请太傅介绍,去见田先生,可以吗?"鞠武道:"可以!"鞠武出来见田光,告诉他:"太子说:'愿和先生商量国家的大事。'"田光道:"敬遵命!"乃去见太子。

太子跪着迎接,侧着退走,替田光引路,跪着拂拭坐席。田先生坐定,左右无人,太子乃避开坐席,请问道:"燕、秦势不两立,愿先生留意!"田光道:"臣听说:骐骥盛壮的时候,一天跑千里路;等到衰弱时,劣马反跑在他的前面。现在,太子只听见光壮盛的时候,不知我如今精力已全消去了。但是,光不敢使国家的大事无人筹划,我的好友名荆轲的,可供役使。"太子道:"愿请先生介绍,得和荆轲交友,可以吗?"田光道:"遵命!"乃起来,很快地走出,太子送到门口,道:"丹所要报的仇,和先生所说的,皆是国家的大事,愿先生不要泄露消息!"田光低着头笑道:"知道了!"乃曲着背走去见荆轲道:"我和你相好,燕国的人莫不知道。现在,太子但听见我壮盛的时代,不知道我的形体已大不如前,对我说道:'燕和秦势不两立,愿先生留意。'我不把你见外,已在太子面前荐了你,愿你往宫里去会太子。"荆轲道:"遵命!"田光道:"光听说长者的行为,不使人见疑。现在太子和我说道:'所说的是国家的大事,愿先生不要泄露!'太子乃是怀疑我了!做事被人疑惑,不是有气节的侠士。"想自杀以勉励荆轲,乃说道:"愿你疾速去见太子,说我已死,表明不泄露太子的话。"乃自刎而死。

荆轲去见太子,说田光已死,表明不说出太子的话。太子听了,再拜下跪,跪着走,流泪。停了一刻,说道:"丹所以请田先生不要讲出,是想成就国家大事的计谋。现在,田先生以死来表明不泄露我的话,岂是丹的本心啊!"荆轲既坐定,太子乃离开坐席,叩头道:"田先生不知道丹不才,使丹得见先生,受先生的指导,这乃是上天哀怜燕国,不捐弃他的后人。现在,秦有贪得无厌的心,不可以使他的欲望满足,非尽有天下的土地,降服天下的君主,他终不会满意的。秦国现在已掳去韩王,兼并韩国所有的地,又起兵往南攻打楚国,往北进犯赵国,王翦率领十万兵众,进逼漳、邺,而李信又出兵太原和云中。赵国不能支持,必定入秦为臣。赵入秦为臣,祸患就轮到燕国了。燕国弱小,常遭兵祸困扰,现在算起来,全国都不足抵挡秦兵。诸侯都降服秦国,不敢谋合从。丹私自计划,以为若果得着天下的勇士,差他往秦国去,用重利引诱秦王,秦王贪图重利,必能如我的愿了。果然能胁迫秦王,使他退回诸侯被侵占的地,像曹沫之胁迫齐桓公,就好极了;若不能如此,就将他刺死。秦国的大将带兵在外,而国内有大乱事,君臣必定互相怀疑,我趁此时联合诸侯。诸侯能联合一致,必定能攻破秦国,报复往日的仇了!这是我最大的希望,而不知自己的死所,愿荆卿留意!"停了好久,荆轲道:"这是国家的大事,臣庸碌无能,恐怕不能够胜任。"太子丹向前叩头,力请不要推辞,荆轲才答应。于是尊荆轲为上卿，住在上等的客舍里，太子每天来拜访，供奉太牢和珍奇的东西，间或送车马和美女，随荆轲所欲，以顺适他的意思。

过了好久，荆轲尚未有出发的意思，秦将王翦攻破赵国，掳去赵王，占领赵国所有的地，进兵朝北侵略，到了燕国南面的边境。太子丹恐惧，乃对荆轲道："秦兵早晚间渡过易水，那时，虽想长远侍候足下，岂能够呢？"荆轲道："太子不提起，臣也愿往秦国。但现在走，没有信物，秦国必不相信。秦王曾出千斤黄金和万家都邑的悬赏，捉拿樊於期将军。果能得着樊将军的首级和燕国督亢的地图，献给秦王，秦王必乐意见臣，臣方可报太子的使命。"太子道："樊将军因为穷困来投奔丹，丹不忍心以自己的私事而伤长者的意思，愿足下更设别计。"荆轲知道太子不忍心杀樊於期，乃私自去见樊於期道："秦国对将军，怨仇可算得深了！将军的父母和族人都被杀死。现在，听说悬赏购你的首级，得着的受黄金千斤和封邑万户，你预备怎样呢？"樊於期仰面朝天，叹息流泪道："我每想到此事，悲痛到骨髓。但是想不出法子来啊！"荆轲道："现在有一席话，可以解除燕国的患难，而报将军的仇，将军以为何如呢？"樊於期乃向前问道："是什么计策？"荆轲道："愿得着将军的首级，献给秦王，秦王必定高兴，而以好意会见臣。臣左手捉住他的袖子，右手刺他的胸，那么将军的大仇得报，而燕被侵凌的耻辱也除去了。将军愿意这样做吗？"樊於期乃露出一半肩臂,紧握手腕,走向前道:"这乃是臣日夜咬牙切齿抚摸着心想念的,现在才承你指教!"乃自刎而死。太子听见,赶去伏着尸体,极悲哀地哭着,但这已是无可奈何的事,乃收盛樊於期的首级,用木匣封固。

于是,太子征求天下锋利的匕首,得着赵国人徐夫人的匕首,用百金买下后,令工人以毒药淬炼,再拿去试人,只要出一丝细的血,人无不立刻死去的。乃治办行装,打发荆轲。燕国有一勇士名秦武阳,在十二岁时便杀人,人都不敢横目看他,乃令秦武阳辅佐荆轲使秦。

荆轲有所等待,想和一人同行,此人住处甚远,尚未到来,荆轲乃不走,等着他。过了些时,尚未出发,太子嫌迟,怀疑他改变初衷,乃再对荆轲说道:"日期已经尽了,荆卿岂没有出发的意思吗?让丹先差秦武阳走吧!"荆轲向太子怒叱道:"今天去了回不来,是因为你小子!现在提着一根匕首,走进不可测的强秦,我所以停留不行,乃是等待我的客人,和我同行。现在太子既嫌迟,我这就辞别了!"乃出发。太子的宾客知道这事的,都穿戴着白色的衣帽来送行。来到易水边上,祭罢路神,乃上路而行。高渐离敲着筑,荆轲和着歌唱,声音悲切,宾客听了,都垂泪涕泣。朝前行时,又唱道:"风凄凉地吹着,易水寒冷,壮士一去,不再回来!"后又唱悲壮愤怒的歌声,宾客听了,都鼓着眼睛,头发直竖,上指冠帽。

于是,荆轲乃上车而去,终不回头。既到秦国,以价值千金的礼物,赠给秦王的宠幸的臣子中庶子(官名)蒙嘉。蒙嘉乃去对秦王说道:"燕王实在惧怕大王的威势,不敢起兵抵抗大王,情愿举国为秦国的臣子,和诸侯同等,和郡县一般向秦国进贡,使能奉守先王的祖庙。恐惧不敢自己来陈说,谨斩樊於期的头,献上燕国督亢的地图,用木匣封固,燕王亲自拜送于庭,差使者进谒大王,随大王命令。"秦王听了大喜,乃穿朝服,设九个傧相以迎接,在咸阳宫接见燕国的使者。荆轲捧着盛着樊於期头的木匣,秦武阳捧着装地图的匣子,以次前进。走到殿阶下,秦武阳恐惧,面色改变,群臣见了,都觉得奇怪。荆轲朝秦武阳笑,向前替他谢罪道:"北方野蛮的粗人,从未见过天子,所以恐惧。愿大王少许宽容他点,让他完成使命于王前。"秦王对荆轲道:"起来,将武阳持着的地图拿来!"荆轲既将地图取上,捧着打开来,回看完时,露出匕首,乃左手捉住秦王的袖子,右手执着匕首刺秦王。匕首未到秦王的身体,秦王拉脱袖子跳起来,袖子断裂,急拔剑,剑太长,只握着剑鞘。那时恐惧惊急,剑又坚紧,不能立刻拔出。荆轲乃追秦王,秦王围着柱子逃走,群臣都吓呆了。因为这事起于仓卒,出人意料,所以都失其常度。而依秦国的法令,群臣侍立殿上的,一尺长的兵器都不许拿,郎中执着兵器的,都站立在殿下,非有王的诏,不能上殿。那时正急,来不及召殿下的兵,荆轲因此能追逐秦王。而秦王惶急,无物击荆轲,乃用双手打荆轲。御医夏无且那时用他所执的药囊掷荆轲。秦王正绕着柱子逃走,仓卒惶急,不知道怎样是好。左右的臣子道:"王将剑推在背后,反拔出来!"秦王乃将剑推在背,再反拔,遂将剑拔出,斩荆轲,将荆轲左面的大腿斩断。荆轲受伤废倒,乃用匕首掷秦王,不中,中在柱头上面。秦王再斩荆轲,荆轲受了八处伤,自知事情失败,乃靠着柱头笑,张开脚坐着,骂道:"事所以不成功,乃是想不杀死你,而用威胁的手段,逼你立下退还侵地的信文,以回报太子!"左右上前,将荆轲杀死,秦王眼睛眩晕了半晌。于是论功赏群臣,及有罪应当处罚的,各有差别。赏赐夏无且黄金二百镒(一镒等于三十两),道:"无且爱我,用药囊击荆轲了!"

秦王因此大恨燕国,增兵往赵国,下诏令王翦领兵攻打燕国,十月而占领燕国的蓟城。燕王喜和太子丹都率领精兵,东面保守辽东,秦将李信追踪攻击燕王。燕王急了,乃用赵国代王嘉的计策,将太子丹杀死,预备献给秦,秦仍然进兵,攻打燕王。五年后,到底将燕国灭却,将燕王喜捉去,秦统一天下。后来,荆轲的友人高渐离以精于击筑,被秦始皇召见,乃用筑击秦始皇,替燕报仇,没有击中,被杀。

齐攻宋

齐攻宋，宋使臧子索救于荆。荆王大说，许救甚劝。臧子忧而反，其御曰："索救而得，有忧色，何也？"臧子曰："宋小而齐大。夫救于小宋，而恶于大齐，此王之所忧也。而荆王说甚，必以坚我。我坚而齐弊，荆之利也。"臧子乃归。齐王果攻，拔宋五城，而荆王不至。

【译解】

齐国攻打宋国，宋国派臧子往楚国求救。楚王听了大乐，极力地答应出兵救宋。臧子回宋时很忧愁，驾车的问道："求救已获成功，为何有忧郁的面色呢？"臧子道："宋国小而齐国大，救弱小的宋国，而得罪强大的齐国，这是楚王所当忧虑的。楚王反而大乐，必是用虚辞使我国坚心拒守。我国坚心拒守，齐国困弊，这乃是楚的利益。"臧子乃回宋国，齐王果然攻打宋国，占领五个城池，而楚王的救兵不到。

公输般为楚设机

公输般为楚设机,将以攻宋。墨子闻之,百舍重茧,往见公输般,谓之曰:"吾自宋闻子,吾欲借子杀王。"公输般曰:"吾义,固不杀王。"墨子曰:"闻公为云梯,将以攻宋。宋何罪之有?义不杀王而攻国,是不杀少而杀众。敢问攻宋何义也?"公输般服焉,请见之王。

墨子见楚王曰:"今有人于此,舍其文轩,邻有弊舆,而欲窃之;舍其锦绣,邻有短褐,而欲窃之;舍其粱肉,邻有糟糠,而欲窃之。此为何若人也?"王曰:"必为有窃疾矣。"墨子曰:"荆之地方五千里,宋方五百里,此犹文轩之与弊舆也。荆有云梦,犀兕麋鹿盈之,江、汉鱼鳖鼋鼍,为天下饶,宋所谓无雉兔鲋鱼者也,此犹粱肉之与糟糠也。荆有长松、文梓、楩、楠、豫章,宋无长木,此犹锦绣之与短褐也。臣以王吏之攻宋,为与此同类也。"王曰:"善哉!请无攻宋。"

【译解】

公输般替楚国制造云梯,预备攻打宋国。墨子听见这个消息,乃步行万里,以致脚上的趼,长得像蚕茧似的,去见公输般道:"我在宋国听见你的大名,我想借你的力量去杀宋君。"

公输般道:"我的意思并不要杀宋君呀!"墨子道:"听说你在造云梯,预备攻打宋国,宋国有何罪？你的意思,既不要杀宋君,然而又要攻打宋国,这是不要杀少数的人,而要杀多数的人吗？请问,攻打宋国是何意思呢？"公输般佩服他的话,乃引他去见楚王。

墨子见楚王道:"现在,此地有一个人:不要他的画文彩的车子,邻人有个破车子,他反要去偷;不要他的锦绣的衣服,邻人有件粗布的短袄,他反要去偷;不要他的米和肉,邻人有些酒滓粗屑,他反要去偷。这是何等人呢？"楚王道:"这人必定有偷东西的毛病了。"墨子道:"楚的地方五千里,宋的地方只有五百里,这和画文彩的车之于破旧的车子一样。楚有云梦泽,内里充满了犀牛、野牛和麋鹿,长江、汉水出产鱼鳖、鼋鼍,是天下出产最富的地方,宋国是所谓没有野鸡、兔子和鲫鱼的地方,二者相较,就和米肉之于酒滓和米屑一样。楚有长松、文梓、楩、楠、豫章等树,宋国没有一样好树木,二者相较,又和锦绣之于粗布的短袄一样了。何以见得王派人攻打宋国,不和我所说的这人相似呢？"楚王道:"对呀！那我们不要攻打宋国了吧!"

宋与楚为兄弟

宋与楚为兄弟,齐攻宋,楚王言救宋。宋因卖楚重,以求讲于齐,齐不听。苏秦为宋谓齐相曰:"不如与之,以明宋之卖楚重于齐也。楚怒,必绝于宋,而事齐,齐、楚合,则攻宋易矣。"

【译解】

宋和楚约为兄弟之国,齐攻打宋,楚王许诺救宋国。宋国乃卖弄楚国的威势,去与齐国讲和,齐国不答应。苏秦替宋国去对齐国的相国说道:"不如和宋国讲和,以表明宋国是卖弄楚国的势力向齐国求和。楚国发怒,必定和宋国绝交,以服事齐国。齐、楚联合后,再攻打宋国,就容易了。"

魏太子自将过宋外黄

魏太子自将,过宋外黄。外黄徐子曰:"臣有百战百胜之术,太子能听臣乎?"太子曰:"愿闻之。"客曰:"固愿效之。今太子自将攻齐,大胜并莒,则富不过有魏,而贵不益为王。若战不胜,则万世无魏。此臣之百战百胜之术也。"太子曰:"诺!请必从公之言而还。"客曰:"太子虽欲还,不得矣。彼利太子之战攻,而欲满其意者众,太子虽欲还,恐不得矣。"

太子上车请还,其御曰:"将出而还,与北同,不如遂行。"遂行,与齐人战而死,卒不得魏。

【译解】

魏太子申自己领兵攻打齐国,经过外黄。外黄的徐子对太子申说道:"臣有百战百胜的法子,太子能听臣吗?"太子道:"愿听你讲!"徐子道:"臣本愿效劳。现在,太子亲自领兵攻打齐国,若大胜齐,兼并莒地,富不过有魏国,贵不过为王。若战不胜齐,万世后就没有魏国了。这就是臣的百战百胜的法子。"太子道:"嗯!必定听从你的话,领兵回去。"徐子道:"太子虽然想回去,已经不成了!魏国的战士贪图太子用兵,而欲称他们的志意的很多。太子虽想回去,恐怕不成功了!"

太子申上车,要退兵回国,驾车的道:"将领出兵后,无故回国,和打败退走是一样的,不如前进。"太子申乃前进,和齐人开战,战败被杀,终于不能掌有魏国。

宋康王之时

宋康王之时,有雀生鹯于城之陬。使史占之曰:"小而生巨,必霸天下。"康王大喜。于是灭滕伐薛,取淮北之地。乃愈自信,欲霸之亟成,故射天笞地,斩社稷而焚灭之,曰:"威服天下鬼神。"骂国老谏者,为无颜之冠,以示勇。剖伛之背,锲朝涉之胫,而国人大骇。

齐闻而伐之,民散,城不守。王乃逃倪侯之馆,遂得而死。见祥而不为祥,反为祸。

【译解】

宋康王的时候,有只雀在城墙角里生出一个小雁来。宋康王乃令太史占卦问吉凶。对道:"小的生大的,主王霸天下。"宋康王听了大喜,于是灭掉滕国,攻打薛国,占领淮北的地方,自己更加相信太史的话。宋康王想霸业快点成功,于是用箭射天,用板子打地,斩毁社稷,用火烧去,说:"用威力去降服天下鬼神。"骂国家的年老的谏诤的臣子,制一种不达覆额的冠帽,以表示自己勇武。劈驼子的背,切早晨过河的人的小腿,于是国内之人大骇。

齐国听见了,乃出兵攻打宋国。宋国的人民逃散,城池不守。宋康王逃往倪侯的馆舍,被齐国捉获杀死。见着好预兆而不行善,好预兆反而成灾祸。

知伯欲伐卫

知伯欲伐卫,遗卫君野马四百、白璧一。卫君大悦,群臣皆贺。南文子有忧色。卫君曰:"大国大欢,而子有忧色何?"文子曰:"无功之赏,无力之礼,不可不察也。野马四百、白璧一,此小国之礼也,而大国致之,君其图之!"卫君以其言告边境。知伯果起兵而袭卫,至境而反,曰:"卫有贤人,先知吾谋也。"

【译解】

知伯想攻打卫国,乃先送卫君四百匹好马和一只白玉璧。卫君大乐,群臣都庆贺,南文子面色忧愁。卫君道:"举国都极高兴,你为何反有忧愁之色呢?"南文子道:"无功劳而受的赏赐,不出力而得的礼物,不可不加以考察。四百匹好马和一只玉璧,是小国应送的礼,而大国反而送来,君请加以考虑!"卫君将这话告诉边境,令加防范。知伯果然起兵,暗地里来攻打卫国。到了卫国的边境,便退了回去,道:"卫国有贤人,预先知道我们的计谋了。"

知伯欲袭卫

知伯欲袭卫,乃佯亡其太子,使奔卫。南文子曰:"太子颜为君子也,甚爱而有宠,非有大罪而亡,必有故!"使人迎之于境,曰:"车过五乘,慎勿纳也!"知伯闻之,乃止。

【译解】
知伯想袭击卫国,乃假装逐出他的太子,令他逃往卫国。南文子道:"太子颜是知伯的儿子,甚受宠爱,没有犯大罪而逃亡,必有别的缘故!"令人往边境迎接太子颜,道:"兵车若超过五辆,当心不要让他进来!"知伯听见了,乃中止袭击卫国。

卫人迎新妇

卫人迎新妇,妇上车,问:"骖马,谁马也?"御曰:"借之。"新妇谓仆曰:"拊骖,无笞服。"车至门,扶,教送母曰:"灭灶,将失火!"入室见臼,曰:"徙之牖下,妨往来者。"主人笑之。此三言者,皆要言也,然而不免为笑者,蚤晚之时失也。

【译解】

卫国有一人娶亲,用车来接新娘。新娘上车时问道:"两边拉套的马是谁的?"驾车的道:"是借的。"新娘向仆人说道:"打两边的马,不用打当中的马。"车子到了门口,下车时,新娘教喜娘熄灭灶下的火,以防失火。走进房内,看见有石臼,新娘道:"移往窗户底下,它妨碍往来的人。"主人听了好笑。这些话都是至关紧要的话,然而说了不免被人笑,乃是说的时间太早了。

魏文侯欲残中山

魏文侯欲残中山,常庄谈谓赵襄子曰:"魏并中山,必无赵矣!公何不请公子倾以为正妻,因封之中山,是中山复立也。"

【译解】

魏文侯欲灭中山,常庄谈对赵襄子说道:"魏如果兼并中山,赵国必随之灭亡!公何不向公子倾(魏君的女儿)求亲,立她为正妻,封在中山,那么中山又存在了。"

犀首立五王

犀首立五王，而中山后持。齐谓赵、魏曰："寡人羞与中山并为王，愿与大国伐之，以废其王。"中山闻之，大恐，召张登而告之曰："寡人且王，齐谓赵、魏曰，羞与寡人并为王，而欲伐寡人。恐亡其国，不在索王。非子莫能吾救。"登对曰："君为臣多车重币，臣请见田婴。"

中山之君遣之齐，见婴子曰："臣闻君欲废中山之王，将与赵、魏伐之，过矣。以中山之小，而三国伐之，中山虽益废王，犹且听也。且中山恐，必为赵、魏废其王，而务附焉。是君为赵、魏驱羊也，非齐之利也。岂若中山废其王而事齐哉？"田婴曰："奈何？"张登曰："今君召中山，与之遇而许之王，中山必喜，而绝赵、魏。赵、魏怒而攻中山，中山急，而为君难其王，则中山必恐，为君废王事齐。彼患亡其国，是君废其王而立其国，贤于为赵、魏驱羊也。"田婴曰："诺！"张丑曰："不可！臣闻之：同欲者相憎，同忧者相亲。今五国相与王也，负海不与焉。此是欲皆在为王，而忧在负海。今召中山，与之遇而许之王，是夺四国而益负海也。致中山而塞四国，四国寒心，必先与之王，而故亲之，是君临中山，而失四国也。且张登之为人也，善以微计荐中山之君，久矣，难信以为利。"

田婴不听,果召中山君,而许之王。张登因谓赵、魏曰:"齐欲伐河东。何以知之?齐羞与中山并为王甚矣。今召中山,与之遇而许之王,是欲用其兵也,岂若令大国先与之王,以止其遇哉?"赵、魏许诺,果与中山王而亲之。中山果绝齐,而从赵、魏。

【译解】

犀首立齐、赵、魏、燕、中山五国的国君为王,事后又悔立中山。齐王对赵、魏道:"寡人以与中山并立为王为巨大的羞耻。愿和贵国共讨伐中山,废去他的王号。"中山君听见了,大为恐惧,召张登来,告诉他道:"寡人将立为王,而齐王对赵国道:以和寡人(指中山君)并立为王为羞耻,要讨伐寡人。寡人恐怕国家灭亡,不怕做不了王,非你不能救我。"张登对道:"请替臣多预备车马币帛,臣请去见田婴。"中山君乃打发他到齐国。

张登见婴子道:"臣听说君要废去中山的王号,将和赵、魏同讨伐中山,此计错了!以中山这般小,而用三个大国去攻打他,虽让他承诺比废去王号更多的事,中山尚且要听命哩!并且,中山恐惧,将王号废去,必定亲附赵、魏,君乃是赶羊子给赵、魏吃了,这不是齐国之利。何如今中山废去王号,而独服事齐国呢?"田婴道:"怎样就可以如此呢?"张登道:"现在君召中山君来,和他会见,许他称王,中山君必定喜欢,而和赵、魏绝交。赵、魏发怒,攻打中山,中山急迫,知道君羞与中山君并立为王,必定恐惧,而将王号废去,服事齐国。中山原怕国家被灭亡,但是君废去他的王号,而不兼并他的国,此计便较替赵、魏赶羊为佳了。"田婴道:"是的!"张丑道:"不可以!臣听说:欲望相同的,互相厌恶;忧患相同的,互相亲近。现在,五国都想立为王,独有齐国不肯和中山并立为王。这样看来,欲望皆在想立为王,而忧患却在怕齐干涉。现在,若召中山君来会见,许他立为王,这乃是剥削五国,以增益齐国,容纳中山,以隔绝四国。四国寒心,必定先同意中山称王,故意和他亲近,君就因为亲近中山,失去了四国。并且张登这个人,善于用阴谋以援助他中山的国君,为时甚久了。不可相信他的话,以为真可以获着利益。"

田婴不听,果然召中山君来,许他称王。张登乃去对赵、魏二国说:"齐欲攻打河东。何以知道呢?齐王以和中山君并立为羞耻,现在反召中山君去会见,许他立为王,这必是想用中山的兵。贵国何如先令中山称王,以阻止齐王和中山君的会晤呢?"赵和魏都答应,果然授中山君王号,加以亲近。中山果然和齐国绝交,服从赵、魏。

司马熹使赵为己求相中山

司马熹使赵,为己求相中山,公孙弘阴知之。中山君出,司马熹御,公孙弘参乘。弘曰:"为人臣,招大国之威,以为己求相,于君何如?"君曰:"吾食其肉,不以分人。"司马熹顿首于轼曰:"臣自知死至矣!"君曰:"何也?"曰:"臣抵罪。"君曰:"行,吾知之矣。"

居顷之,赵使来,为司马熹求相。中山君大疑公孙弘,公孙弘走出。

【译解】

司马熹令赵国替他谋中山的相位,公孙弘暗地里知道了。中山君出宫,司马熹驾车,公孙弘也同坐在车上。公孙弘道:"做人臣子的,借外面大国的威势,来替自己求相位,君以为这种人何如呢?"中山君道:"我吃他的肉,不分给人!"司马熹在车上的扶手板上面叩头道:"臣自知将死。"中山君道:"为何呢?"司马熹道:"臣应当受死罪,"中山君道:"驾车前进吧,我知道了。"

过了不久,赵国差人来替司马熹求相位。中山君怀疑是公孙弘谋害司马熹,公孙弘只得逃走。

司马憙三相中山

司马憙三相中山,阴简难之。田简谓司马憙曰:"赵使者来属耳,独不可语阴简之美乎?赵必请之,君与之,即公无内难矣。君弗与赵,公因劝君立之,以为正妻。阴简之德公,无所穷矣。"

果令赵请,君弗与。司马憙曰:"君弗与赵,赵王必大怒,大怒,则君必危矣!然则立以为妻,固无请人之妻不得,而怨人者也。"田简自谓取使,可以为司马憙,可以为阴简,可以令赵勿请也。

【译解】

司马憙三次为中山的相国,阴简(中山君的妾)嫉恨他。田简对司马憙道:"赵国的使者来探听中山的事,为何不将阴简的美丽告诉他呢?赵王知道后,必来要她。君(中山君)若将她给赵国,公内里就没有祸患了;君若不肯将她给赵国,公趁机劝君立她为正妻,阴简就感激你不尽了。"

司马憙果然令赵国去讨阴简,中山君不肯给。司马憙道:"君不给赵,赵王必定大怒,赵王若大怒,君必危险了!不如立她为正妻,从没有要别人的正妻,不能得着,而怨恨人家的。"田简自忖:照这样做,可以帮助司马憙,可以帮助阴简,可以令赵国不来要阴简。

阴姬与江姬争为后

阴姬与江姬争为后。司马憙谓阴姬公曰:"事成,则有土子民;不成,则恐无身。欲成之,何不见臣乎?"阴姬公稽首曰:"诚如君言,事何可豫道者?"

司马憙即奏书中山王曰:"臣闻弱赵强中山。"中山王悦而见之,曰:"愿闻弱赵强中山之说!"司马憙曰:"臣愿之赵,观其地形险阻,人民贫富,君臣贤不肖,商敌为资,未可豫陈也。"中山王遣之。

见赵王曰:"臣闻赵,天下善为音,佳丽人之所出也。今者臣来至境,入都邑,观人民谣俗,容貌颜色,殊无佳丽好美者。以臣所行多矣,周流无所不至,未尝见人如中山阴姬者也。不知者特以为神,力言不能及也。其容貌颜色,固已过绝人矣。若乃其眉目、准頞、权衡,犀角偃月,彼乃帝王之后,非诸侯之姬也。"赵王意移,大悦曰:"吾愿请之,何如?"司马憙曰:"臣窃见其佳丽,口不能无道尔。即欲请之,是非臣所敢议,愿王无泄也。"

司马憙辞去,归报中山王曰:"赵王非贤王也!不好道德,而好声色,不好仁义,而好勇力。臣闻其乃欲请所谓阴姬者。"中山王作色不悦。司马憙曰:"赵强国也,其请之必矣。王如不与,即社稷危矣;与之,即为诸侯笑。"中山王曰:"为将奈何?"司马憙曰:"王立为后,以绝赵王之意。世无请后者。虽欲得请之,邻国不与也。"中山王遂立以为后,赵王亦无请言也。

【译解】

  阴姬和江姬争立为后。司马憙对阴姬的父亲说道:"事成之后,就掌有土地,治理人民;若不成功,就恐怕连身体都保不住。欲求成功,何不见臣呢?"阴姬的父亲叩头道:"果然如你所说,事成必定厚报!"

  司马憙乃上书给中山王道:"臣有使赵国弱小、中山强大的法子。"中山王高兴道:"愿闻使赵国弱小、中山强大的法子。"司马憙道:"臣愿往赵国去,看赵国地势的险要,人民的穷丰,君臣的好坏,比较设计,不可以预先陈说哩!"中山王乃打发他到赵国。

  司马憙见赵王道:"臣听说,赵国是天下出美丽善歌的女子的地方。现在臣来到赵国,进都市内,看见人民的习俗、容貌、颜色,没有美丽好看的。臣所到的地方多了,周游各处,无所不至,从未见过有人像中山的阴姬的,不知道的必以为她是神仙,虽极力地描写,终不能形容出她的美丽。她的容貌颜色已超过绝代的美人了,至于她的眉目、鼻端、两颊,眉毛的上部和额角,真乃帝王的后妃,不是诸侯的姬妾。"赵王听了,意思活动,大乐道:"我愿将她要来,你以为何如?"司马憙道:"臣窃自见她美丽,口不能不称道罢了。王乃要去要她,这个臣不敢妄加议论,愿王不要泄露给别人知道。"

司马憙辞别回来,报告中山王道:"赵王不是贤明的国王,他不好道德,而好音乐和美色,不好仁义,而好勇力。臣听说,他竟要来要叫作阴姬的姬妾。"中山王怒气满面,很不高兴。司马憙道:"赵国强盛,必定要来要阴姬的。王若不给,社稷就危险了;若给,就被诸侯所笑。"中山王道:"怎么办呢?"司马憙道:"王立阴姬为后,以绝赵王的念头。世间没有要他国的王后的。虽去要,邻国也不给。"中山王乃立阴姬为后,赵王也没有来要。

中山君飨都士大夫

中山君飨都士大夫,司马子期在焉。羊羹不遍,司马子期怒而走于楚,说楚王伐中山。中山君亡。有二人挈戈而随其后者,中山君顾谓二人:"子奚为者也?"二人对曰:"臣有父尝饿且死,君下壶餐饵之。臣父且死,曰:'中山有事,汝必死之!'故来死君也。"中山君喟然而仰叹曰:"与不期众少,其于当厄;怨不期深浅,其于伤心。吾以一杯羊羹亡国,以一壶餐,得士二人。"

【译解】

中山君设宴款待郡邑的士大夫,司马子期也在被请之列。司马子期未曾分得羊肉羹,便发怒逃到楚国,劝楚王攻打中山。中山被破,中山君逃走,有两个人拿着戈跟随着他。中山君回头,问这两人道:"你们是干什么的?"两人对道:"臣的父亲有一次饥饿将死,君曾赐给他一壶食。臣的父亲将死时说道:'中山若有事变,你们必须以死报效。'于是我们来为君效死了。"中山君仰面叹息道:"给与不在于多少,在于别人是否适当困厄;施怨不在乎浅深,要在是否伤了别人的心。我因为一杯羊肉羹而亡国,因为一壶食,而得着两个士人。"

乐羊为魏将

乐羊为魏将,攻中山。其子时在中山,中山君烹之,作羹,致于乐羊。乐羊食之。古今称之曰:"乐羊食子以自信,明害父以求法。"

【译解】

乐羊做魏国的将官,领兵攻打中山。他的儿子那时在中山,中山君乃烹煮乐羊的儿子,做成肉羹,送给乐羊。乐羊收下吃了。古今都称道说:"乐羊吃了儿子以表白自己,申明害了父亲以遵守国法。"①

---

① 编者按:事见《韩诗外传·卷十》。